utb 4582

Eine Arbeitsgemeinschaft der Verlage

Böhlau Verlag · Wien · Köln · Weimar
Verlag Barbara Budrich · Opladen · Toronto
facultas · Wien
Wilhelm Fink · Paderborn
A. Francke Verlag · Tübingen
Haupt Verlag · Bern
Verlag Julius Klinkhardt · Bad Heilbrunn
Mohr Siebeck · Tübingen
Nomos Verlagsgesellschaft · Baden-Baden
Ernst Reinhardt Verlag · München · Basel
Ferdinand Schöningh · Paderborn
Eugen Ulmer Verlag · Stuttgart
UVK Verlagsgesellschaft · Konstanz, mit UVK/Lucius · München
Vandenhoeck & Ruprecht · Göttingen · Bristol
Waxmann · Münster · New York

Soziale Arbeit – Grundlagen

herausgegeben von
Fabian Kessl
Elke Kruse
Sabine Stövesand
Werner Thole

Band 9

Peter Hammerschmidt
Sascha Weber
Bernd Seidenstücker

Soziale Arbeit – die Geschichte

Verlag Barbara Budrich
Opladen & Toronto 2017

Die Autoren:

Prof. Dr. phil. habil. Peter Hammerschmidt,
Hochschule für angewandte Wissenschaften München

Prof. Dr. phil. Sascha Weber,
Hochschule Magdeburg-Stendal

Prof. em. Dr. paed. habil. phil. Bernd Seidenstücker,
ehem. Professor für Pädagogik an der Hochschule Darmstadt,
ehem. Univ.-Prof. für Sozialpädagogik/Erziehungswissenschaf-
ten an der Technischen Universität Berlin

Bibliografische Information der Deutschen Nationalbibliothek
Die Deutsche Nationalbibliothek verzeichnet diese Publikation in der Deutschen
Nationalbibliografie; detaillierte bibliografische Daten sind im Internet über
http://dnb.d-nb.de abrufbar.

Gedruckt auf säurefreiem und alterungsbeständigem Papier.

utb-Bandnr.   4582
utb-ISBN   978-3-8252-4582-5

Lektorat und Satz: Ulrike Weingärtner, Gründau – info@textakzente.de
Umschlaggestaltung: Atelier Reichert, Stuttgart
Druck: Friedrich Pustet, Regensburg
Printed in Germany

Inhalt

1. Einleitung

Wenn man sich mit der eigenen Familiengeschichte auseinandersetzt, kann man eine Menge über seine Gegenwart erfahren. Vielleicht, dass die Eltern aus dem Rheinland stammen und der Ururgroßvater aus Polen eingewandert ist, oder dass man evangelisch ist, weil die Großmutter in eine evangelische Familie eingeheiratet hatte. Vielleicht erfahren sie auch etwas über einen entfernten kinderlosen Verwandten, der ihnen sein Erbe in Aussicht stellt. Die Entscheidungen und Entwicklungen der Vergangenheit prägen unsere Gegenwart und konfrontieren uns damit, ob und wie wir mit unserer Geschichte umgehen wollen oder können. Soll z. B. die polnische Kochkunst weitergepflegt oder das Engagement in der evangelischen Gemeinde fortgeführt werden?

Familien-
geschichte

Dieses Buch möchte Studierenden der Sozialen Arbeit die „Familiengeschichte" ihres Faches näherbringen. Sie erfahren, welche Entscheidungen der Eltern und Großeltern das Fach prägen und was aus manchen entfernten Verwandten geworden ist. Und sicher auch, dass sie sich auf ein reiches Erbe an Erfahrungen und Wissen freuen können. All das ist kein Selbstzweck, sondern es ermöglicht ihnen, sich in der Gegenwart zu orientieren und trägt zur Entwicklung ihrer Handlungsfähigkeit in ihrem künftigen Beruf, ihrer Profession Soziale Arbeit bei.

Berufs-
geschichte

Diese Geschichte ist keine lineare Geschichte des Fortschritts und der Verbesserung. Es gab Abwege, Fehlentwicklungen, Sackgassen, und Rückschritte. Und niemand kann mit Gewissheit sagen, die Soziale Arbeit der Gegenwart sei die bislang Beste und die der Zukunft würde noch besser werden. Geschichtskenntnisse ermöglichen es, neue Wege und Lösungen von alten Irrwegen zu unterscheiden und alte Fehler zu vermeiden. Sicher, Fehler machen klug, doch am geschicktesten ist es, von Fehlern anderer zu lernen. Und wer darauf bestehen will, aus eigenen Fehlern zu lernen, der muss dafür ja nicht alte Fehler wiederholen; es bieten sich genügend Möglichkeiten, neue Fehler zu begehen.

Wege und
Irrwege in der
Vergangenheit

Dieses Buch orientiert sich an den Lehr- und Lernerfordernissen der Studiengänge für Soziale Arbeit und soll den Studierenden einen kurzen Einstieg in die Professions-, Rechts-, Organisations- und in Ansätzen auch die Diskursgeschichte des Fachs ermöglichen. Kürze erreicht man durch Verdichtung oder Vereinfachung der Information – die Autoren haben sich dabei für ersteres entschlossen. Das vorliegende Buch stellt nicht nur die Geschichte und die Sozialgeschichte Sozialer Arbeit dar, sondern es reicht bis in die Gegenwart hinein, um einen Anschluss an die Einführungs- und Vertiefungsliteratur Sozialer Arbeit zu geben, die überwiegend auf die Gegenwart Sozialer Arbeit konzentriert ist. Das Buch ist als Begleitlektüre zu Einführungsvorlesungen und als Textgrundlage für Seminare zur Geschichte der Sozialen Arbeit gedacht. Es eignet sich auch für ein Selbststudium aller an der Sozialen Arbeit Interessierten. Es bietet Einstiege zur Vertiefung durch Literaturverweise im Text und am Ende der Kapitel, Marginalien sollen ein schnelles Nachschlagen einzelner Begriffe und Themen ermöglichen.

Bevor sie sich nun zum Beginn der Geschichte Sozialer Arbeit begeben (2. Kap.) möchten wir ihnen noch etwas Orientierendes mit auf den Weg geben. Hinweise zur Verwendung bestimmter Worte und eine Bestimmung Sozialer Arbeit im Rahmen einer gesellschaftlichen und sozialpolitischen Verortung. Letzteres mag ihnen vielleicht zunächst recht schwierig vorkommen, und es ist wohl auch der schwierigste Abschnitt des Buches. Erforderlich ist die damit verbundene Mühe dennoch, denn der Abschnitt erschließt ihnen den Gegenstand grundlegend.

Die Verwendung der Begriffe Sozialarbeit, Sozialpädagogik und Soziale Arbeit war in der Vergangenheit und ist auch in der Gegenwart uneinheitlich. Gleichwohl kann hier festgehalten werden, dass es inzwischen üblich ist, Soziale Arbeit als Oberbegriff für das zu verwenden, was historisch aus den beiden Strängen Sozialarbeit und Sozialpädagogik zusammengewachsen ist. Dabei ist der Begriff Sozialarbeit stärker mit der Armenpflege bzw. Fürsorge und mit den Problemen von Armut und Not verbunden und der Begriff Sozialpädagogik mit den Aspekten Bildung und Erziehung. Heute ist Soziale Arbeit ein Beruf, der i. d. R. gegen Lohn ausgeübt wird. Das ist in Deutschland aber erst in den 1920er-Jahren üblich geworden. Vordem war Soziale Arbeit überwiegend ehrenamtlich, die Anzahl bezahlter FürsorgerInnen, JugendleiterInnen, SozialbeamtInnen oder WohlfahrtspflegerInnen, um einige der früher üblichen Berufsbezeichnungen zu verwenden, war gering. Wenn wir im historischen Teil des Buches (Kap. 2 und 3) soziale Arbeit schreiben,

dann ist damit die unbezahlte Arbeit gemeint, während Sozialarbeit auf die entlohnte Tätigkeit verweist.

Soziale Arbeit ist eine personenbezogene soziale Dienstleistung, die im sozialstaatlichen Rahmen zur Bearbeitung sozialer Probleme eingesetzt wird. Sie kann/soll dazu dienen, ihre   Definition
AdressatInnen im gesellschaftlichen Interesse bei der Bewältigung von Lebensproblemen so zu unterstützen, dass sie den
gesellschaftlichen (Normalitäts-)Anforderungen entsprechen
können. Die Ursprünge der Sozialen Arbeit[1], so Mollenhauer
(1959), liegen in der industriellen Gesellschaft. Anders formuliert: Soziale Arbeit entstand mit der bürgerlichen Gesellschaft
und der dort formulierten „Sozialen Frage", die *das* soziale Pro-   Soziale Frage
blem der industriekapitalistischen Marktgesellschaft war und
ist. Die bürgerliche Marktgesellschaft hat grundsätzlich die private Organisation der gesellschaftlichen Reproduktion in Form
marktgesteuerter Austauschprozesse zur Voraussetzung und
Grundlage. Die hierbei entstehenden Unsicherheiten und Risiken (Soziale Frage) werden durch die Sozialpolitik aufgefan-
gen, indem sie Kompensationen (persönliche Hilfe, Geld- oder
Sachleistungen) für die als legitim angesehenen Fälle geschei-
terter privater Reproduktion (z. B. unverschuldete Einkom-
menslosigkeit aufgrund von Krankheit oder Schwangerschaft)
bereitstellt; das geschieht jeweils in einer Art und Weise, die
die grundsätzliche Bereitschaft der Gesellschaftsmitglieder zur
privaten Reproduktion nicht infrage stellt, d.h. Sozialleistungen
sind regelmäßig so ausgestaltet, dass sie keine (grundsätzliche)
Alternative zur Lohnarbeit darstellen (vgl. Sachße/Tennstedt
2005a). Sozialpolitik relativiert damit einerseits die Marktab-
hängigkeit von Individuen (Dekommodifizierung), anderseits
schafft sie aber auch die Voraussetzungen für die Marktteilnah-
me (Kommodifizierung). Lässt sich Sozialpolitik generell als
Antwort auf die Soziale Frage bestimmen, dann stellt Soziale
Arbeit die sozialpädagogische Teil-Antwort dar; sie ist für die
pädagogisch bearbeitbaren Teile der Sozialen Frage zuständig   Soziale Arbeit
(vgl. Dollinger 2006a, 2008). Soziale Arbeit war im ersten – und   als pädagogi-
lange Zeit einzigen – sozialen Sicherungssystem verankert, der   sche Antwort
kommunalen Armenfürsorge. Sie war dabei stets durch die   auf die Soziale
Koppelung der Gewährung materieller Unterstützungsleistun-   Frage
gen mit persönlicher Hilfe gekennzeichnet, d. h. auch durch (pädagogische) Einflussnahme und Kontrolle. Böhnisch und Lösch
(1973) sprechen in diesem Zusammenhang vom „doppelten

---

1   Mollenhauer selbst verwendete den Begriff Sozialpädagogik.

Mandat" der Sozialen Arbeit, die immer Hilfe und Kontrolle gleichzeitig sei.

Knüpfte die Soziale Arbeit (zunächst als Armenfürsorge) in gewisser Weise auch an vorangegangene Formen und Traditionen von Armenpflege und Caritas an (wie etwa dem Bettel- und Almosenwesen), so hat sie diesen gegenüber dennoch einen anderen Charakter, weil sie auf die Systemimperative der Lohnarbeitsgesellschaft bezogen ist. Wer über kein Vermögen verfügt, mit dem er seinen Lebensunterhalt bestreiten kann, der soll für andere gegen Lohn arbeiten, um sich zu ernähren; Betteln galt anders als zuvor nicht mehr als legitim. Welche „gesellschaftlichen (Normalitäts-)Anforderungen" im Detail bestehen, in welcher Bandbreite Normabweichungen toleriert werden und was damit als „normal" und was als „abweichend" gilt, unterliegt gesellschaftlichen Definitions- und Aushandlungsprozessen, die eingelagert in den jeweiligen gesamtgesellschaftlichen Kontext und damit auch interessengeleitet und machtbasiert vollzogen werden. Dasselbe lässt sich für die Spezifizierung sozialer Probleme festhalten. Welcher Art diese Probleme sind und damit wie sie zu bearbeiten wären, liegt keineswegs in der „objektiven Natur einer Sache". Die Deutung, welches Problem (sozial-) pädagogisch, polizeilich/juristisch, medizinisch oder etwa durch schlichte Geldleistungen zu bearbeiten ist, erfolgt jeweils im Widerstreit und unterliegt auch dem zeitlichen und gesellschaftlichen Wandel. Deshalb ist auch keine abschließende Aufzählung von Aktivitäten, Praxisfeldern und AdressatInnen/ NutzerInnen der Sozialen Arbeit möglich. Die weitere Entwicklung hängt wie in der Vergangenheit von gesellschaftlichen Problematisierungsprozessen ab. Seit und mit der Anerkennung der „sozialpädagogischen Frage" (als Teil der Sozialen Frage) und der Institutionalisierung ihrer Lösung als „Sozialarbeit/ Sozialpädagogik" (als Teil der Sozialpolitik) in Form von Rechtsgrundlagen, Organisationen (Ämter, soziale Einrichtungen, Dach-, Fach- und Berufsverbände) und der späteren disziplinären Verankerung im Hochschulsystem verfügt die Soziale Arbeit über eigene (kollektive) Akteure, um auf diese Problematisierungsprozesse Einfluss zu nehmen (vgl. Euteneuer u. a. 2014).

Soziale Arbeit – das ist über das schon Gesagte hinausgehend festzuhalten – ist eine personenbezogene, fachlich qualifizierte und beruflich ausgeführte Intervention mit fürsorglicher Intention. Dabei war Soziale Arbeit von Beginn an – das charakterisiert sie im Kern – (Armen-)Fürsorge, d. h. die Verbindung der Gewährung materieller Leistungen zur Existenzsicherung mit persönlich-kontrollierender Einflussnahme. Die Herausbildung der fachlichen Qualifikation für diese Intervention erfolgte jedoch erst später, nämlich ab der zweiten Hälfte des 19. Jahrhunderts, und ihre berufsförmige Ausübung begann erst allmählich um die Jahrhundertwende. Erst zur Zeit der Weimarer Republik sollte Soziale Arbeit als Beruf zum Normalfall werden, womit sie ihre heutige, moderne Gestalt erhielt (vgl. Hammerschmidt/Tennstedt 2002).

Soziale Arbeit als Beruf

Diesen Grundüberlegungen entsprechend, nimmt diese Darstellung der Geschichte der Sozialen Arbeit ihren zeitlichen Ausgangspunkt mit der Herausbildung der bürgerlichen Gesellschaft in Deutschland, das heißt zu Beginn des 19. Jahrhunderts. Für die einzelnen Epochen – wir folgen hier der herkömmlichen Einteilung der deutschen Geschichte – gehen wir im Rahmen des hier möglichen auf die politischen, ökonomischen, sozialstrukturellen Ausgangs- und Rahmenbedingungen, die Problemdefinitionen, die Vorgaben zur Problembearbeitung und Medien der Bearbeitung (Gesetzgebung, Mittelzuweisungen bzw. Geld und Recht als Mittel politischer Einflussnahme und Steuerung), die eigentliche Problembearbeitung auf der kommunalen Ebene (im Rahmen kommunaler Sozialpolitik) durch die Organisationen der kommunalen Sozialverwaltung sowie Einrichtungen und Dienste in öffentlicher und freigemeinnütziger Trägerschaft ein und benennen zudem die AdressatInnen, Professionellen, Arbeitsfelder, Handlungsmethoden und Ziele. Wir hoffen so, alle für die Entwicklung der Sozialen Arbeit relevanten Aspekte in ihren Grundzügen erfassen zu können.

Zum Aufbau des Buches

Die Kapitel 4.1.4 und 4.3 wurden von Bernd Seidenstücker, Kapitel 4.2 von Sascha Weber, die übrigen von Peter Hammerschmidt verfasst, davon Kapitel 1 und 5 gemeinsam mit Sascha Weber. Unterstützung erhielten wir von unserer Kollegin Prof. Dr. Nicole Pötter sowie den Studierenden Eva Löffler und Katharina Itzke, die unsere Entwürfe gegenlasen. Durch ihre Mühe erhielten wir wertvolle Anregungen und Kritik, wofür wir uns herzlich bedanken. Erinnern möchten wir an dieser Stelle an unsere Kollegin, Prof. Dr. Monika Müller, die als Mitautorin vorgesehen war, aber im November 2014 plötzlich und unerwartet verstarb.

2. Anfänge und Wurzeln der modernen Sozialen Arbeit in der sich herausbildenden bürgerlichen Gesellschaft[2]

In diesem Kapitel erfahren Sie, wie die moderne bürgerliche Armenpflege in der ersten Hälfte des 19. Jahrhunderts in Deutschland entstand und wie sie sich bis zur Gründung des Deutschen Kaiserreichs (1871) entwickelte. Sie lernen dabei die auch heute noch gültige Prinzipien und bestehenden Träger der Sozialen Arbeit kennen.

2.1 Armenpflege und Armenfürsorge in der Neuzeit

Armenpflege, verstanden als öffentliche Zuständigkeit für Menschen, denen es ansonsten nicht möglich ist, ihre Existenz zu sichern, entstand im Übergang zur Neuzeit. Kodifiziert wurde eine solche Verpflichtung zunächst in allgemeinen Regelungswerken, so etwa in der Reichspolizeiordnung von 1530 und später im Allgemeinen Landrecht für die Preußischen Staaten von 1794. Erst im 19. Jahrhundert erließen einzelne deutsche Staaten Armenpflegegesetze. Mit der Armenpflege reklamierte der Staat keine exklusive Zuständigkeit für Arme, im Gegenteil: vorgelagerte Sicherungsmöglichkeiten – familiäre und ständische Hilfe sowie private Unterstützungen usw. – sollten vorrangig genutzt werden. Die Armenpflege war Ausfallbürge, ihr Prinzip war das der Nachrangigkeit. Zum Grundsatz der Nachrangigkeit gehörte auch die Arbeitspflicht. Deshalb ist für die Armenpflege und die (Armen-)Fürsorge immer die Unterscheidung zwi-

Anfänge der Armenpflege

Armenpflege-gesetze

Nachrangig-keitsprinzip

---

2 Die Ausführungen dieses 2. Kap. entsprechen im Wesentlichen früheren Ausarbeitungen, die anderweitig publiziert wurden, insbesondere: Hammerschmidt 2002, 2011, 2012a, b, Hammerschmidt/Tennstedt 2002 und Aner/Hammerschmidt 2010.

schen arbeitsfähigen und arbeitsunfähigen Armen zentral. Weil die Gewährung von Unterstützungsleistungen ohne (direkte) Gegenleistung grundsätzlich eine Alternative zur gesellschaftlich geforderten (Lohn-)Arbeit ist, sind in ihrer rechtlichen wie faktischen Ausgestaltung „Sicherungen" eingebaut. Neben den genannten Elementen – Nachrangigkeit, Arbeitspflicht – gehören hierzu die Ausrichtung auf das Minimum der Existenzsicherung, eine disziplinierende Ausgestaltung und ein persönliches Einwirken als Einheit von Hilfe und Kontrolle, Erziehung und Repression, die strenge Prüfung von Arbeitsfähig- und -willigkeit sowie die Ausgrenzung „Unwürdiger" und „Fauler". Armenpflege muss unbequemer sein als Lohnarbeit unter den jeweils herrschenden Bedingungen. Armen- und Arbeitshäuser waren im 17. und 18. Jahrhundert die dominante Form der Armenpflege. Das änderte sich im 19. Jahrhundert zunächst in Preußen.

Armen- und Arbeitshäuser

Mit umfassenden Reformen, die den Weg in die moderne bürgerliche Gesellschaft ebneten, reagierte der preußische Staat auf die Französische Revolution (1789), das Aufbegehren des eigenen Bürgertums, das bürgerliche Freiheiten nach französischem Vorbild forderte, und die schwere militärische Niederlage gegen Frankreich. Der Frieden von Tilsit vom Juli 1807 halbierte das preußische Staatsgebiet und belastete die Staatsfinanzen mit hohen Besatzungskosten. Preußen, genauer gesagt: der absolutistische preußische Staat schien militärisch, politisch, wirtschaftlich und fiskalisch am Ende (vgl. Koselleck 1989). Tief greifende Reformen sollten das ändern. Hierzu gehörten die sogenannte Bauernbefreiung, die Gewerbefreiheit und die Aufhebung des Zunftzwangs. Für die hier interessierende Armenpflege war die Gewährung von kommunalen Selbstverwaltungsrechten von besonderer Bedeutung.[3] Ihre Umsetzung realisierte der preußische Staat durch die Stein'sche Städteordnung von 1808 als Teil der später so genannten Stein-Hardenbergschen Reformen und der Preußischen Reformen. Im zweiten und dritten Jahrzehnt des 19. Jahrhunderts folgten die übrigen deutschen Staaten dem preußischen Vorbild und führten durch Städteordnungen und Kommunalverfassungen kommunale Selbstverwaltungsrechte für das Bürgertum ein.

Die Herausforderung der Französischen Revolution

Preußische Reformen

kommunale Selbstverwaltung

---

3 Die Idee der kommunalen Selbstverwaltung wurzelte im seinerzeit modernen Aufklärungsdenken sowie der bürgerlichen Revolution und konnte darüber hinaus an sehr viel ältere Traditionen stadtbürgerlicher Freiheiten anknüpfen (Thamer 2000: 290).

2.2 Die preußische Städteordnung von 1808 und die Armendeputationen

Die preußische (Stein'sche) Städteordnung vom 19. November 1808 gewährte dem städtischen (Besitz-) Bürgertum Selbstverwaltungsrechte für kommunale Angelegenheiten. Der Bereich „Soziales", zunächst nur als Armenpflege, war damit neben den Bereichen Bauwesen, Straßenwesen sowie „Schulsachen" Kern- und Pflichtaufgabe der mit der Städteordnung eingeführten modernen kommunalen Selbstverwaltung (Krebsbach 1970). Selbstverwaltung bedeutete dabei, dass die wahlberechtigten Bürger – das waren nur die männlichen, gewerbetreibenden und grundbesitzenden Stadtbürger, mithin eine Minorität der Bewohner der Städte – eine Stadtverordnetenversammlung als Beschlussorgan wählen konnten. Die vordem staatlich eingesetzten Magistrate waren fortan durch die gewählte Stadtverordnetenversammlung einzusetzen, womit sie als deren Ausführungsorgan fungierten. Die laufenden Geschäfte leiteten mit jeweils eigenen Etats eigenverantwortlich Deputationen – wie die Armendeputation, die auch als Armendirektion firmierte – mit Stadtverordneten unter Vorsitz eines Magistratsmitglieds. Unter der Leitung der Deputationen hatten die (wahlberechtigten) Bürger selbst die jeweiligen Aufgaben durchzuführen. Nur die zeitlich befristeten (sechs bis zwölf Jahre) hauptberuflich tätigen Mitglieder des Magistrats erhielten eine Entlohnung. Ansonsten waren die städtischen Aufgaben generell ehrenamtlich zu leisten, so auch die Armenpflege. Die Ausübung eines Ehrenamtes (§§ 191f. der Städteordnung; hier und im Folgenden nach Krebsbach 1970) im Rahmen der Selbstverwaltung war keineswegs freiwillig, sondern Pflicht.[4]

Armenpflege als …

… Kernaufgabe der kommunalen Selbstverwaltung

Armendeputation

Armenpflege als Ehrenamt

---

4 Eine ehrenamtliche Mitwirkungspflicht im Bereich des Armenwesens war nicht nur in der preußischen, sondern auch in den meisten Städteordnungen bzw. Kommunalverfassungen der übrigen deutschen Staaten verankert. Teilweise erfolgte eine Kodifizierung in Armenpflegegesetzen bzw. -verordnungen wie beispielsweise in der bayerischen Armenpflege-Verordnung vom 17. November 1816. Eine Verpflichtung, die sich hier aber auf „sämtliche Untertanen" erstreckte (Königlich-Baierisches Reg.-Bl., Sp. 779ff., hier: Art. 7 u. 13; dokumentiert in: Sachße/Tennstedt/Roeder 2000: 899–916; hier: 900f.). Die Freie und Hansestadt Hamburg hatte schon viele Jahre vor Preußen im Rahmen der Armenreform von 1788 den Grundsatz eingeführt, dass die Armen durch die Bürger der Stadt nachbarschaftlich-ehrenamtlich zu betreuen waren. Zu den frühen Ansätzen und ihrer praktischen Umsetzung im Zeitverlauf siehe auch die Lokalstudien zu Berlin von Scarpa (1995) und Hüchtker (1999).

Die kommunale Selbstverwaltung hatte für das städtische Bürgertum einen doppelten Preis: Die Pflicht zur tatkräftigen Mitwirkung an der Gestaltung und Verwaltung der städtischen Angelegenheiten und das Aufbringen der dafür erforderlichen Finanzmittel durch das städtische Bürgertum selbst; die vormalige staatliche Finanzierung entfiel.

Abbildung 1: Preußische Städteordnung von 1808, Armendeputation

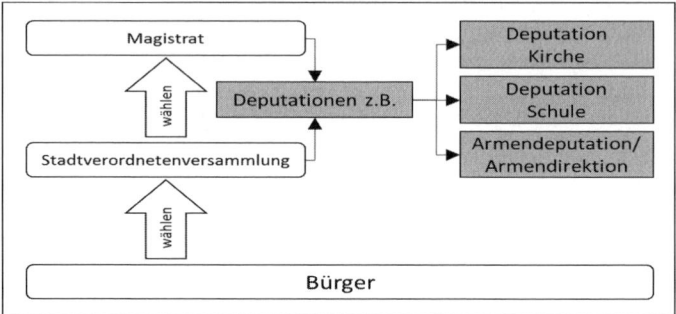

Quelle: Hammerschmidt 2012a: 29

Armendeputationen als Keimzelle der modernen kommunalen Sozialverwaltung

formelles Armenrecht

materielles Armenrecht

Die Armendeputationen bzw. Armendirektionen, die gemäß § 179, Abs. c der preußischen Städteordnung vom 19. November 1808 einzurichten waren, bildeten die Keimzelle der modernen kommunalen Sozialverwaltung. Neben dieser Vorgabe verankerte die Städteordnung nur eine Zuständigkeitsregelung. Die Armenpflege fiel in die Zuständigkeit der kommunalen Selbstverwaltung (formelles Recht). Was die Armenpflege leisten sollte (materielles Recht) regelte das (ältere) „Allgemeine Landrecht für die Preußischen Staaten" (ALR) von 1794. Hiernach bestand die Aufgabe der Armenpflege darin, nachrangig „für die Ernährung ... der Verarmten ... zu sorgen" (ALR § 10 i. V. m. § 1 II 19; hier und im Folgenden nach Hattenhauer 1970). Diese staatliche Ausfallbürgschaft wälzte die Städteordnung von 1808 auf die kommunale Selbstverwaltung und damit auf das städtische Bürgertum ab. Vorrangig hatte ein Armer sich selbst zu helfen, in zweiter Linie waren Angehörige und sonstige Verpflichtete, in dritter Linie Korporationen (d. h. Zünfte usw.) oder Stiftungen in der Verantwortung. Die Gemeinden standen in dieser Zuständigkeitsordnung erst an vierter Stelle (ALR §§ 9–15 II 19). Infolge der Säkularisation und der preußischen Reformen waren die vorrangig Verpflichteten jedoch beseitigt bzw. in ihrer Leistungsfähigkeit empfindlich eingeschränkt worden, sodass die kommunale Ausfallbürgschaft zunehmend zum Tragen kam.

Beschränkte sich Preußen damit auf formelles Recht, so fanden sich in der bayerischen Armenpflegeverordnung von 1816 auch eine Reihe von Regelungen mit dem Charakter materiellen Rechts. So waren beispielsweise die gemeindlichen Armenpfleger angehalten, über die Armen eine „sittliche Vormundschaft" zu übernehmen (Art. 14), den „Mangel an Unterricht und Abrichtung (...) zu Dienst und Arbeit" auszugleichen (Art. 26) sowie arme verlassene Kinder, Waisen und Findlinge zum „Besuch der Schule und zum Erlernen eines Gewerbes für künftiges ehrliches Fortkommen" anzuhalten (Art. 33). In dieser Aufgabenbeschreibung scheinen gesellschaftliche Normalitätsvorstellungen, Problemdefinitionen und -lösungen deutlich durch. Die Armenpfleger als „Vorgänger" der heutigen SozialarbeiterInnen erhielten damit einen rechtlich vorgegebenen erzieherisch-disziplinierenden Auftrag.

bayerische Armenpflegeverordnung

Aufgaben der Armenpfleger

2.3 Das preußische Armenpflegegesetz von 1842 und die kommunale Armenpflege

Zwischen dem Inkrafttreten der preußischen Städteordnung und dem Armenpflegegesetz von 1842 vollzogen sich weitgehende politische, wirtschaftliche und soziale Veränderungsprozesse. Die Stein-Hardenbergschen Reformen als Kernstück der preußischen Reformen hatten als „Revolution von oben", unter anderem mit der Bauernbefreiung, der Abschaffung des Zunftzwangs, der Gewerbefreiheit und der Gewährung kommunaler Selbstverwaltungsrechte für das städtische Bürgertum den Weg zu einer bürgerlich-liberalen, industriekapitalistischen Gesellschaft geebnet. Mit der Befreiung aus alten Abhängigkeiten und Zwängen erfolgte aber gleichzeitig der Verlust der mit dieser Ordnung verbundenen Sicherungen (vgl. Tennstedt 1981; Koselleck 1989; Ritter 1998). Nach diesen Reformen und als ihre Folge setzten die Frühindustrialisierung, eine enorme Binnenwanderung und die Urbanisierung ein. Die Industrialisierung produzierte neuen Reichtum und gleichzeitig – und diese Gleichzeitigkeit war neu – Armut und Elend. Armut und Elend waren ausgesprochen vielfältig und facettenreich. So stellte sich Armut für das vertriebene Gesinde, für das der Gutsherr fortan nicht mehr verantwortlich war, anders dar als für die Witwe eines Handwerksmeisters, die vordem von der

Frühindustrialisierung schafft ...

... neuen Reichtum ...

... neue Armut ...

Zunft Unterstützung verlangen konnte. Sie stellte sich anders dar für den nun selbstständigen Bauern, der auf einem reduzierten Grundstück wirtschaften musste und kaum in der Lage war, die vorgeschriebenen Ablösungszahlungen an ihren (ehemaligen) Gutsherrn zu leisten. Sie stellte sich anders dar für die vormalige Bauernmagd, die sich fortan als Tagelöhnerin in der Stadt zu verdingen hatte, als für die auf dem Land zurückgebliebenen Alten, denen jetzt keine Allmende oder das Recht auf Nachlese mehr zustand. Und sie stellte sich wieder anders dar für den invaliden Bettler in der Stadt, die Landstreicher oder die neue, immer größer werdende Gruppe der Fabrikarbeiter, die in Elend lebten – nicht trotz, sondern wegen ihrer im Wortsinn mörderisch harten und langen Arbeitszeiten bei unzureichender Entlohnung. Und sie stellte sich abermals anders dar für die Handwerker und Gesellen, deren Arbeitsprodukte jetzt in Konkurrenz zu wohlfeileren Fabrikprodukten zu vermarkten waren. Diese Aufzählung ließe sich ohne Weiteres fortführen.

Waren Armut und Elend, wie schon erwähnt, nichts Neues in der Menschheitsgeschichte, so war aber der gesellschaftliche Rahmen für sie in der ersten Hälfte des 19. Jahrhunderts in Deutschland neu: die sich herausbildende bürgerliche Gesellschaft mit ihren neuen Systemimperativen und Handlungsanforderungen. Die Gesellschaftsmitglieder sollten ihre Reproduktion in Form marktgesteuerter Austauschprozesse bewerkstelligen. Das heißt, sie mussten sich auf den Gütermärkten das Benötigte besorgen, wofür sie Tauschmittel brauchten, und diese Mittel wurden dann immer ausschließlicher Geld. Wer über keine anderweitigen Geldzuflüsse – etwa aus Vermögen – verfügte, war damit gezwungen, sich selbst als Träger seiner Arbeitskraft als Ware zu verdingen, also als Lohnarbeiter. Die Gesellschaftsmitglieder wurden generell als Marktsubjekte situiert, dies jedoch ohne Sicherheit, dass die Märkte so funktionierten, dass alle Individuen über die Marktmechanismen vermittelt alles Benötigte hinreichend erlangen konnten. Dies galt insbesondere für den Arbeitsmarkt: Es gab weder eine Garantie, dass die nunmehr Lohnabhängigen ihre Arbeitskraft tatsächlich verkaufen konnten, noch, dass der Ertrag ihrer Arbeitskraft, falls der Tauschakt zustande gekommen war, hinreichend hoch ausfiel, um den Lebensunterhalt zu bestreiten. Die Fülle der daraus resultierenden Probleme, Risiken und Unsicherheiten bilden den Kern dessen, was seit den 1830er- und 1840er-Jahren als Soziale Frage bezeichnet wurde.

Systemimperative der bürgerlichen Gesellschaft

Menschen als Marktsubjekte

Soziale Frage

Die Überwindung der Sozialen Frage durch Gewährung von Fürsorge (Geldleistungen) mag zunächst als einfach und probat erscheinen. Doch gegen die Beseitigung von Armut und Elend durch Armenfürsorgeleistungen sprechen keineswegs nur fiskalische, sondern auch grundsätzliche Erwägungen. Denn das von der Armenfürsorge gewährte arbeitsfreie Einkommen stellt eine prinzipielle Alternative zu gesellschaftlich geforderter Lohnarbeit für all jene dar, die über kein Vermögen verfügen, und ist insofern in bürgerlichen Gesellschaften „systemfremd" (Hammerschmidt 2011). In den Worten Hegels (2006): *„Wird der reicheren Klasse die direkte Last auferlegt, oder es wären in anderem öffentlichen Eigentum (reichen Hospitälern, Stiftungen, Klöstern) die direkten Mittel vorhanden, die der Armut zugehende Masse auf dem Stande ihrer ordentlichen Lebensweise zu halten, so wäre die Subsistenz der Bedürftigen gesichert, ohne durch die Arbeit vermittelt zu sein, was gegen das Prinzip der bürgerlichen Gesellschaft und des Gefühls ihrer Individuen von ihrer Selbständigkeit und Ehre wäre"* (Rechtsphilosophie, § 245 [1821]).

[Marginalie: Systemfremdheit der Armenpflege in der Lohnarbeitsgesellschaft]

Erforderlich war dieses „systemfremde" Element, die Armenfürsorge als Kern- und Keimform der Sozialpolitik, gleichwohl. Es galt einerseits, die Unzulänglichkeit des Marktmechanismus zu kompensieren, um den physischen Erhalt der (potenziellen Erwerbs-)Bevölkerung zu sichern und soziale Verwerfungen (Revolutionsgefahr!) zu verhindern. Andererseits sollte sie eine zentrale Voraussetzung der Marktwirtschaft, nämlich die schon erwähnte Arbeitskräftemobilität, fördern. Sozialpolitik trägt damit keineswegs nur dekommodifizierenden Charakter wie Gøsta Esping-Andersen (1990) meint, sondern leistet auch einen Beitrag zu Kommodifizierung oder, in den Worten von Lenhardt und Offe (1977), sie leistet „aktive Proletarisierung".[5]

[Marginalie: Erforderlichkeit der systemfremden Armenpflege]

Zur Bearbeitung – nicht zur Lösung – der Sozialen Frage schienen die angeführten Regelungen des Allgemeinen Landrechts für die Preußischen Staaten (ALR) von 1794 unzureichend. Durch die ab Mitte der 1830er-Jahre in Deutschland immer wieder – wenn auch jeweils spontan und lokal

---

5 Die „aktive Proletarisierung" ergänzt dabei die „passive Proletarisierung" (Lenhardt/Offe 1977: 101f.). Letztere bedeutet die Zerstörung der vormaligen nicht marktförmigen Arbeits- und Subsistenzformen, was durch die preußischen Reformen erfolgte. Weil jedoch, so Lenhardt und Offe, die solchermaßen „freigesetzten" Menschen nicht stets ohne Weiteres auch ihre Arbeitskraft auf dem Arbeitsmarkt anbieten, erfolgten darauf hinzielende, flankierende staatliche Maßnahmen, für den sie den Begriff der „aktive Proletarisierung" wählen.

Hunger-
aufstände

Armen-
pflegegesetz
von 1842

Unterstüt-
zungswohn-
sitzprinzip

örtliche und
überörtliche
Träger

geschlossene
und offene
Armenfürsorge

begrenzt – auftretenden Hungeraufstände und -revolten sah sich der preußische Staat zum Handeln veranlasst. Mit dem Armenpflegegesetz vom 31. Dezember 1842 schuf Preußen für die Armenfürsorge eine spezialrechtliche Grundlage, die dem Ausgleich der Armenlasten[6] und nicht zuletzt der armenrechtlichen Flankierung der am selben Tag eingeführten allgemeinen Niederlassungsfreiheit diente. Vordem galt in der Armenfürsorge das Heimatprinzip, das heißt, zur Unterstützung eines Verarmten war diejenige Gemeinde verpflichtet, in der ein Verarmter geboren war. Im Verarmungsfall war der Arme dorthin „zurückzuschaffen" (ALR § 5 II 19). Mit dem „Unterstützungswohnsitzprinzip" des Armenpflegegesetzes von 1842 änderte sich dies. Jetzt war nicht mehr der Heimatort auf Lebenszeit im Bedarfsfall für (ehemalige) EinwohnerInnen verantwortlich, sondern der Ort (Ortsarmenverband), an dem ein hilfsbedürftiger Mensch, in der Regel durch einen dreijährigen Aufenthalt vor seiner Verarmung, einen „Unterstützungswohnsitz" erworben hatte. Die mögliche Versorgungslücke, bei der die Verpflichtung der Herkunftsgemeinde schon erloschen war, bevor einer anderen Gemeinde eine Verpflichtung erwuchs, wurde mit der Etablierung eines überörtlichen Trägers der Armenfürsorge (Landarmenverband) geschlossen (Hammerschmidt 2010b: 857f.; ausführlich: Schinkel 1963). Damit entstand der auch heute noch existierende Dualismus von örtlichen und überörtlichen Trägern der Sozial- und Jugendhilfe. Die Kommunen konnten die Unterstützung der Armen in Form der geschlossenen Fürsorge, das heißt durch Unterbringung in Armenhäusern oder sonstigen Anstalten, oder als offene Fürsorge, d. h. sie konnten in ihrer Unterkunft bleiben, vornehmen. Die Unterbringung von Hilfsbedürftigen in Armenhäusern sollte abschreckend wirken und zur „Industriösität" erziehen.[7] Wegen der

---

6 Eine höchst ungleiche Verteilung des Nutzens und der Kosten aus der enormen Binnenwanderung in den ersten vier Jahrzehnten des 19. Jahrhunderts ergab sich dadurch, dass die Kommunen in den entstandenen industriellen Ballungsräumen von den zugewanderten Arbeitskräften profitierten, aber im Verarmungsfall armenrechtlich nicht für sie zuständig waren. Die Wegzuggemeinden der mobilen Arbeitkräfte konnten umgekehrt keinen Nutzen aus der Arbeitskraft ihrer ehemaligen Bewohner ziehen, waren aber im Verarmungsfall für ihren Unterhalt zuständig (Heimatprinzip der Armenpflege). Vgl. dazu die weiteren Ausführungen im Haupttext.

7 Im wörtlichen Sinne bedeute „Industriösität" (abgeleitet aus dem lat.: industria) soviel wie Arbeitseifer oder Arbeitsfleiß. Über diesen Bedeutungskern hinaus verwies die seinerzeitige Rede von Erziehung zur „Industriösität" speziell darauf, dass die (armen) Individuen so erzogen

vergleichsweise hohen Kosten machten die Kommunen von der armenrechtlichen Möglichkeit der geschlossenen Armenfürsorge – abgesehen von der durchaus geschätzten Androhung – vorerst wenig Gebrauch; sie favorisierten die offene Fürsorge (vgl. Sachße/Tennstedt 1998b: 244ff.; Rumpelt/Luppe 1923; Hammerschmidt 2010b: 858f.).

Doch zunächst gelang es weder dem herrschenden Adel noch dem städtischen Bürgertum, die soziale Lage der arbeitenden Bevölkerung deutlich zu verbessern und die sich zuspitzenden Widersprüche aufzufangen. Das zeigte sich zwei Jahre nach Erlass des Armenpflegegesetzes besonders nachdrücklich mit dem schlesischen Weberaufstand von 1844. Seine blutige Niederschlagung durch die preußische Armee brachte die Lage militärisch unter Kontrolle, eine Lösung der Sozialen Frage war aber so nicht zu erreichen. Auch die Widersprüche zwischen dem aufstrebenden Bürgertum und dem überkommenen Adel spitzten sich zu und kulminierten in der März-Revolution von 1848. Die hier zunächst errungenen Freiräume, etwa die Presse- und Vereinsfreiheit, büßte das Bürgertum mit der Niederschlagung der Revolution und der anschließenden zehnjährigen Reaktionszeit vielfach wieder ein (Thamer 2000: 300; Sachße 2000: 78). Es reagierte auf diese Niederlage teilweise mit politischem Rückzug (Biedermeier), teilweise aber auch mit der Konzentration seiner Aktivitäten auf die kommunale Ebene. Unter der Losung „Sozialreform statt Sozialrevolution"[8] entfaltete das Bürgertum seine vor allem seit dem Weberaufstand aufgenommenen sozial-caritativen Aktivitäten innerhalb und auch außerhalb der kommunalen Sozialverwaltung, trotz der Einschränkungen während der Reaktionszeit. Eine sozialreformerische Politik gegenüber den „unterbürgerlichen" Schichten schien dem städtischen Besitz- und Bildungsbürgertum vonnöten, um der zerstörerischen Kraft eines ungezügelten Wirtschaftsliberalismus entgegenzuwirken. Die Arbeiterbewegung formierte sich und das Bürgertum geriet damit in eine Zweifrontenkonfrontation, die Arbeiterklasse auf der einen und der Adel auf der anderen Seite. Von der Mitgestaltung im staatlichen

Marginalien:
Weberaufstand von 1844

März-Revolution 1848

Reaktionszeit

„Sozialreform statt Sozialrevolution"

---

werden sollten, dass sie sich mit Arbeitseifer und Fleiß den Anforderungen der industriellen Lohnarbeitsgesellschaft unterwerfen.
8   Die Bezeichnungen „Sozialreform" und „Sozialpolitik" wurden ab der zweiten Hälfte des 19. Jahrhunderts bis zum Ersten Weltkrieg regelmäßig synonym verwendet, teilweise aber noch lange darüber hinaus. Zur bürgerlichen Sozialreformbewegung vgl. vom Bruch 1985 und Aner/ Hammerschmidt 2010.

Bereich ausgeschlossen, nutzte das Bürgertum die kommunale Ebene als (Experimentier-)Feld zur (besseren) Gestaltung der Gesellschaft.

Die offene Armenfürsorge der Kommunen war aufgrund der weitgehenden Gestaltungsfreiheit, die der vom Adel kontrollierte Staat dem Bürgertum im Rahmen der kommunalen Selbstverwaltung einräumte, in Verbindung mit den höchst unterschiedlichen lokalen Verhältnissen in den ersten Jahrzehnten des 19. Jahrhunderts unüberschaubar uneinheitlich. Dennoch lässt sich festhalten, dass viele Städte dazu tendierten, dem Vorbild der Stadt Hamburg zu folgen, die in ihrer 1788 reformierten Armenordnung Zwangsarbeit für nicht internierte Hilfsbedürftige vorschrieb. Im Verlauf der 1860er-Jahre orientierten sich dann viele Städte bei der Reorganisation der offenen Armenfürsorge an der Armenordnung der jungen Industriestadt Elberfeld vom 9. Juli 1852. Im Rahmen des „Elberfelder Systems" wurden einige Prinzipien der öffentlichen Fürsorge formuliert, die zum Teil bis heute Gültigkeit besitzen. Das Stadtgebiet wurde in mehrere Hundert „Quartiere" eingeteilt („Quartierprinzip"), innerhalb derer die ehrenamtlich tätigen Bürger maximal vier Arme und deren Familien („Einzelfallhilfe") betreuten. Aufgabe der Armenpfleger war es, bei seinen vierzehntägigen Besuchen („Besuchsprinzip") in detaillierten Fragebögen („Abhörbögen", allgemeiner: Aktenförmigkeit) die vorgefundenen wirtschaftlichen Verhältnisse, die individuelle Notlage und den individuellen Bedarf festzustellen („Individualisierungsprinzip"). Dabei sollte das Verhalten der Armen kontrolliert und erzieherisch auf sie eingewirkt werden. Auf dieser Grundlage wurde geprüft, ob vorrangige Ansprüche existierten („Nachrangigkeitsprinzip" der Fürsorge) und anschließend entschieden, ob, und wenn ja, in welcher Form und

Heterogenität der Armenfürsorge

Elberfelder System von 1852

Prinzipien der Armenfürsorge

Abbildung 2: Das Elberfelder System der Armenpflege

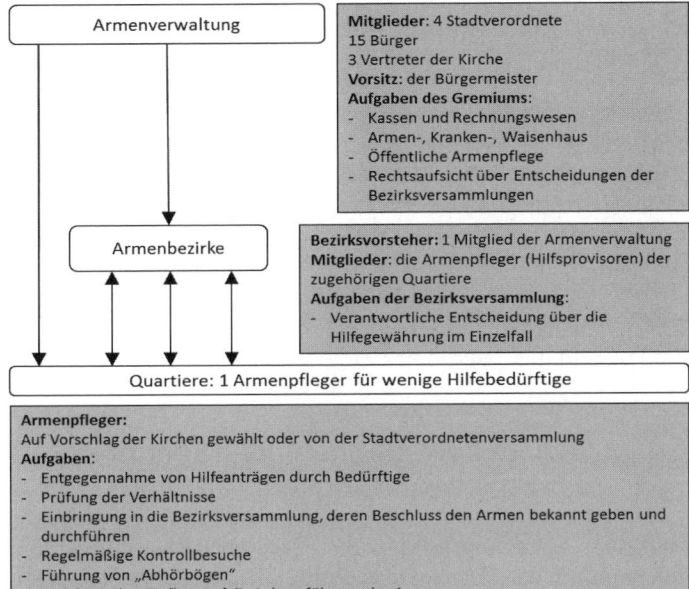

Quelle: Orthbandt 1980: 71

Höhe eine um Unterstützung nachsuchende Person Leistungen erhalten sollte. Die Armenpfleger bemühten sich um die Vermittlung eines Beschäftigungsverhältnisses für die Arbeitsfähigen; wer eine angebotene Arbeit ablehnte, erhielt keine Leistungen und wurde der Polizei gemeldet. Innerhalb der hier erstmalig praktizierten Arbeitsteilung zwischen Innen- und Außendienst oblag dem bürokratisch rationalisierten Innendienst die zentrale Erfassung der im Außendienst erhobenen entscheidungsrelevanten Daten. Über den erzieherisch disziplinierenden Erfolg des Elberfelder Systems lässt sich nur spekulieren, der finanzielle Erfolg dagegen war offensichtlich: Die Zahl der unterstützten Parteien und die für armenpflegerische Zwecke aufgewendeten Mittel sanken beträchtlich (vgl. Sachße 1986: 36ff.; ausführlich: Böhmert 1886: 49–96; Münsterberg 1903).

Innen- und Außendienst

Zur gleichen Zeit, in der die Kommunen das Elberfelder System der Armenfürsorge etablierten, also ab Mitte des 19. Jahrhunderts, begannen sie auch mit der Entfaltung von daran angelagerten Bereichen auf freiwilliger Grundlage sowie überhaupt mit der Schaffung von Einrichtungen und Maßnahmen der kommunalen Daseinsvorsorge.[9] Aufbauend auf medizinisch-wissenschaftliche Fortschritte wandelten sich alte, schon bestehende und neu eingerichtete Spitäler zunehmend zu modernen (kommunalen) Krankenhäusern, die der Heilbehandlung dienten, auch wenn noch lange Zeit weitere Personengruppen wie Alte, Sieche und behinderte Menschen dort untergebracht blieben. Ebenfalls schon vor der Ausrufung des Deutschen Kaiserreichs schufen manche Kommunen zudem gesundheitsfürsorgerische Angebote zugunsten besonders gefährdeter Gruppen oder zur Bekämpfung von Volkskrankheiten wie etwa Tbc (grundlegend: Labisch/Tennstedt 1985; Jütte 1997). Mit all dem gewann die kommunale Sozialverwaltung an Umfang und Binnenkomplexität.

2.4 Soziale Bewegungen als Trägerinnen der Privatwohltätigkeit

Vielfache Ergänzung fanden die fürsorgerischen Aktivitäten der kommunalen Armenverwaltung im Engagement des (Bildungs-)Bürgertums im Kontext der „bürgerlichen Sozialreform", die das „Wohl der arbeitenden Klassen" heben und die „sozialen Schäden" heilen wollte, sowie dem sich ebenfalls seit dem schlesischen Weberaufstand von 1844 und der Revolution von 1848 neu entfaltenden sozial-karitativen Engagement konfessioneller Kreise (vom Bruch 1985; Aner/Hammerschmidt 2010: 66–74). Für dieses Engagement setzte sich der Begriff Privatwohltätigkeit durch, der erst in den 1920er-Jahren durch die Bezeichnung freie Wohlfahrtspflege verdrängt wurde.

2.4.1 Die bürgerliche Sozialreformbewegung

Erlitt auch die Sozialreformbewegung in der Reaktionszeit nach der Niederschlagung der 1848er-Revolution bis Ende der 1850er-Jahre Rückschläge, so entfaltete das Bürgertum gleichwohl auf der kommunalen Ebene, insbesondere im Bereich der Privatwohltätigkeit, weitere Aktivitäten. Diese fanden mit dem „Verein" in der zweiten Hälfte des 19. Jahrhunderts ihre typische

---

9 Grundlegend zur Begrifflichkeit: Forsthoff 1938, kritisch hierzu: Gröttrup (1976: insbes.: 63–79).

Rechts- und Organisationsform (Armenpflege- oder Wohltätigkeitsvereine). Philanthropische Motive standen dabei – neben weiteren, beispielsweise politischen, die ab den 1840er-Jahren immer größeres Gewicht erlangten – im Vordergrund und verbanden sich vielfach mit dem Bemühen, bürgerlichen Normen, Ordnungs- und Wertvorstellungen auch bei der Armenbevölkerung Geltung zu verschaffen; nicht zuletzt auch durch soziale Kontrolle. In diesem Rahmen sind auch die frühen Sozialpädagogen Mager und Diesterweg zu verorten. Karl Mager (1810–1858), der 1844 als erster das Wort „Social-Pädagogik" verwendete, und seinem namhaften Mitstreiter Adolph Diesterweg (1790–1866), ging es in ihrer (frühbürgerlichen) Sozialpädagogik um die Vermittlung von Bildung für die benachteiligten Klassen, um so deren soziale Integration zu erreichen. Damit zielten beide Pädagogen auf die Abwendung der Gefahr von „Pöbelherrschaft" und eine Erziehung zur Demokratie (Müller 2005, 2007; Dollinger 2007). Diese Aktivitäten können auch als Teil des Kampfes des Bürgertums um „kulturelle Hegemonie" interpretiert werden, wobei dieser „Kampf" den Charakter einer Kolonialisierung oder säkularen Missionierung annahm (vgl. Dießenbacher 1986).

Neben Wohltätigkeitsvereinen schuf das Bürgertum zunehmend eigene Vereine zur Hebung der Bildung und der Erziehung unterbürgerlicher Schichten, durchaus in bewusster Konkurrenz zur entstandenen Arbeiterbewegung. Über die sonst übliche lokale Bezogenheit hinaus ging ein Verein, der dann für die bürgerlichen Wohltätigkeits- und Sozialreformbestrebungen bis zur Reichsgründung eine Leit- und Orientierungsfunktion ausfüllte: Der „Centralverein für das Wohl der arbeitenden Klassen" (vom Bruch 1985a). Er wurde im August 1844 angesichts des schlesischen Weberaufstandes von Unternehmern und hohen Beamten konzipiert. Der Centralverein, dessen Mitgliedschaft durch hohe Beiträge sehr exklusiv war, bildete in der Planung die Spitze eines flächendeckenden Netzes von Provinz-, Bezirks-, Kreis- und Lokalvereinen. Die operative Arbeit der Lokalvereine sollte auf die Gründung von Spar- und Prämienkassen, von Kranken-, Invaliden-, Pensions- und Sterbekassen hinwirken. Fortbildungsschulen für „Fabrikkinder" sowie öffentliche Vorträge sollten dem Volke „gemeinnützige Kenntnisse" vermitteln.[10] Der Verein expandierte und konnte

---

10 Das preußische Innenministerium behandelte die Genehmigung der Vereinsstatuten dilatorisch, d. h. es schob eine Entscheidung darüber auf. Erst nach der Revolution verlieh das liberale Märzministerium als

Marginalien:
- Wohltätigkeitsvereine und
- bürgerliche Normen
- frühbürgerliche Sozialpädagogik
- Der Centralverein für das Wohl der arbeitenden Klassen
- Vermittlung „gemeinnütziger Kenntnisse"

innerhalb weniger Monate über 300 Berliner und 60 weitere Mitglieder verzeichnen. Zudem hatten sich rund 30 Lokalvereine gebildet, die sich dem Centralverein anschlossen, darunter auch der Berliner Verein unter Leitung von Adolph Diesterweg. Die „Reaktion" brachte dann einen Rückschlag für die Vereinsarbeit, in erster Linie für die Lokalvereine, aber auch für den Centralverein selbst, was sich erst Ende der 1850er-Jahre änderte. Von da an offenbarte sich zugleich immer deutlicher eine Konkurrenz zu den Organisationen der Arbeiterbewegung. Diese waren von den Sozialreformern zwar ursprünglich als Bündnispartner auserkoren, de facto aber nie als gleichberechtigt angesehen worden. Stattdessen sah man in ihnen eher Objekte paternalistischer Fürsorge. Für die Proletarier mochte die Vermittlung von „gemeinnützigen Kenntnissen" – vor allem Fragen der Ernährung, Gesundheit und Hygiene – noch hilfreich sein, aber die vielfältigen Versuche, die Arbeiter zum Sparen zu erziehen, waren angesichts der niedrigen und wechselhaften Einkünfte wenig realitätstüchtig. Allenfalls die ebenfalls angeregte Bildung von Konsumvereinen und der nach der Aufnahme von Hermann Schulze-Delitzsch Ende der 1850er-Jahre vom Centralverein verstärkt geförderte Genossenschaftsgedanke mochten für die Arbeiter interessant erscheinen. Die mühsam abgerungene Stellungnahme des Centralvereins zur Koalitionsfreiheit und zum Streikrecht für Arbeiter im Jahre 1864, derzufolge beides überhaupt nur unter höchst eingeschränkten Bedingungen akzeptabel sei, war wenig geeignet, sich dem Proletariat gegenüber als „Arbeiterfreund" zu präsentieren; daran änderte auch der ab 1863 gleichnamige Titel des Zentralorgans des Vereins nichts. Zunehmende Anerkennung erntete der Centralverein dagegen ab Mitte der 1860er-Jahre bei Industriellen und Großkaufleuten, die die Arbeit des Vereins durch Beitritte und Mitgliedsbeiträge förderten. Daneben schlossen sich auch korporative Mitglieder dem Centralverein an, in erster Linie Behörden und städtische Magistrate, aber auch Handelskammern und Großunternehmen (Reulecke 1983, 1985).

(Marginalien: ... in Konkurrenz zur Arbeiterbewegung)

(Marginalie: Arbeiterfreund)

---

eine seiner ersten Amtshandlungen dem Centralverein Korporationsrechte. Zwei Centralvereinsmitglieder bekleideten Ministerposten und 1848 nahm der Vorstand unter Vorsitz von Adolph Lette seine Arbeit auf.

2.4.2 Konfessionelle Bewegungen und Kräfte[11]

Durch das Aufklärungsdenken hatten die Kirchen[12] schon vor der Wende zum 19. Jahrhundert deutlich an ideologischem und gesellschaftspolitischem Einfluss verloren. Die infolge des Reichsdeputationshauptschlusses 1803 durchgeführte umfassende Säkularisation führte für die christlichen Kirchen – insbesondere für die katholische – zu einem enormen Verlust ihres Vermögens sowie ihrer vormaligen weltlichen Macht. Sie erlitten einen Schlag, von dem sie sich letztlich nie mehr ganz erholen konnten, und befanden sich im ersten Drittel des 19. Jahrhunderts in einer ausgeprägten Defensivposition. Erste Ansätze konfessioneller Kräfte – jenseits des Kirchenamtlichen – durch soziales Engagement den verloren gegangenen gesellschaftlichen Einfluss des organisierten Christentums wiederzugewinnen, lassen sich gegen Ende des Vormärz, also der Zeit vor der März-Revolution 1848 (ab ca. 1830), feststellen.

Säkularisation Anfang des 19. Jahrhundert

christliches soziales Engagement, um Einfluss wiederzugewinnen

Auf evangelischer Seite handelte es sich dabei zunächst um bescheidene Initiativen von pionierhaft tätigen einzelnen Persönlichkeiten. Zu nennen sind hier Wichern und die Eheleute Fliedner. Der Hamburger Theologe Johann Hinrich Wichern (1808–1881) richtete in dem 1833 von ihm begründeten „Rauhen Haus" – ein finanziell von Hamburger Bürgern unterstütztes Rettungshaus für „verwahrloste", straffällig gewordene Kinder – und eine Ausbildungsstätte für Diakone („Brüder") ein, die in erster Linie als Erzieher und teilweise als Gefängnisfürsorger tätig sein sollten. Damit wurde das „Rauhe Haus" zum Vorbild für weitere Brüderhäuser. Ebenfalls im Bereich der Anstaltserziehung und Gefangenenfürsorge engagierten sich der Düsseldorfer Pfarrer Theodor Fliedner (1800–1864) und seine Ehefrau Friederike (1800–1842). Wegweisend wirkten beide mit der Gründung der „Bildungsanstalt für evangelische Pfle-

Wichern und das „Rauhe Haus"

Eheleute Fliedner und die Mutterhausdiakonie

---

11 Die Darstellung des Kap. 2.4.2 entspricht: Aner/Hammerschmidt 2010: 72–74.

12 Die folgenden Ausführungen beschränken sich auf katholische und protestantische Bewegungen und Kräfte, die die größte Praxisrelevanz erreichen. Auf eine Darstellung entsprechender (religiöser) jüdischer Aktivitäten muss hier ebenso verzichtet werden wie auf eine gesonderte Behandlung des Anteils von Juden am Engagement (des nicht primär konfessionell motivierten Handelns) des Bürgertums im vorhergehenden Unterkapitel. Zu den damit ausgesparten Aspekten des jüdischen ehrenamtlichen Engagements siehe: van Rahden (2004) und speziell zur jüdischen Wohlfahrtspflege: Heuberger/Spiegel 1992; Ludwig/Schilde 2010 und Stascheit/Stecklina 2013.

gerinnen" (Diakonissen) 1836 in Kaiserswerth bei Düsseldorf. Die Kaiserswerther Mutterhausdiakonie wurde zum Vorbild weiterer Ausbildungsstätten für evangelische Krankenpflegerinnen. Als Ergänzung und männliches Pendant gründete Theodor Fliedner 1844 in Duisburg eine „Pastoralgehilfenanstalt" (später: Diakonenanstalt Duisburg), die der Gewinnung und Ausbildung von männlichen Pflege- und später auch Erziehungskräften diente.

Wicherns
Problem-
analyse und
-lösung

Wichern, der sich eingehend programmatisch äußerte und in seinen ordnungspolitischen Vorstellungen ständestaatliche Zustände (zurück-)wünschte, interpretierte die Armut und die Verelendung seiner Zeit als Symptom, hinter dem die Haltlosigkeit des Volkes, der massenhafte Abfall vom Glauben und die Versündigung gegen die göttlichen Stiftungen Familie, Staat und Kirche standen. Die „entsittlichenden" Folgen von Industriekapitalismus und Verstädterung verstand er als Ausdruck und Resultat von Verweltlichung und Entchristlichung. Die Verwirklichung christlicher Nächstenliebe, die Ausübung der Werke der Barmherzigkeit als praktische „Liebestätigkeit" sollte missionarisch ausgestaltet sein und so einer Re-Christianisierung dienen. Seiner Ursachenanalyse entsprechend, galt ihm dies gleichzeitig als Beitrag zur Überwindung von Armut und Elend sowie zur Stabilisierung von Staat und Kirche. In der „fluchwürdigen" Revolution von 1848 erblickte Wichern eine politische Katastrophe, denn damit habe sich das entchristlichte Volk auch gegen die „gottgewollte Ordnung" versündigt (Wichern 1848a, b). Hierin sah er auch eine Niederlage der Kirche, die dies mit ihren zersplitterten Anstrengungen nicht zu verhindern vermocht hatte. Um einen Zusammenschluss (Konföderation) der getrennten evangelischen Landeskirchen zu fördern, hatte Moritz August von Bethmann-Hollweg, u.a. von Wichern unterstützt, im September des Revolutionsjahres zu einer Kirchenversammlung in Wittenberg aufgerufen. Wichern nutzte diese Gelegenheit und rief hier die Kirchenrepräsentanten zur Unterstützung der vielfältigen evangelischen Aktivitäten der Liebestätigkeit und deren Zusammenschluss unter einem Dach, einem „Centralausschuß", auf. Die (äußere) Heidenmission, so Wichern, müsse durch die Re-Christianisierung im Inneren, eine „innere Mission" ergänzt werden. Schon im Januar des folgenden Jahres wurde der „Centralausschuß für Innere Mission" als (loser) Zusammenschluss der schon bestehenden wohlfahrtspflegerischen Aktivitäten gegründet. Angeregt durch den Centralausschuß und aufgerüttelt durch die Revolution,

Der Central-
ausschuss für
Innere Mission

entfaltete sich zwischen 1849 und Ende der 1850er-Jahre eine Reihe neuer zusätzlicher Tätigkeiten in diesem Bereich. Allein zwischen 1849 und 1852 wurden rund 100 neue evangelische Anstalten, meist Rettungshäuser, gegründet. Der rapide Anstieg des konfessionellen wohlfahrtspflegerischen Engagements verlief ab Ende der 1850er-Jahre insbesondere im Rahmen der Inneren Mission deutlich gemächlicher. Von überragender Bedeutung für die spätere Entwicklung der Inneren Mission waren die Erfolge bei der Gewinnung von engagierten, religiösen Kräften (Diakonissen, Diakone), die auf genossenschaftlicher Grundlage (Mutterhäuser, Brüderanstalten) organisiert, der evangelischen Wohlfahrtspflege eine stabile personelle Basis schufen (Gerhardt 1948, Bd. 1; Schmidt 1998; Hammerschmidt 1999: 62–68, 2003: 24f.).

Eine nennenswerte kirchenamtliche Caritasarbeit (katholische Fürsorgetätigkeit) existierte zu Beginn des 19. Jahrhunderts nicht. Mit der beginnenden Industrialisierung in der Mitte des 19. Jahrhunderts entstanden unabhängig von der Kirchenleitung lokale Caritaskreise, die sich den von der öffentlichen Armenpflege vernachlässigten Personen und Problemen widmeten. Ehrenamtlich Engagierte leisteten durch Spenden finanzierte Hilfen für Erwerbslose, Obdachlose, verwahrloste und gefährdete Kinder und Jugendliche. Arme wurden gespeist und hilfsbedürftige Kranke, Alte und Minderjährige erforderlichenfalls in Anstalten untergebracht. Die durch die Revolution 1848 errungene Vereinsfreiheit nutzten katholische Kreise sofort, um „Katholische Vereine", häufig auch unter dem Namen „Piusvereine" (für die religiöse Freiheit), zu gründen. Noch im Oktober des Revolutionsjahres fanden sich Vertreter dieser neuen Vereine in Mainz zu einer Generalversammlung des „Katholischen Vereins Deutschlands" zusammen. Diese Versammlung gilt als erster Katholikentag. Die fortan jährlich veranstalteten und zur Institution avancierenden Katholikentage befassten sich regelmäßig mit Fragen der „Charitas" (Joosten 1976; Gatz 1981). Die Reichen und Regierenden und die Armen und Regierten, so analysierten die Versammelten während der Katholikentage die gesellschaftliche Lage, stünden sich wie zwei feindliche Armeen gegenüber. Diejenigen, die in materieller Armut lebten, seien von Hass und Ingrimm wider alle Besitzenden erfüllt; nichts mehr sei vom Ertragen der Armut in christlicher Demut zu spüren. Ihnen sei der wahre Glaube geraubt, sie seien in die Irre geleitet, denn man habe ihnen eingeredet, den Himmel auf Erden zu suchen. Diese Situation galt den Versammelten

Caritaskreise

Der Katholische Verein Deutschlands

Problemanalyse und -lösung des ersten Katholikentages

als Problem, zu dessen Lösung die katholische Kirche und ihre Glieder beitragen sollten. Der Schlüssel zur Lösung der damit angesprochenen „Sozialen Frage", so betonte man, liege in der Verwirklichung der christlichen Nächstenliebe. Die Reichen sollten zur Mitverantwortung für die „leidenden Brüder" erzogen werden. Die Armen habe die Kirche zu lehren, dass sie ihr Brot im Schweiße ihres Angesichts verdienen müssten, und dass das „durch Arbeit verdiente Brot am besten schmecke" (Joosten 1976: 166f.; Hammerschmidt 1999: 68f.).

Von diesem gedanklichen wie zeitlichen Punkt aus entfaltete sich dann bis zum Kaiserreich ein zunehmend umfangreiches und vielfältiges katholisch-caritatives Engagement, das, wie auch auf evangelischer Seite, durch den Aufbau von religiösen, praktisch tätigen Orden eine zuverlässige personelle Grundlage erhielt. Besonders zu erwähnen sind hier Krankenpflegeorden, die schon bald auch eigene Anstalten (Krankenhäuser, Siechenheime usw.) gründeten. Eine Gründungswelle lässt sich auch für katholische Erziehungsheime feststellen. Zwischen 1851 und 1860 wurden 98, im folgenden Jahrzehnt 75 weitere Erziehungsheime geschaffen. Daneben entstanden und expandierten für die offene, aufsuchende Armenpflege die Elisabethenvereine[13] mit weiblichen und Vinzenzvereine[14] mit männlichen Kräften (Liese 1922: 322–368; Gatz 1997; Gatz/Schaffer 1997; Hammerschmidt 2002: 20f.).

Zum Weiterlesen

Böhmert, Victor (1886): Das Armenwesen in 77 deutschen Städten und einigen Landarmenverbänden. Dresden: Eigenverlag des Deutschen Vereins.

Jütte, Robert (2000): Arme, Bettler, Beutelschneider. Eine Sozialgeschichte der Armut. Weimar: Hermann Böhlaus Nachf.

---

13 Die Elisabethen- und Vinzenzvereine entstanden in Deutschland im Vormärz. Der erste Elisabethenverein wurde 1840 in Trier, der erste Vinzenzverein 1845 in München von katholischen Laien gegründet. Beide Gründungen fanden rasch Nachahmung, zumal ihr Anliegen und ihre Konzeption im Rahmen des (ersten) Mainzer Katholikentags 1848 von den Versammelten positiv bewertet wurden. Dadurch kam es zu einer Wiederbelebung der kath. Armenpflege in Form der Hausarmenpflege. Die Vereine sammelten Spenden und verteilten sie bei ihren Hausbesuchen an Arme und Bedürftige (Gatz 1997: 62f.; ausführlicher Liese 1922: ebd.).

14 Vgl. die vorstehende Fußnote.

Sachße, Christoph/Tennstedt, Florian (1998a): Geschichte der Armenfür-
sorge in Deutschland. Bd. 1: Vom Spätmittelalter bis zum 1. Weltkrieg.
2. Aufl. Stuttgart, Berlin, Köln: Kohlhammer.
Sachße, Christoph/Tennstedt, Florian (Hg.) (1998b): Bettler, Gauner und
Proleten. Armut und Armenfürsorge in der deutschen Geschichte. Ein
Bild-Lesebuch. Frankfurt: Fachhochschulverlag Frankfurt a. M.

3. Soziale Arbeit im Deutschen Reich (1871–1945)

3.1 Die Zeit des Deutschen Kaiserreichs (1871–1918)

Während des Deutschen Kaiserreichs (1871–1918) entstand mit der Arbeiterversicherung neben der Armenfürsorge ein weiteres soziales Sicherungssystem. Die damit entlastete kommunale Fürsorge nutzte die finanziellen Möglichkeiten für eine „sociale Ausgestaltung der Fürsorge". Dazu gehörte die Ausdifferenzierung verschiedener Fürsorgebereiche, die jeweils eine Fülle neuer Praxisfelder und Einrichtungen umfassten. Soziale Bewegungen nahmen dabei einen großen Einfluss.

Mit der nationalstaatlichen Integration, zunächst mit der Gründung des Norddeutschen Bundes (1866/67) und wenig später, nach dem für Preußen/Deutschland siegreichen Deutsch-Französischen Krieg (1870/71), mit der Ausrufung des Deutschen Kaiserreichs (1871), ging ein wirtschaftlicher Aufschwung (Gründerboom) einher, dem bald schon eine jahrelange Depression (Gründerkrach) folgte, die schließlich durch eine lang anhaltende wirtschaftliche Prosperitätsphase (Hochindustrialisierung) abgelöst wurde, die Deutschland in den Kreis der führenden Industrienationen katapultierte. Zur selben Zeit expandierten die organisierte Arbeiterbewegung sowie die SPD als Arbeiterpartei. Weder die Repression durch die Sozialistengesetze (1878–1890) noch die Einführung einer Arbeiterversicherung konnten das Erstarken von Gewerkschaften und SPD verhindern. All dies wirkte sich vielfältig auf die kommunale Armenfürsorge aus.

3.1.1 Armen- und Arbeiterpolitik

Mit der Schaffung der Arbeiterversicherung (später Sozialversicherung genannt) trat nicht bloß ein zweites soziales Sicherungssystem neben die kommunale Armenfürsorge, sondern die soziale Sicherung erhielt eine neue Qualität. Die Arbeiterversicherung deckte die Hauptrisiken der Lohnarbeiterexistenz – Verdienstausfälle infolge von Krankheit, Unfällen, Alter und Invalidität – durch Krankenversicherung (1883), Unfallversicherung (1884), Invaliditäts- und Altersversicherung (1889) marktkonform ab. Die beitragsfinanzierte Sozialversicherung gewährte Rechtsansprüche und Selbstverwaltungsrechte. Ihre Leistungen waren an das Lohnarbeitsverhältnis gekoppelt, womit sie – anders als die Fürsorge – keine grundsätzliche Alternative zur Lohnarbeit bot und entsprechend repressionsarm ausgestaltet werden konnte. Infolge der Verallgemeinerung von Lohnarbeit sowie durch die gesetzgeberische Ausweitung des Adressatenkreises (z. B. ab 1911 Leistungen für Hinterbliebene und Altersversicherungspflicht für Angestellte), gelangten wachsende Bevölkerungsteile in den Schutzbereich der Sozialversicherung.

Die Arbeiterversicherung ...

... war keine grundsätzliche Alternative zur Lohnarbeit – sie setzte sie vielmehr voraus

Abbildung 3: System sozialer Sicherung im Deutschen Kaiserreich

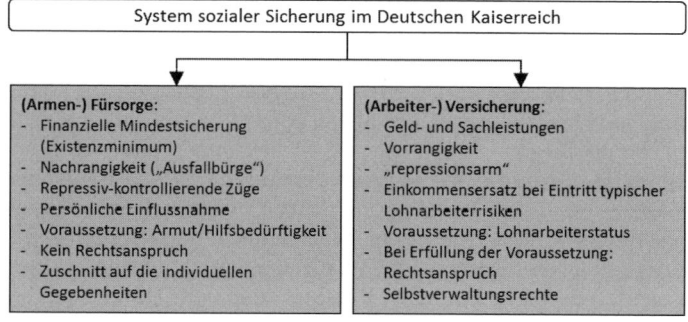

System sozialer Sicherung im Deutschen Kaiserreich	
(Armen-) Fürsorge: - Finanzielle Mindestsicherung (Existenzminimum) - Nachrangigkeit („Ausfallbürge") - Repressiv-kontrollierende Züge - Persönliche Einflussnahme - Voraussetzung: Armut/Hilfsbedürftigkeit - Kein Rechtsanspruch - Zuschnitt auf die individuellen Gegebenheiten	**(Arbeiter-) Versicherung:** - Geld- und Sachleistungen - Vorrangigkeit - „repressionsarm" - Einkommensersatz bei Eintritt typischer Lohnarbeiterrisiken - Voraussetzung: Lohnarbeiterstatus - Bei Erfüllung der Voraussetzung: Rechtsanspruch - Selbstverwaltungsrechte

Quelle: eigene Darstellung

Das Reich ergänzte ab 1890 („Neuer Kurs") seine sozialpolitischen Maßnahmen durch den Ausbau einer Arbeitnehmerschutzpolitik, durch Ansätze für eine Arbeitsgerichtsbarkeit und durch die Bildung von Arbeitnehmerausschüssen. Zudem erfolgte mit der Arbeiterversicherung eine politisch-definitorische Ausdifferenzierung der Arbeiterfrage aus der Armenfrage, die mit der Konstituierung der politischen Arbeiterbewegung (1863/68) begonnen hatte. Die finanziellen Transferleistungen der lohnarbeitszentrierten Arbeiterversicherung entlasteten die ansonsten verpflichteten kommunalen Träger der Armenfürsorge und setzten damit materielle wie personelle Ressourcen frei, die nunmehr zur Ausweitung und Differenzierung von

Arbeitnehmerschutzpolitik

Trennung der Arbeiterfrage von der Armenfrage

Arbeiterversicherung entlastete Armenfürsorge ...

sozialen Einrichtungen, Maßnahmen und Leistungen eingesetzt wurden. In dieselbe Richtung wirkte, dass die Arbeiterversicherungsträger die Durchführung personenbezogener Dienstleistungen an die kommunalen und freigemeinnützigen Träger der Gesundheitsfürsorge delegierten und sie refinanzierten. Zusammen mit dem steigenden kommunalen Steueraufkommen infolge des Wirtschaftsbooms erweiterte dies die kommunalen Möglichkeiten zur Aufgaben- und Ausgabenexpansion (Gröttrup 1976: 13–18; von Unruh 1984: 561; Hofmann 1984: 583; Hammerschmidt/Tennstedt 2002; Aner/Hammerschmidt 2010). Die Personal- und Sachausgaben der Gemeinden stiegen zwischen 1870 und 1913 um das elffache (die der Staaten um das fünffache) und der Steueranteil der Kommunen am Gesamtsteueraufkommen erreichte etwa in Preußen beachtliche 72,2 % (Gröttrup 1976: 13–18; von Unruh 1984: 561; Hofmann 1984: 583). In den 110 preußischen Städten beschäftigten die kommunalen Selbstverwaltungen 45.000 Kommunalbeamte, denen etwa 37.000 Ehrenbeamte zur Seite standen (Bogumil/ Holtkamp 2006: 19).

... was die Kommunen zur Ausweitung sozialer Leistungen nutzten

3.1.2 Die „sociale Ausgestaltung der Fürsorge" im kommunalen Rahmen

In der Zeit des Deutschen Kaiserreichs erlebte die kommunale Sozialverwaltung – wie auch die kommunale Selbstverwaltung insgesamt – weit reichende Änderungen ihrer Rechtsgrundlagen und ihrer praktischen Ausgestaltung. Die Kommunen hatten neue Pflichtaufgaben zu erfüllen und realisierten darüber hinaus auf freiwilliger Basis eine umfassende Ausgestaltung der seinerzeit noch nicht so genannten Daseinsvorsorge oder Leistungsverwaltung. Dazu gehörten: Abwasserentsorgung, Badeanstalten, Kanalisation, Müllabfuhr, Gas-, Strom- und Wasseranschlüsse für alle Haushalte, Straßenbau und Straßenbeleuchtung, Schlachthöfe, Parks, Museen, Theater, öffentlicher Personennahverkehr und städtischer Wohnungsbau, um nur einige Bereiche stichwortartig anzuführen (Blotevogel 1990; Gröttrup 1976: 13–22). Auch die „soziale Ausgestaltung der Fürsorge", so die seinerzeitige gängige Rede (Sachße/Tennstedt 1988: 27) gehörte hierzu, was im Folgenden eingehender vorzustellen sein wird. Zur Bewältigung dieser Aufgaben entstanden hierarchisch strukturierte, professionelle, fachlich differenzierte Bürokratien mit Hunderten, teilweise Tausenden

Etablierung einer umfassenden Daseinsvorsorge

... einschließlich einer „socialen Ausgestaltung der Fürsorge"

Beschäftigten. Das städtische Bürgertum schuf mit all dem im Rahmen der kommunalen Selbstverwaltung die moderne Stadt im heutigen Sinne und es ließ sich durch das Verdikt des „Munizipalsozialismus" auch nicht davon abhalten (Gröttrup 1976: 13–18; von Unruh 1984: 561; Hofmann 1984: 583; Aner/Hammerschmidt 2010).

Gleichzeitig erfolgte durch faktische wie rechtliche Maßnahmen und Regelungen eine zunehmende Einbindung der Kommunen in die staatliche Verwaltung. In Preußen geschah dies vor allem durch eine Kreisreform (1872) (von Unruh 1984: 560–571) und eine neue Provinzialordnung (1875–88) (Hofmann 1984: 639–642). War die Stein'sche Reform Stückwerk geblieben (Krebsbach 1970: 29f.), so wurde mit den eben genannten Reformen die kommunale Selbstverwaltung im Kaiserreich systematisch ausgeweitet, allerdings bei gleichzeitiger Positionierung der Selbstverwaltung als unterste Stufe der Staatsverwaltung. Im Ergebnis führten die Binnenentwicklungen der städtischen Kommunalverwaltungen (Professionalisierung, Bürokratisierung) sowie Einbindung der Kommunen in die Staatsverwaltung zu einer „Verstaatlichung" der Kommunen. Mit all dem verlor die kommunale Selbstverwaltung ihren zivilgesellschaftlichen Charakter und wurde (quasi-)staatlich.

Einbindung der Kommunen in die Staatsverwaltung

Kommunen verloren ihren zivilgesellschaftlichen Charakter

Exkurs: Ebenen der Staats- und Kommunalverwaltung in Preußen während des Kaiserreichs

Die staatliche (Allgemein-)Verwaltung umfasst in Deutschland typischerweise drei Ebenen, eine zentrale, eine mittlere und eine untere. Der preußische Staat verfügte dagegen über zwei mittlere Ebenen, die Provinzen und die (Regierungs-)Bezirke, also vier Ebenen. Die Ebenen waren hierarchisch, die jeweilige höhere Ebene war gegenüber der jeweils niederen weisungsbefugt und sie verfügte über Diensts-, Fach- und Rechtsaufsichtrechte. Mit der kommunalen Selbstverwaltung seit der Städteordnung von 1808 entstand – zunächst nur für einen Teil der Gemeinden, den Städten im Sinne der Stein'schen Städteordnung – neben dem Staat eine Gebietskörperschaft, die nicht-staatlich war. Der kommunalen Selbstverwaltung gegenüber verfügte der Staat nicht über Weisungsbefugnisse oder Dienst- und Fachaufsicht; allerdings über eine Rechtsaufsicht. Die Kommunen hatten sich selbstverständlich, an bestehendes Recht zu halten und die ihr rechtlich zugewiesenen Aufgaben – wie z. B. die Armenfürsorge – zu erfüllen.

Neben den Gemeinden als örtliche Trägern der Armenfürsorge (ab 1842: Ortsarmenverband, OAV) führte wie geschildert (vgl. Kap. 2.3) das preußischen Armenpflegegesetz einen überörtlichen Träger, den Landarmenverband (LAV) ein, der für diejenigen Armen zuständig zeichnete, die über keinen Unterstützungswohnsitz verfügten. Die LAV waren dabei der Zusammenschluss mehrerer OAV, später aller OAV im geografischen Bereich einer Provinz. Die LAV waren damit den OAV nicht hierarchisch übergeordnet; ihr Verhältnis war das einer Arbeitsteilung, bei der die OAV für die Ortsarmen und die LAV für die Landarmen zuständig waren. Umfang und Bedeutung der höheren Kommunalverbände waren zunächst gering. Das änderte sich erst im Kaiserreich durch die Übertragung vormaligen staatlichen Eigentums und gesetzlich vorgeschriebene Leistungsausweitungen. Im Verlauf der 1870er-Jahre übertrug Preußen den Provinzialverbänden (also dem verbandlichen Zusammenschluss der Kommunen der jeweiligen Provinzen) als höheren Kommunalverbänden das Eigentum an den staatlichen Besserungsanstalten sowie den Heil- und Pflegeanstalten. Mit dem Zwangs- bzw. Fürsorgeerziehungsgesetz von 1873 bzw. 1900 und der Bestimmung der Provinzialverbände als Fürsorgeerziehungsbehörde (vgl. Kap. 3.15) avancierten die Provinzialverbände zum überörtlichen Träger der Jugendfürsorge und mit der „Erweiterten Armenpflege" von 1893 (vgl. Kap. 3.1.6) waren die Provinzialverbände angehalten, als überörtliche Fürsorgeträger für bestimmte Gruppe (Geisteskranke, Blinde, Taubstumme) stationäre Einrichtungen zur Verfügung zu stellen. Damit wuchsen die Provinzialverbände zu bedeutenden Trägern der Fürsorge; an ihrem Charakter als Kommunalverbände änderte das aber nichts. Schließlich ist noch zu erwähnen, dass sich mit der im Fließtext angeführt Kreisreform von 1872 auch die preußischen Landkreise kommunale Selbstverwaltungsrechte erhielten. Damit entstand, vermittelt über das Verhältnis zwischen Landkreis und kreisangehörigen Gemeinden, eine dritte kommunale Ebene. Der nicht-staatliche Charakter der Landkreise war dabei vergleichsweise schwach ausgeprägt, weil die Landräte staatliche Beamte waren.

Abbildung 4: Ebenen der Staats- und Kommunalverwaltung in Preußen
während des Kaiserreichs

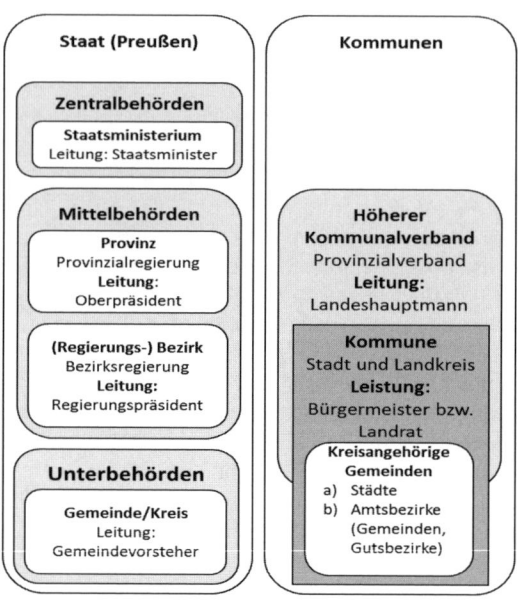

Quelle: eigene Darstellung

3.1.3   Das Unterstützungswohnsitzgesetz

„Gesetz über
den Unterstüt-
zungswohnsitz"

Mit dem am 6. Juni 1870 verabschiedeten „Gesetz über den Unterstützungswohnsitz" (UWG) erhielt die kommunale Armenfürsorge durch den Zentralstaat neue Rechtsgrundlagen. Das
UWG übertrug das preußische Unterstützungswohnsitzprinzip
sowie den Dualismus eines örtlichen (Ortsarmenverband, OAV)
und überörtlichen (Landarmenverband, LAV) Leistungsträgers
des preußischen Armenrechts von 1842 zunächst auf das Gebiet des Norddeutschen Bundes und ab 1871 auf das Deutsche
Reich; ausgenommen waren die süddeutschen Staaten, von denen Baden und Württemberg das Gesetz in den 1870er-Jahren
und Bayern erst 1916 übernahmen.[15] Die konkrete Ausgestal-

---

15 BGBl.: 360f., hier nach Arnoldt 1872: 613 (erläuternd: ebd.: 613–615,
vgl. auch die Instruktion des preuß. Innenministers hierzu in: ebd.: 809–
823, insbes.: 819). Der Gesetzestext ist dokumentiert in: Sachße/Tenn-

tung der Armenpflege, ihre Organisation und ihr Maß behielt das UWG gemäß § 8 der Landesgesetzgebung vor. Preußen regelte dies durch das „Gesetz, betreffend die Ausführung des Bundesgesetzes über den Unterstützungswohnsitz, vom 8. März 1871" (GS: 130ff.; vgl. Sachße/Tennstedt/Roeder 2000). Zur Verpflichtung der Ortsarmenverbände gehörte nach § 1 dieses Ausführungsgesetzes die Gewährung von „Obdach, der unentbehrliche Lebensunterhalt, die erforderliche Pflege in Krankheitsfällen" und ein angemessenes Begräbnis. In geeigneten Fällen sollte die Hilfe mittels Unterbringung in einem Armen- oder Krankenhaus erfolgen. Die Möglichkeit einer Arbeitshauseinweisung auf administrativer Grundlage entfiel.[16] Das Leistungsniveau sowie die örtliche Organisation blieb nach wie vor weitgehend Sache der Gemeinden. Wahlberechtigte Gemeindemitglieder waren verpflichtet (§ 4), für drei Jahre „eine unbesoldete Stelle in der Gemeinde-Armenverwaltung zu übernehmen". Eine Weigerung ohne anerkannten Grund führte – wie schon in der Städteordnung von 1808 – zum Verlust des Gemeinde-Wahlrechts und zu erhöhten kommunalen Abgaben (§ 5). Das UWG intendierte die armenrechtliche Flankierung der – nunmehr reichsweiten – Arbeitskräftemobilität. Seine Orientierung am „unentbehrlichen Lebensunterhalt" unterstrich das fürsorgerechtliche Prinzip, dass Fürsorge keine Alternative zu Lohnarbeit sein sollte.

Leistungen der Ortsarmenverbände

stedt/Roeder 2000: 263ff. Hier finden sich auch eine Fülle weiterer Dokumente zur Herausbildung des UWG sowie zur Umsetzung und Fortentwicklung, wie etwa die Ausführungsgesetze der einzelnen Staaten. Für eine knappe Gegenüberstellung des preußischen bzw. Reichsfürsorgerechts mit dem bayerischen: vgl. Hammerschmidt 2002, ausführlich: Redder 1993.

16 Gleichzeitig (1871) sah § 361 Nr. 7 RStGB eine solche Unterbringung auf strafrechtlicher Grundlage für arbeitsunwillige Armenhilfeempfänger vor (vgl. Sachße/Tennstedt 1998b: 244–250). Damit erfolgte im Rahmen der Rechtsstaatsentwicklung eine schärfere Grenzziehung zwischen den Kompetenzen von Kommunen und Staat, zwischen Exekutive und Judikative sowie auch zwischen Armen- und Strafrecht. Allerdings wurde diese Möglichkeit in Preußen 1912 mit dem Arbeitsscheuengesetz wieder eingeführt – die meisten übrigen deutschen Staaten hatten auf diese Einschränkung ohnehin verzichtet. Wegen der vergleichsweise hohen Kosten einer Arbeitshausunterbringung kam sie jedoch selten zur Anwendung, die Kommunen bevorzugten den Arbeitszwang in offen Tagesarbeitsstätten, wie sie schon seit der Armenpflegereform in Hamburg ab 1788 existierte (vgl. Rumpelt/Luppe 1923: 744f.).

3.1.4 Vom Elberfelder zum Straßburger System der Armenfürsorge

Die organisatorische Umsetzung der Armenfürsorge erfolgte zunächst weiterhin nach dem Elberfelder System, das in einigen Städten auch noch eine lange Zeit mit einer recht hohen Anzahl Ehrenamtlicher praktiziert wurde. Doch das konnte nicht darüber hinwegtäuschen, dass seit den 1880er-Jahren die Voraussetzungen des Elberfelder Systems zunehmend erodierten. Die sozialen Verhältnisse waren dynamisch: Fluktuation und sozialräumliche Segregation nahmen mit der Großstadtentwicklung zu. Der häufige Wechsel von Arbeits- und Wohnort der armen Arbeiterbevölkerung erschwerte den Aufbau kontinuierlicher Interventionsverhältnisse zwischen einem Armenpfleger und „seinem" Klienten nach dem Quartiersprinzip. Hinzu kam, dass angesichts zunehmender und vorrangiger öffentlicher Ansprüche als Folge der Arbeiterversicherung der Aufwand an Ermittlung und die Anforderungen an Fachlichkeit stiegen. Auch Erkenntnisse aus den Sozialwissenschaften fanden Eingang in die kommunale Sozialpolitik und verlangten nach fachlichen Begründungen für Maßnahmen. Das „Straßburger System" von 1905 trug diesen neuen Entwicklungen Rechnung. Die administrativen Aufgaben wurden hier geschulten Verwaltungskräften übertragen. Die Hilfesuchenden hatten sich fortan zunächst an das mit hauptamtlichem Personal tätige Armenamt zu wenden, das dann den ehrenamtlichen Armenpflegern ihre Klienten zuwies. Die größtmögliche räumliche Nähe der Armenpfleger zu ihren Klienten war fortan nachrangig gegenüber der vom Armenamt festzustellenden „Geeignetheit" des Armenpflegers für einen bestimmten Armen. Dementsprechend war der Armenpfleger nicht mehr für alle Armen in „seinem" kleinen Quartier zuständig, sondern für „passende Arme" in größeren Bezirken. Ihre Tätigkeit beschränkte das Straßburger System auf beratende und betreuende Hilfeleistungen. Die Entscheidungen über Art und Höhe der Unterstützungsleistungen standen dem Armenpfleger nicht mehr zu; darüber entschieden nun die Bezirkskommissionen im Rahmen von „Sätzen" (Fürsorgerichtsätze), die das Armenamt festlegte (knapp: Hammerschmidt/Tennstedt 2002; ausführlich und grundlegend: Sachße 1986; Sachße/Tennstedt 1998a; vgl. auch: Schwandter 1905).

Marginalien:

Das Elberfelder System erodierte

... und wurde zunehmend vom „Straßburger System" von 1905 abgelöst

Kompetenzzuwachs des hauptamtlichen Personals der Armenämter ...

... auf Kosten der ehrenamtlichen Armenpfleger

Abbildung 5: Das Straßburger System der Armenpflege

Armenrat	Mitglieder: vom Gemeinderat ernannt, ehrenamtlich, unbesoldet Vorsitz: der Bürgermeister Aufgaben des Gremiums: - Entscheidung über alle Unterstützungsfälle - Ernennung (rsp. Vorschlag) der ehrenamtlichen Armenpfleger - Ernennung der besoldeten Beamten des Armenamtes
Armenamt hauptamtlich	**Aufgaben des Einzelmitgliedes:** Vorsitz in einer der Armenbezirkskommissionen
Armenbezirke (Bezirkskommission)	**Mitglieder:** die Armenpfleger der dazugehörigen Pflegebezirke **Vorsitz:** 1. Mitglied des Armenrates **Aufgaben:** - Beratung der Unterstützungsgesuche - Antrag auf Bewilligung an den Armenrat über den Bezirksvorsitzenden

Pflegebezirke: 1 ehrenamtlicher Armenpfleger für ca. 12 unterstützte Familien	
Innere Stadtbezirke	Außenbezirke
vom Armenrat vorgeschlagen vom Bürgermeister ernannt	vom Armenrat ernannt vom Bürgermeister bestätigt

Aufgaben:
- Auskunft an das Armenamt über Würdigkeit und Bedürftigkeit der Hilfesuchenden, die sich direkt an das Amt zu wenden hatten; - „Abhörbogen" - Entgegennahme von Unterstützungsanträgen Hilfesuchender und Einbringen in die Bezirkskommission - in dringenden Fällen Auszahlung von Unterstützungsvorschüssen.

Quelle: Orthbandt 1980: 83

Im Rahmen einer sich entfaltenden kommunalen Sozialpolitik erfolgte aus den Ansätzen der 1860er-Jahre heraus eine Ausweitung und Differenzierung der kommunalen Armenfürsorge. Die Städte verstanden die althergebrachte Armenfürsorge – die zunehmend nach dem Straßburger System durchgeführt wurde – nunmehr als Universalfürsorge, neben der sie – je nach örtlichen Problemlagen und Reformpotenzialen – ergänzende Gesundheits-, Jugend-, Wohnungs-, Erwerbslosenfürsorge und Arbeitsvermittlung etablierten. Diese Ausdifferenzierung bedeutete nicht nur eine quantitative Ausweitung der Fürsorge, sondern ging auch mit zwei wichtigen qualitativen Veränderungen einher: (1) Der Adressatenkreis der Fürsorge reichte damit über die gesetzlich eng definierte Gruppe der „Armen" hinaus und erfasste nunmehr auch Menschen, die zwar ihr Exis-

Differenzierung der Armenfürsorge

neue Fürsorgezweige ...

41

tenzminimum selbst sichern konnten, die aber aufgrund von – durchaus auch materieller – Unterversorgung nicht in der Lage waren, anderweitige Bedarfe zu decken. (2) Die zur Deckung bzw. Kompensation dieser Bedarfe fortan aufgebauten Einrichtungen und Dienste bildeten eine neuartige soziale Infrastruktur, im Rahmen derer Angebote und Dienstleistungen offeriert wurden, die sich erheblich von der tradierten repressiven Armenfürsorge unterschieden und eine ungeheure Breitenwirkung entfalteten. Am dynamischsten und innovativsten für die Entwicklung war hierbei die Gesundheitsfürsorge, die aus den Forderungen der wissenschaftlichen Hygiene und Bakteriologie abgeleitet wurde. Schwerpunkte waren dabei Maßnahmen zur Verminderung der Sterblichkeit von Kindern und ihrer Mütter durch Säuglings- und Kleinkinderfürsorge bzw. Wöchnerinnenfürsorge und das Zurückdrängen von sog. Volkskrankheiten (Jütte 1997; Nitsch 1999: 425–442; Labisch/Tennstedt 1985: 22–32; Hammerschmidt/Tennstedt 2002).

... mit Angebotscharakter

3.1.5 Die Kinder- und Jugendfürsorge sowie die Anfänge der Jugendpflege

Die Entfaltung der kommunalen Gesundheitsfürsorge geschah ohne spezifische Rechtsgrundlagen, bei der Kinder- und Jugendfürsorge war dies überwiegend anders. Im Rahmen ihrer Zuständigkeit für die Armenfürsorge zeichneten die Kommunen selbstredend auch für arme Kinder verantwortlich. Schon zu Beginn des 19. Jahrhunderts waren einige Städte dazu übergangen, Waisenkinder nicht mehr in ihren Armenhäusern, sondern in gesonderten Waisenhäusern zu versorgen. In den 1870er-Jahren setzte sich ergänzend die Praxis der Familienpflege durch, die Armenverwaltungen suchten mittels ehrenamtlicher Kräfte geeignete Familien, die gegen ein Pflegegeld verwaiste Kinder aufnahmen (vgl. Böhmert 1886; Münsterberg 1910; Klumker 1923). Nachdem zuvor schon viele Gemeinden die rechtliche Möglichkeit genutzt hatten, einen „automatischen" Eintritt der Armenamtsvormundschaft durch eine entsprechende örtliche Regelung herbeizuführen, gingen einige Großstädte ab den 1880er-Jahren dazu über, auch hauptamtliche (Berufs-)Vormünder und Pfleger einzustellen. Ein entsprechender kontrollierender Einfluss auf einen speziellen Teil des Pflegekinderwesens, die Zieh- und Haltekinder, die im Auftrag der Erziehungsberechtigten gegen Entgelt betreut wurden,

Waisenkinder

Familienpflege

Armenamtsvormundschaft

Berufsvormünder

war den Kommunen zunächst versagt. Das änderte sich mit der preußischen Vormundschafts-Verordnung vom 5. Juli 1875, mit der (ehrenamtliche) Gemeinde-Waisenräte einzurichten waren. Mit der Einführung des BGB (1900) galt diese Regelung für das gesamte Deutsche Reich. Diese Waisenräte nutzten ihre Kontrollbefugnisse und beseitigten die viel beklagten Missstände (Verwahrlosung, Ausbeutung, hohe Sterblichkeit). Mancherorts bestallten die Gemeinden auch für diesen Bereich hauptamtliche Berufsvormünder (vgl. Münsterberg 1910: 835; Klumker 1923: 658; Hammerschmidt 2010b: 861f.). Daneben entfalteten die Gemeinden je nach örtlichen Gegebenheiten freiwillig eine Reihe weiterer fürsorgerischer Aktivitäten zugunsten von Kindern und Jugendlichen. Besonders erwähnenswert sind hier die Einrichtung von Kindergärten und -horten sowie die ab 1870 vielerorts durchgeführten Schulspeisungen (Klumker 1923; ausführlich zur Jugendfürsorge im Deutschen Kaiserreich: Uhlendorff 2003).

Gemeinde-Waisenräte

Kindergärten

Der größte und kostenträchtigste Einzelbereich der Jugendfürsorge war die Fürsorgeerziehung (FE), die sich aus der Pädagogisierung des Strafrechts entwickelte. Die §§ 42f. des preußischen Strafgesetzbuches vom 14. April 1851 (GS: 101) ermöglichten die Unterbringung von Straftätern, die das 16. Lebensjahr noch nicht vollendet hatten, in staatlichen Besserungsanstalten. Eine Ausweitung dieser Regelung erfolgte in den §§ 55 ff. des Reichsstrafgesetzbuches (RStGB) vom 15. Mai 1871 (RGBl.: 127 bzw. schon dem StGB des Norddeutschen Bundes), wonach Kinder bis zum 12. Lebensjahr als strafunmündig galten. Minderjährige zwischen dem 12. und 18. Lebensjahr konnten gemäß §§ 56 f. bei mangelnder Einsichtsfähigkeit freigesprochen und stattdessen der eigenen Familie überwiesen oder in eine Erziehungs- oder Besserungsanstalt eingewiesen werden. Eine RStGB-Novelle vom 26. Febr. 1876 (RGBl.: 39) erlaubte landesrechtliche Regelungen für die gemäß § 55 RStGB strafunmündigen Kinder. Baden und Preußen verabschiedeten bald darauf entsprechende Zwangserziehungsgesetze, die anderen Länder folgten diesem Beispiel. Das preußische „Gesetz, betreffend die Unterbringung verwahrloster Kinder" (Zwangserziehungsgesetz) vom 13. März 1878 (GS: 132) sah vor, dass auf Beschluss des Vormundschaftsgerichtes straffällige Kinder nach Vollendung des sechsten und vor Vollendung des zwölften Lebensjahres erforderlichenfalls zur Zwangserziehung „in einer geeigneten Familie oder in einer Erziehungs- oder Besserungs-Anstalt untergebracht werden" konnten. Diese Zwangs-

Fürsorge-erziehung …

… als Ergebnis der Pädagogisierung des Strafrechts

erziehung auf privatrechtlicher Grundlage – in Abgrenzung zur Unterbringung auf strafrechtlicher Grundlage gemäß §§ 56f. RStGB – wurde den Provinzialverbänden übertragen (§ 7). Sie hatten auch für die Einrichtung öffentlicher Erziehungs- und Besserungsanstalten zu sorgen und gegebenenfalls mit geeigneten Familien, Vereinen, Privat- oder bestehenden öffentlichen Anstalten Abkommen über die Unterbringung der „verwahrlosten" Kinder zu schließen (§ 12 Abs. 1). Damit wurde die Möglichkeit der Belegung privater Erziehungsanstalten (gegen Entgelt) gesetzlich verankert (vgl. Peukert 1986: 68–71; Hammerschmidt 2012a).

Eine enorme Ausweitung erfuhr die nunmehr meist Fürsorgeerziehung genannte Zwangserziehung mit Inkrafttreten des Bürgerlichen Gesetzbuches (1. Januar 1900) und den darauf bezogenen Fürsorgeerziehungsgesetzen, die die meisten Länder daraufhin erließen. Gemäß § 1666 BGB konnten Vormundschaftsgerichte bei Gefährdung des Kindeswohls aufgrund missbräuchlicher Ausübung der väterlichen Sorge oder Vernachlässigung, die Unterbringung eines Kindes in einer Familie, Erziehungs- oder Besserungsanstalt anordnen. Unbeschadet davon blieben nach § 135 des BGB-Einführungsgesetzes Anordnungen nach § 56 RStGB sowie Landesgesetze, solange ein Vormundschaftsgericht die Einweisung in Zwangserziehung regelte. Die Maßgabe des § 1666 wurde durch denselben Paragrafen des Einführungsgesetzes mit der Möglichkeit von Zwangserziehung zur Verhütung „des völligen sittlichen Verderbens" deutlich erweitert; nicht mehr nur schuldhaftes Verhalten, sondern auch Prävention wurde zu einer Indikation. Das preußische „Gesetz über die Fürsorgeerziehung Minderjähriger" (FEG) vom 2. Juli 1900 (GS 1900: 264–269; vgl. Peukert 1986: 128) schöpfte den damit eröffneten Spielraum für eine Ausweitung der öffentlichen Erziehung aus. Mit dem FEG weitete sich das Feld für professionelle Soziale Arbeit nicht nur in der Heimerziehung, sondern auch in den vor- und angelagerten Bereichen aus. Das Recht zur Beantragung von Fürsorgeerziehung und das Anhörungsrecht im Rahmen des gerichtlichen Fürsorgeerziehungsverfahrens, das den Gemeinden zustand (§ 4), und die obligatorische Bestellung eines Fürsorgers zur Überwachung von Fürsorgeerziehungs-Zöglingen in der Familienpflege (§ 11), wurden zunehmend von ausgebildeten Berufskräften wahrgenommen (vgl. Hammerschmidt 2006a, 2012a). Auch hier finden sich, wenn auch in quantitativ bescheidenem Maße, Anfänge beruflicher Sozialer Arbeit.

Ausweitung der Fürsorgeerziehung ab 1900

Kindeswohlgefährdung

Verberuflichungstendenz

Insgesamt lässt sich mit Uhlendorff (2003: 263) festhalten, dass sich die öffentliche Jugendhilfe im Kaiserreich als großer, eigenständiger Bereich herausbildete. Dabei sah die zeitgenössische Jugendfürsorge und -pflege selbst ihre Aufgabe darin, (a) ‚guten' Kindern und Jugendlichen aus dissozialen Milieus öffentlichen Schutz zu bieten und sie auf der Basis bürgerlicher Werte und Normen zu erziehen und (b) Kinder und Jugendliche umzuerziehen, die in Folge von Industrialisierung und Urbanisierung als „verwahrlost" galten. Der Zusammenhang von Lebensbedingungen, „Verwahrlosung" und Fürsorgeerziehung blieb dabei zunächst häufig ausgeblendet. Allerdings änderten sich spätestens um die Jahrhundertwende zumindest bei dem aufgeklärten Bürgertum Perspektiven und Problemanalysen. Das lässt sich anhand der Ausführungen des bürgerlichen Sozialreformers Georg Schmidt beispielhaft veranschaulichen. Der Mainzer Bürgermeister Schmidt führte als Hauptreferent auf der 30. Jahresversammlung des „Deutschen Vereins für Armenpflege und Wohltätigkeit" im Jahr 1910 zum Thema „Die Organisation der Jugendfürsorge" folgendes aus:

Jugendhilfe entwickelte sich zu einem großen, eigenständigen Bereich

Ziel der Jugendhilfe

Ursachen von „Verwahrlosung"

Veränderte Problemanalysen

> *„Die Entwicklung der wirtschaftlichen und sozialen Verhältnisse hat einen weit verbreiteten Erziehungsnotstand zur Folge gehabt. [...] Mit dem zunehmenden Fabrikbetriebe wurde der Vater immer mehr aus der Werkstätte verdrängt. Der Vater arbeitet in der Fabrik; damit wurde auch sein Vorbild nicht nur aus dem Gesichtskreis des Kindes entrückt, sondern selbst von der Erziehung des Kindes ausgeschaltet. [...] Pflege und Erziehung des Kindes wurden zur ausschließlichen Aufgabe der Mutter. Doch die wirtschaftliche Bedrängnis des Arbeiters führt zur Anspannung aller Kräfte in der Familie zum Zwecke des Unterhaltserwerbes, zur Erwerbstätigkeit der Frau, zur ehest möglichen Lohnarbeit des schulentlassenen Kindes auf Kosten seiner beruflichen Vorbildung, häufig auch schon zur missbräuchlichen Ausbeutung der kindlichen Arbeitskraft zu Erwerbszwecken. Die Erwerbsarbeit ferne vom Hause macht der Mutter Pflege, Aufsicht und erzieherische Leitung des Kindes unmöglich. Die Mutter ist außerstande, die natürlichste ihrer Pflichten zu erfüllen, ihr Kind an der Brust zu nähren. Eine der traurigsten Folgen dieser sozialen Verhältnisse ist die Tatsache, dass Eltern während der Tagesarbeit ihre Kinder „wahrlos" in der Wohnung zurücklassen. [...] Um des Erwerbes des Unterhalts willen vernachlässigen die Eltern ihre Aufsichts- und Erziehungspflichten. [...] Die Aufsichtslosigkeit ist der Keimboden der Verwahrlosung. Die verwahrlosten Kinder sind ein Produkt dieser Verhältnisse, sie wirken als Gefahr auf die Gesellschaft zurück. Dazu kommt das Wohnungselend, der Mangel an Ge-*

*legenheit zu körperlicher Erziehung und zur Jugendfreude in
der Großstadtheimat" (Schmidt 1910: 8; zit. n.: Euteneuer u. a.
2014: 386f.).*

Diese sozialkritische Problemkonstruktion unterscheidet sich
deutlich von früheren, häufig christlichen Deutungen, wie etwa
der weiter oben angeführten von Wichern. „Verwahrlosung"
als das sozialpädagogische Problem erhielt hier eine Modifi-
kation. Als Ursache von „Verwahrlosung" und Erziehungsnot-
ständen wurde im angeführten Zitat nicht etwa „Unsittlichkeit",
sondern strukturell durch die Produktionsverhältnisse ver-
ursachte Sachverhalte angeführt. Sachverhalte, denen die immer größer werdende Schicht der Lohnabhängigen ausgesetzt
war. Mit der Industrialisierung, so die These der bürgerlichen
Sozialreformer, entstand ein neuer Familientypus, die Arbei-
terkleinfamilie, die ohne Unterstützung von außen mit der Erziehung der nachwachsenden Generation überfordert sei. War

Das sozial-
pädagogische
Problem ...

... als strukturell
verursachtes
Erziehungs-
problem der
Kleinfamilie

das sozialpädagogische Problem als strukturell verursachtes
Erziehungsproblem der (proletarischen) Kleinfamilie konst-
ruiert, dann erforderte dessen Bearbeitung umfassende und
vielgestaltige, auf Dauer angelegte Jugendhilfemaßnahmen als
Bestandteil einer sozialpolitischen Programmatik, die auf die
Lösung der „socialen Frage" abzielt (Euteneuer u. a. 2014). Die
Fürsorgeerziehung war im Konzert der immer weiter aufgefä-
cherten Jugendhilfemaßnahmen nur noch eine, die drastischs-
te Maßnahme, in der disziplinierender, militärischer Drill und
unbarmherziger Zwang herrschte (von Wolffersdorff 1997: 99);
doch Normalisierung und Sozialdisziplinierung (Peukert 1986)
waren die Jugendhilfe insgesamt.

Letzteres gilt auch für die staatliche Jugendpflege, die
Preußen um die Jahrhundertwende in Reaktion auf die entste-

Jugend-
bewegung

hende(n) Jugendbewegung(en) entfaltete. Zu unterscheiden
ist hier zwischen der bürgerlichen und der proletarischen Jugendbewegung, die sich beide in den 1890er-Jahren mit dem
Entstehen einer eigenständigen Jugendphase etablierten. Die
bürgerliche Jugendbewegung kennzeichnete sich durch eine
sozial-romantische Abkehr von der vorfindlichen, hochindust-
rialisierten, technisierten Welt und einer Hinwendung zu Natur
und Wandern. Der 1896 in Berlin von Schülern und Studenten
gegründete „Wandervogel" mag als prominentes Beispiel ge-
nügen. Als Höhepunkt der bürgerlichen Jugendbewegung gilt
die Versammlung der Jugendbünde auf dem „Ersten Freideut-
schen Jugendtag" auf dem Hohen Meißner vom Oktober 1913
(Niemeyer 2013). Demgegenüber verfolgten die meist sozialis-

tisch orientierten Arbeiterjugendorganisationen neben ihren ebenfalls gruppenbezogenen Freizeitvorstellungen, explizit politische, bildungsbezogene und wirtschaftliche Anliegen. In beiden Bewegungen erblickte der preußische Staat eine potenzielle Gefährdung, woraufhin er 1895 den „Zentralausschuss für Jugend und Volksspiele" ins Lebens rief, dem es gelang, mit seinen Angeboten ca. 20 % der jungen Männer in Preußen zu erreichen. Nach der Jahrhundertwende ergänzte Preußen seine Bemühungen durch mehrere Jugendpflegeerlasse, mit denen staatliche Gelder für Jugendpflegemaßnahmen für die männliche schulentlassene gewerbliche Jugend (1901/1911) und dann auch für die weibliche Jugend (1913) zur Verfügung gestellt wurden. Das sei wichtig, so hieß es im ersten Erlass von 1911, *„weil die neuen Bestimmungen über die Sonntagsruhe und über den zeitgen Ladenschluß die Mußezeit der Jugend erheblich erweitert haben, weil ihr verhältnismäßig hoher Verdienst den jungen Leuten ermöglicht, unbeeinflußt von der elterlichen Autorität unzweckmäßigen Zerstreuungen nachzugehen und weil die jungen Leute, denen eine genügende Pflege und Fürsorge nicht von anderer Seite zu Teil wird, nur zu leicht unter Einflüsse geraten, die geeignet sind, ihre geistige und sittliche Entwicklung in falsche Bahnen zu leiten."* (zit. nach: Naudascher 1990: 29). Was dagegen im staatlichen Sinne die „richtigen Bahnen" seien, stellte die Anlage „Grundsätze und Ratschläge für Jugendpflege" zum Jugendpflegeerlass von 1911 klar: *„Aufgabe der Jugendpflege ist die Mitarbeit und Herausbildung einer frohen, körperlich leistungsfähigen, sittlich tüchtigen, von Gemeinsinn und Gottesfurcht, Heimat- und Vaterlandsliebe erfüllten Jugend."* (zit. nach Naudascher 1990: 37). Ausgeschlossen von öffentlichen Fördermitteln waren bei dieser Zweckbestimmung die Arbeiterjugendorganisationen, während die bestehenden[17] ebenso wie

Anfänge staatlicher Jugendpflege

Jugendpflegeerlasse

---

17 Um die Jahrhundertmitte, zum Teil aber auch schon früher hatten konfessionelle Kreise Jünglings- und Gesellenvereine gegründet, die der Festigung der religiösen Bindungen und damit auch der Kirchen dienen und die heranwachsende Generation sittlich erziehen sollten. Als Paradebeispiel dafür kann der von Adolph Kolping (1813–1865) 1849 in Köln gegründete (kath.) Gesellenverein gelten. Daneben gründeten in der zweiten Hälfte des 19. Jahrhunderts auch bürgerlich-nationale Kreise vergleichbare Organisationen, die ebenfalls der sittlichen Erziehung und sozialen Integration junger Menschen dienten (Jordan/Sengling 1992: 37). Aus staatlicher Sicht waren diese Bemühungen jedoch nicht ausreichend, weil, wie es im ersten Jugendpflegeerlass von 1901 hieß, die konfessionelle Vereine lediglich 10 % der gewerblichen Jugend und die übrigen Organisationen höchstens ebenso viele erfassten (nach Naudascher 1990: 30).

Jugendver-
bände

die Fülle der um die Jahrhundertwende von Erwachsenenorganisationen gegründeten neuen Jugendvereinigungen sich zu den auch heute noch bestehenden Jugendverbänden entwickeln konnten (Gängler 2002: 581f.; Jordan/Sengling 1992: 37–43).

Nachzutragen bleibt, dass die von der Jugendbewegung entwickelten Formen der Gruppenpädagogik allmählich Eingang in die sich entwickelnde (moderne) Jugendverbandsarbeit sowie darüber hinaus in sozialpädagogische Konzeptionen und Praxen fanden. Das gilt besonders für die Zeit der Weimarer Republik, in der viele Theoretiker und Praktiker der später sog.

Reform-
pädagogik

Reformpädagogik wirkten, die selbst in der Jugendbewegung sozialisiert worden waren (Böhnisch/Schröer 1997). Im selben Zusammenhang entwickelte sich um die Jahrhundertwende eine universitäre Sozialpädagogik, die mit ihrem Insistieren auf die Bedeutung der sozialen Bedingungen von Erziehung die seinerzeit vorherrschende Pädagogik, den Herbartianismus (nach Johann Friedrich Herbart (1776–1841)), herausforderte und allmählich zurückdrängte (Kampf um Herbart) (vgl. Schröer 1997; 1999). Es erfolgte, in den Worten von Reyer (2001: 647), eine „sozialpädagogische Modernisierung der Pädagogik".

3.1.6 Die erweiterte Armenpflege

Noch umfangreicher als die Fürsorgeerziehung war die sog. „erweiterte Armenpflege", die ebenfalls meist in den Verantwortungsbereich der höheren Kommunalverbände fiel. Gemäß UWG oblag den Landarmenverbänden (LAV) lediglich die Landarmenpflege (§ 5), also die Unterstützung derjenigen Armen, für die kein Ortsarmenverband zuständig war. Das preußische Ausführungsgesetz erlaubte den LAV, die Fürsorgekosten für „Geisteskranke, Idioten, Taubstumme, Sieche und Blinde" unmittelbar zu übernehmen (§ 31). Doch anders als vom preußischen Gesetzgeber erwartet, machten die Provinzen, die als höhere Kommunalverbände als Landarmenverbände fungierten, von dieser Erlaubnis nur sehr zurückhaltend Gebrauch. Denn die einige Jahre zuvor erfolgte Überführung der entsprechenden staatlichen Einrichtungen in Eigentum und Besitz der Provinzen (als höhere kommunale Selbstverwaltung) lastete schon auf ihnen. Um die staatlich gewünschte Hospitalisierung[18]

---

18 Hospitalisierung bezeichnet die Unterbringung von Menschen(-gruppen) in Hospitälern, also Krankenanstalten. In der Begründung des Gesetzesentwurfs hieß es, dass die Gemeinden (Ortsarmenverbände) mit

der genannten Gruppen zu erreichen, verabschiedete Preußen am 11. Juli 1891 das „Gesetz über die erweiterte Armenpflege". Das Gesetz führte nach Inkrafttreten am 1. April 1893 auch tatsächlich zur Ausweitung der Anstaltspflege, zunächst durch verstärkte Belegung privater Anstalten, später auch durch Einrichtung weiterer Provinzanstalten. Von der mit Abstand größten Adressatengruppe der erweiterten Armenpflege, den als „geisteskrank" und „idiotisch" bzw. „irre" klassifizierten Menschen, waren im Jahre 1913 in Preußen fast 98.000, im gesamten Reichgebiet rund 240.000 in Heil- und Pflegeanstalten untergebracht (Laehr 1923: 511; Hammerschmidt 2003: 28–35). Im Ergebnis führte dies zum Aufstieg der Landarmenverbände zu bedeutenden Anstaltsträgern und im Verhältnis zu den Städten und Gemeinden gewissermaßen zu einer Arbeitsteilung. Jenseits der Zuständigkeit für Allgemeinkrankenhäuser betrieben die Städte und Gemeinden überwiegend offene und halboffene Fürsorge und die überörtlichen Träger überwiegend geschlossene Fürsorge.

Randnotizen: „Gesetz über die erweiterte Armenpflege"

Ausweitung der Anstaltspflege

Arbeitsteilung zwischen örtlichen und überörtlichen Trägern

3.1.7 Soziale Bewegungen als Trägerinnen der Privatwohltätigkeit

Der enorme Ausbau öffentlicher Wohlfahrtspflege verlief parallel zur Ausweitung der zivilgesellschaftlichen Privatwohltätigkeit des Bürgertums sowie der konfessionellen Kräfte. Zwischen öffentlicher und privater Wohlfahrtspflege bestand kein Substitutions-, sondern ein Komplementärverhältnis (Sachße 2000: 79f.). Das sozialreformerisch inspirierte städtische Bürgertum bemühte sich nicht nur innerhalb der kommunalen Sozialverwaltung um eine „soziale Ausgestaltung der Fürsorge", die über staatliche Vorgaben hinausreichte, sondern es engagierte sich auch außerhalb dieser Strukturen dafür.

Problematisch erschien dem engagierten Bürgertum ab den 1890er-Jahren, dass die Ausweitung des vereinsmäßigen sowie des immer häufiger auch punktuellen und spontanen, ungebundenen wohltätigen Engagements zu einem unübersichtli-

Randnotiz: Ausweitung Privatwohltätigkeit

---

der finanziellen Belastung der Anstaltsfürsorge überfordert seien, was in der Praxis dazu führe, dass viele Anstaltspflegebedürftige nicht eingewiesen würden. Die Pflegebedürftigen verblieben deshalb in ihren Familien, fielen ihren Angehörigen zur Last und stünden der Nutzung von Erwerbsgelegenheiten im Wege. Kranke sollten mithin hospitalisiert werden, um Arbeitskräfte freizusetzen (Hammerschmidt 2003: 32–35).

chen Durcheinander von Aktivitäten und Maßnahmen der Hilfe führte, das einer wünschenswerten rationalen und effektiven Ausgestaltung entgegenstand. In Anbetracht dessen etablierten vielerorts engagierte Einzelpersönlichkeiten, meist aber „führende" Wohltätigkeitsvereine, Gremien oder eigene Vereine zum wechselseitigen Informationsaustausch (etwa in Form von Auskunftsstellen) und auch zur Koordination und Kooperation (Nitsch 1999: 195–210, 253–282). Als „Musterbeispiel" für das Bemühen um rationelle und systematische Privatwohltätigkeit kann der Frankfurter Bankier und Großindustrielle Wilhelm Merton dienen, der dies zunächst in seinem 1890 gegründeten „Institut für Gemeinwohl" und ab 1899 in einem eigens dafür gegründeten Verein, der „Centrale für private Fürsorge" organisierte (Sachße/Tennstedt 1998a: 38–41; Achinger 1965; Eckhardt 1999).

So unabweisbar sinnvoll sich eine Koordination zwischen den einzelnen privaten Wohltätigkeitsvereinigungen für die zivilgesellschaftlichen Akteure darstellte, so sinnvoll schien auch eine entsprechende Koordination mit der kommunalen, öffentlichen Wohlfahrtspflege. Punktuelle Kooperationen und Absprachen, nicht selten durch Personalunion gefördert, waren auch schon vor dem Kaiserreich Praxis. Neu war dagegen in den 1890er-Jahren der erfolgreiche Versuch der Stadt Frankfurt, die eigene, öffentliche Wohlfahrt mit der privaten durch einen Koordinationsverbund eng und systematisch zu verzahnen. Im Rahmen dieses „Frankfurter Systems" erfolgten auch die finanzielle Förderung der privaten Vereine, die Delegation von Aufgaben und die Entsendung städtischer Vertreter in Vereinsvorstände. Diese, in den folgenden Jahren in den Kommunen zunehmende und bis heute für den deutschen Sozialstaat typische Verschränkung (dualer Wohlfahrtsstaat), bedeutete eingedenk des öffentlichen, politischen – und eben nicht mehr zivilgesellschaftlichen – Charakters der Kommunen, eine Einbindung des bürgerlichen, zivilgesellschaftlichen Engagements in den Staat. Die bürgerlichen Wohlfahrtsvereine wurden Bestandteil der „repolitisierten Sozialsphäre" (Habermas 2004: 268); die im liberalen Konzept von Zivilgesellschaft gedachte und geforderte strikte Trennung des Öffentlich-Staatlichen vom Zivilgesellschaftlichen löste sich auf (Sachße 2000: 79f.; 2002: 25f.).

Ein neues Phänomen zivilgesellschaftlichen Engagements des Bürgertums im Kaiserreich bestand in der Ergänzung des nach wie vor dominanten lokalen Bezugs durch überörtlich ausgerichtetes Engagement in eigens dafür gegründeten „Deut-

Marginalia:

Koordination und Kooperation der Privatwohltätigkeit

Beispiel: „Institut für Gemeinwohl"

Das „Frankfurter System" als Koordinationsverbund zwischen öffentlicher und privater Wohlfahrtspflege

Der „duale Wohlfahrtsstaat"

überörtliche „Deutsche Vereine" als Förderer sozialer Reformen

schen Vereinen". Hier ging es nicht mehr um durch die räumliche Nähe motivierte unmittelbare Hilfe für Bedürftige, sondern um die Förderung sozialer Reformen, die ihre Impulse durch abstraktere Wertvorstellungen und Bezüge häufig verbunden mit wissenschaftlichen und professionspolitischen Anliegen erhielten. Die systematische Erfassung, Analyse und Durchdringung von Problemen und Maßnahmen der Abhilfe standen im Vordergrund. Dabei waren statistische Erhebungen und wissenschaftliche Untersuchungen, deren Publikation und Diskussion in Vereinszeitschriften, Schriftenreihen und auf Tagungen und Kongressen die gebräuchlichen Mittel und Arbeitsformen. Exemplarisch zu erwähnen sind hier der „Deutsche Verein für Armenpflege und Wohltätigkeit" (gegründet 1880, ab 1919 „Deutscher Verein für öffentliche und private Fürsorge"), der „Deutsche Verein für öffentliche Gesundheitspflege" (1873), die „Deutsche Zentrale für Jugendfürsorge" (1907), der „Verein für Socialpolitik" (1873) und die „Gesellschaft für Soziale Reform" (1901) (Sachße/Tennstedt 1998a: 38ff.; Sachße 2000: 81).

Neben der (säkularen) sozialreformerischen weitete auch die konfessionelle Privatwohltätigkeit während des Kaiserreichs ihre Tätigkeiten enorm aus.[19] Die evangelische Liebestätigkeit, so die Eigenbezeichnung, setzte ihren in der Jahrhundertmitte begonnen Ausbau nach einer Stagnationsphase in den 1850er-Jahren bis zum Ersten Weltkrieg fort. Aufsuchen und Betreuen, Bilden und Erziehen von Armen und Bedürftigen durch evangelisch-soziale Vereine und Stadtmissionen erfolgten nach wie vor im Sinne Wicherns. Wachsendes Gewicht erreichte neben diesen offenen Arbeitsformen die geschlossene Anstaltsfürsorge, die sich in zunehmend fachlich differenzierten Einrichtungen vollzog. Neben (Allgemein-)Krankenhäusern und Siechenheimen schufen evangelische Träger auf Stiftungs-, Vereins- und genossenschaftlicher Grundlage ab den 1860er-Jahren – und verstärkt ab 1890 – Anstalten für Behinderte (Heil- und Pflegeanstalten, Epileptikeranstalten usw.). Ende der 1870er-Jahre – und verstärkt ab 1900 – kamen infolge der Pädagogisierung des Strafrechts und den daraus entstandenen Fürsorgeerziehungsgesetzen eine Fülle neuer Erziehungsanstalten zu den traditionellen Rettungshäusern hinzu. Die Anstalten und sonsti-

Ausweitung und Ausdifferenzierung der evangelischen Liebestätigkeit

19 Einen knapperen Überblick über die Entwicklung der konfessionelle Wohlfahrtpflege als die im Haupttext angeführte, teilweise ausführliche Literatur geben: Aner/Hammerschmidt (2010: 72ff., 81–85, 88–91); Die nachstehenden Ausführungen über die Entwicklung der konfessionelle Wohlfahrtpflege folgen im wesentlichen dieser Darstellung.

gen Einrichtungen der Inneren Mission finanzierten sich traditionell durch Spenden, private (Zu-)Stiftungen, die Arbeitskraft
und Kostenbeiträge der Engagierten sowie der Klienten. Das
galt etwa für Bewahranstalten, Heime für gefallene Mädchen,
Arbeiterkolonien, Herbergen zur Heimat und Wanderarbeits-
stätten. Als Einrichtungsträger und Personalbasis für die evangelische Wohlfahrtspflege insgesamt spielten die im Kaiserreich
stark expandierenden Ordensgemeinschaften und Mutterhäuser eine herausragende Rolle. Sie sicherten auf genossenschaftlicher Grundlage die materielle Existenz (Kost und Logis) ihrer
Angehörigen (Diakonissen, Diakone), die dafür ihre zunehmend fachlich qualifizierte Arbeitskraft zur Verfügung stellten.
Engagement war hier Berufung. Neben der Tätigkeit in Eige-
neinrichtungen der Mutterhäuser verrichteten vor allem die Diakonissen als Krankenschwestern ihren Dienst auch in anderen
evangelischen sowie in öffentlichen Krankenanstalten, wofür
die Mutterhäuser sog. Stationsgelder vereinnahmen konnten.
Im Jahre 1884 arbeiteten Diakonissen u. a. in 925 Krankenhäusern, in 260 Armen- und Siechenhäusern, in elf Gefängnissen, in
167 Waisenhäusern und in 572 Kleinkinderschulen. Im Verlauf
von Jahrzehnten entwickelten sich die Mutterhäuser zu großen,
stabilen und finanzstarken Trägern evangelischen Engagements (Hammerschmidt 1999: 62ff.; 2003: 33, 37, 41–47).

Kooperations-
beziehungen
zwischen der
konfessionellen
Wohlfahrts-
pflege ...

neue Finanzie-
rungsquellen

Dabei entstanden allmählich aus dem losen Nebeneinander
von öffentlicher und konfessioneller Wohlfahrtspflege Kooperationsbeziehungen, zuvörderst in den Bereichen, in denen die
öffentlichen Träger Pflichtaufgaben zu erfüllen hatten, wie bei
der Fürsorgeerziehung und der sog. „erweiterten Armenpflege"
in Anstalten. Hier gewährten die öffentlichen Träger konfessionellen Einrichtungen Gründungszuschüsse und finanzierten die
Anstaltsfürsorge durch Pflegegelder. Die „liberale Trennung"
der Sphären Staat und Zivilgesellschaft verflüchtigte sich damit.

Neben diesen Entwicklungen an der Basis, waren auf evangelischer Seite auch überregionale Organisationsbemühungen
zu verzeichnen. Johann Hinrich Wichern, von 1858 bis zu seinem Tod 1881 Präsident des „Centralausschusses für die Innere
Mission" (CA), versuchte durch eine Satzungsrevision 1878 die
(rudimentäre) Organisation der Inneren Mission und ihres losen Daches, des CA, zu straffen. Bis dahin war der CA nur eine
Versammlung von auf Lebenszeit gewählten Honoratioren.
Zwei hauptberufliche „Reiseagenten", ein jährlicher Kongress,
die „Fliegenden Blätter des Rauhen Hauses" als Publikations-
organ sowie Konferenzen, waren zugleich Arbeitsformen und

Binnenstruktur der evangelischen Wohlfahrtspflege. Mit der neuen Satzung verfügte der CA fortan über einen Vorstand. Daneben war eine Zusammenfassung der bestehenden Einrichtungen nach Arbeitsgebieten vorgesehen. Als Vorbild diente dabei der Zusammenschluss der Mutterhäuser in der Kaiserswerther Generalkonferenz (schon 1861). Die von Friedrich von Bodelschwingh 1882 und anderen mit dem Ziel „Erziehung durch Arbeit" gegründeten Arbeiterkolonien schlossen sich 1883 in einem Zentralvorstand zusammen und die 266 evangelischen „Herbergen zur Heimat" gründeten 1886 den Deutschen Herbergsverein. Insgesamt jedoch ließ sich die umfassend gedachte Organisation im Kaiserreich nicht realisieren. Für den aufwendigen Ausbau von Binnenstrukturen bestand für die praktisch Tätigen vor Ort wenig Anreiz. Auch die Arbeit des CA stagnierte auf relativ niedrigem Niveau, was sich erst im Rahmen der Kriegswohlfahrtspflege langsam ändern sollte (Hammerschmidt 1999: 68).

Die katholische Caritasarbeit wurde durch den Kulturkampf blockiert und zurückgedrängt. Der Ausdruck Kulturkampf bezeichnet die eskalierten Auseinandersetzungen zwischen dem preußisch-protestantisch hegemonialisierten Deutschen Reich und der römisch-katholischen Kirche, bei denen es im Kern um die Abgrenzung der Kompetenzbereiche von Staat und Kirche ging.[20] Die schärfste Ausprägung erlebte der Konflikt in Preußen, insbesondere in den Jahren von 1871 bis 1878 mit der Aufhebung von Verfassungsgarantien, Verboten bzw. Auflösung von kirchlichen Vereinigungen, Expatriierungen sowie mit der Inhaftierung von Bischöfen, die staatlichen Gesetzen die Legitimität absprachen und deren Befolgung verweigerten. Der im preußischen Abgeordnetenhaus wie im Reichstag mit der 1870 gegründeten Zentrumspartei vertretene politische Katholizismus galt Bismarck als reichsfeindlich und staatsgefährlich (Morsey 1981: 72–109; Joosten 1976: 163–182; Kupisch 2000). Dasselbe Verdikt traf das sozial-caritative Engagement von Katholiken, einschließlich ihrer Organisationen wie Klöstern, Orden, Genossenschaften und Kongregationen. Die bedeutsamste staatliche Einzelmaßnahme im Rahmen des Kulturkampfes für

Der Kulturkampf und die Entwicklung der Caritas

---

20 Auslösendes Moment des Kulturkampfes waren kirchliche Disziplinarmaßnahmen gegen Geistliche, die dem auf dem Vatikanum I. von 1870 formulierten Dogma der Unfehlbarkeit des Papstes keine Anerkennung zollten, und die staatliche Weigerung, diese Maßnahmen gegen im Staatsdienst stehende Geistliche (Religionslehrer, Schulinspektoren, Professoren, Militärgeistliche) mitzutragen.

Verbot
katholischer
Orden

die hier interessierende Wohlfahrtspflege war das preußische „Gesetz, betreffend die geistlichen Orden und ordensähnlichen Kongregationen der katholischen Kirche" vom 31. Mai 1875. Dies verbot alle katholischen Orden und Kongregationen, mit Ausnahme derjenigen Vereinigungen, die ausschließlich Krankenpflege betrieben. Auf diesen Bereich konzentrierten sich die verbliebenen Vereinigungen. Mitte 1880 wurde den krankenpflegenden Gemeinschaften die Ausweitung ihrer Tätigkeit auf nicht-schulpflichtige Kinder erlaubt. Mit den sog. Friedensgesetzen 1886/87 legten die Kontrahenten den Kulturkampf bei. Mit wenigen Ausnahmen ließ der Staat Orden und ordensähnliche Kongregationen wieder zu, die nunmehr auch wieder Waisenhäuser und andere Wohlfahrtseinrichtungen gründen und betreiben durften. Fortwirkende Resultate des Kulturkampfes waren u. a. eine starke Konzentration katholischer Anstaltsträger auf den Gesundheitsbereich, die Festigung des Zusammenhalts von katholischer Amtskirche, politischem, sozialem und Verbandskatholizismus sowie die Aufrechterhaltung eines „Sonderbewusstseins" und eine gewisse Staatsferne.

Gründung des
Caritasver-
bands 1897

Für den im Vergleich zur evangelischen Seite recht späten Zusammenschluss der katholisch-caritativen Anstalten, Einrichtungen und Werke unter einem Dachverband waren neben dem Kulturkampf Vorbehalte des Episkopats gegen diözesanübergreifende Gebilde ein weiterer Grund. Der „Caritasverband für das katholische Deutschland" (DCV) wurde am 9. November 1897 von Lorenz Werthmann gegründet. Er umfasste aber nicht die bayerischen Diözesen und auch in den übrigen Teilen des Deutschen Reiches keineswegs alle katholisch-caritativen Einrichtungen und Träger. Werthmann begründete die Notwendigkeit eines katholischen Dachverbandes mit den äußeren Anfeindungen, gegen die es sich zu wehren gelte, um ein Existenzrecht und Wirkungsfreiheit zu erhalten, und das nicht nur gegenüber dem Staat, sondern auch gegenüber anderen sozialcaritativen und sozialpolitischen Akteuren, wie den Kommunen, der bürgerlichen Sozialreform, dem Roten Kreuz und den vaterländischen Frauenvereinen sowie nicht zuletzt der Inneren Mission (Werthmann 1958 [1896]: 40–44).

Die Frühform
des kath. Sub-
sidiaritäts-
denkens bei
Bischof von
Ketteler

Die moderne katholische Sozial- und Gesellschaftslehre findet ihren Kristallisationspunkt in einem eigenen katholischen Begriff von Subsidiarität, der sich ausgehend von Überlegungen von Bischof Wilhelm Emmanuel Freiherr von Ketteler im Revolutionsjahr 1848 herausbildete. Von Ketteler nahm den Mitte des 19. Jahrhunderts bei liberalen Reformern verbreiteten Gedanken der Lösung der Sozialen Frage durch Arbeiterselbsthilfe mittels Assoziationen (Genossenschaften) auf und verband ihn mit der Forderung nach Staatshilfe. Staatlicher Schutz und staatliche Hilfe, so Ketteler, seien notwendige Voraussetzung für die Selbsthilfe der Arbeiter. Hier finden wir die früheste Form des katholischen Subsidiaritätsdenkens. Dies unterscheidet sich deutlich von liberalen Vorstellungen von Subsidiarität und letztlich auch von liberalen Konzeptionen von Gesellschaft, die eine strikte Trennung, ja Isolierung von Staat und Zivilgesellschaft vorsehen und einfordern. Im Deutschen Kaiserreich entwickelte sich das katholische Subsidiaritätsdenken vor dem Hintergrund des Kulturkampfes zu einer umfasenderen, ordnungspolitischen Leitvorstellung weiter, für die auch eine gewisse Staatsskepsis charakteristisch war. Eine systematische Ausformulierung und Begründung fand das Subsidiaritätsprinzip dann in zwei Sozialenzykliken („Rerum novarum" 1891, „Quadragesimo anno" 1931). Gesellschaft wurde hier als ein aus konzentrischen Kreisen gebildetes Gefüge gesehen, bei der die jeweils kleinere Einheit für die Lebensgestaltung gegenüber den jeweils größeren vorrangig zuständig sein soll. Dabei wurden einerseits nicht erforderliche Eingriffe der jeweils übergeordneten Gemeinschaft zurückgewiesen, und anderseits Ansprüche der jeweils untergeordneten Gemeinschaft auf Förderung durch die übergeordnete Gemeinschaft begründet und gefordert (vom Bruch 1985b: 109f.; Sachße 2003: 17–20; Hammerschmidt 2005a: 350f. passim; Aner/Hammerschmidt 2008). Damit verfügte der Katholizismus – der soziale und politische nicht weniger als der kirchenamtliche – über einen festen und durch päpstliche Autorität auch verbindlichen Bezugs- und Ankerpunkt für sein politisches wie zivilgesellschaftliches und wohlfahrtspflegerisches Engagement.

Ausformulierung des kath. Subsidiaritätsprinzips durch Sozialenzykliken

Neben den (männlichen) Sozialreformern und den konfessionellen Kräften entwickelten sich auch aus der bürgerlichen Frauenbewegung wichtige Träger von Privatwohltätigkeit und führende Aktivistinnen zu „Wegbereiterinnen der modernen Sozialarbeit", wie der gleichnamige Titel eines Herausgeberbandes von Maike Eggemann und Sabine Hering (1999) verdeutlicht.[21] Die Anfänge der bürgerlichen Frauenbewegung finden sich wie die der bürgerlichen Sozialreform schon im Vormärz. Dazu gehörte, dass in den letzten Jahren vor der Revolution von

Die bürgerlichen Frauenbewegung als Trägerin von Privatwohltätigkeit

---

21 Als Langfassungen der folgenden Ausführungen zur bürgerlichen Frauenbewegung können herangezogen werden: Aner/Hammerschmidt 2010: 71f., 79ff., 87f. und Hammerschmidt 2010a.

Die ersten
Frauenvereine

1848 auch eigenständige Frauenvereine entstanden. Es handelte sich dabei um Frauenbildungsvereine, die auf die Überwindung der Bildungsbenachteiligung von Frauen und Mädchen zielten, sowie demokratische Frauenvereine, die meist weitergehende demokratische Rechte nicht nur, aber auch und besonders für Frauen, forderten. Letztere verbanden häufig ihre Vereinsarbeit mit Wohltätigkeitsaktivitäten, die sie teils aus Tarnzwecken ausübten, die aber teils auch der materiellen Unterstützung von Gesinnungsgenossinnen dienten (Gerhard 1992: 67f. u. passim). Die Reaktionszeit traf das weibliche Engagement noch stärker als das männliche. Die Vereinsgesetze der Länder der 1850er-Jahre verboten Frauen grundsätzlich die Mitgliedschaft in politischen Vereinen. Dies galt bis 1908, wobei die Obrigkeit in den 1850er-Jahren das „Politische" sehr weit auslegte. Selbst die Teilnahme als Zuhörerinnen an politischen Veranstaltungen war Frauen verboten. Sonderregelungen für Frauen diktierte auch das Presserecht von 1851. Hiernach durften Frauen keine Zeitschriften und Zeitungen herausgeben oder redigieren. Damit wurde etwa die von Louise Otto (1819–1895) ab 1849 herausgegebene „Frauen-Zeitung" verboten. Infolgedessen blieben Frauen vom wichtigsten Medium bürgerlicher Öffentlichkeit ausgegrenzt und die Frauenbewegung verlor so einen Kristallisationskern zur Organisation.

Unterdrückung
der Frauen-
organisationen

Erst nach dem Ende der Reaktion konnte Louise Otto (-Peters), die „Mutter der deutschen Frauenbewegung", zusammen mit der Lehrerin Auguste Schmidt (1833–1902) und weiteren Mitstreiterinnen im Oktober 1865 in Leipzig den „Allgemeinen Deutschen Frauenverein" (ADF) gründen. Aber erst ab den 1890er-Jahren erlebte das Engagement von Frauen des Bürgertums einen enormen Aufschwung. Außerhalb des ADF entstand eine kaum zu überschauende Fülle von Initiativen. Neben dem Gros lokaler Vereine bildeten Frauen auch zahlreiche landes- und reichsweite Dachorganisationen, die allgemein frauenspezifische oder speziellere Anliegen verfolgten. Als gemeinsames Dach für all diese heterogenen Vereine und Verbände, die sich nicht in den ADF integrieren ließen, gründete sich auf Initiative von Auguste Schmidt (ADF) und Anna Schepeler-Lette (Lette-Verein) am 29. März 1894 der „Bund Deutscher Frauenvereine" (BDF). Zur Zielsetzung vermerkte § 2 der Vereinssatzung: *„Durch organisiertes Zusammenwirken sollen die gemeinnützigen Frauenvereine erstarken, um ihre Arbeit erfolgreich im Dienst des Familien- und Volkswohls zu stellen, um der Unwissenheit und Ungerechtigkeit entgegenzuwirken und eine*

Gründung des
„Allgemeinen
Deutschen
Frauenvereins"
1865

Der „Bund
Deutscher
Frauenvereine"
1894

sittliche Grundlage der Lebensführung für die Gesamtheit zu erstreben" (zit. n. Gerhard 1992: 166f.). Unter dieser allgemeinen Zielsetzung umfasste der BDF das gesamte damalige Spektrum der bürgerlichen Frauenbewegung, die ganz überwiegend gemäßigte und konservative – aus heutiger Sicht kaum emanzipatorisch zu nennende – Positionen vertraten. Der BDF umfasste im Gründungsjahr schon 65 Vereine, 1901 waren es 137 mit ca. 70.000 und 1912 rund 2.200 Vereine mit geschätzten 328.000 Mitgliedern (Gerhard 1992: 170f. u. passim).

Im Zentrum der Aktivitäten des BDF, wie seiner Mitgliedsverbände sowie der Basisinitiativen vor Ort standen die Tätigkeitsbereiche Bildung, Erziehung und Soziales. Im Kampf um Frauenbildung erzielte die bürgerliche Frauenbewegung ihre größten Erfolge (Gerhard 1992: 163). Durch Publikationen, Petitionen und auch Unterschriftenaktionen erreichten der ADF und BDF-Organisationen nach und nach die Aufhebung von Einschränkungen der höheren Bildung für Mädchen und Frauen, bis schließlich im Jahr 1909 die Zulassung von Frauen zum Universitätsstudium reichsgesetzlich verankert werden konnte (Kraul 1991; Gerhard 1992: 154ff.). Auch im Überschneidungsbereich der Arbeitsgebiete Bildung und Soziales, nämlich bei der sozialen Frauenbildung, agierte die Frauenbewegung erfolgreich und zukunftsweisend. Hier ist Alice Salomon (1872–1948) zu nennen, die als Begründerin des sozialen Frauenberufs in Deutschland gilt. Nach ihrer Vorstellung sollte dieser jedoch kein Erwerbsberuf sein, sondern ehrenamtlich ausgeübt werden. Die jungen Frauen seien es sich selbst (Persönlichkeitsbildung) und anderen (Gesellschaftsreform) schuldig, soziale Hilfsarbeit zu betreiben. Die von Alice Salomon betriebene Schulung entwickelte sich aus kleinen Anfängen zur regelrechten (Fach-)Schulausbildung. Ausgangspunkt ihrer Tätigkeit waren die 1893 von Jeanette Schwerin (1853–1899) in Berlin gegründeten „Mädchen- und Frauengruppen für soziale Hilfsarbeit". Für die Gruppenmitglieder wurden Bildungsveranstaltungen organisiert, die sie für ihre Hilfstätigkeiten in Arbeiterfamilien qualifizieren sollten. Als Alice Salomon 1899 den Vorsitz dieser Gruppen übernahm, gestaltete sie die lose Vortragsreihe zu einem geschlossenen „Jahreskurs für die berufliche Ausbildung in der Wohlfahrtspflege" um, der Frauen eine systematische Ausbildung für die praktische Arbeit in der Armenpflege oder auf einem anderen Gebiet sozialer Hilfsarbeit ermöglichen sollte. Hier ging es sowohl um die Aneignung von Wissen als auch um die Einübung von Einstellungen und

Aktivitäten des BDF

die soziale Frauenbildung

Alice Salomon und der soziale Frauenberuf

Die Berliner „Mädchen- und Frauengruppen für soziale Hilfsarbeit"

Ausbildung für soziale Hilfsarbeit

Haltungen, der soziale Beruf sollte Berufung sein. Aus den Jahreskursen und durch Fortentwicklung einer Ausbildungsstätte für Kindergärtnerinnen entstand 1908 unter Salomons Leitung die erste „Soziale Frauenschule". Alice Salomon organisierte in der 1917 gegründeten „Konferenz der sozialen Frauenschulen Deutschlands" 14 derartige Frauenschulen (Sachße/Tennstedt 1988: 42ff.; Hammerschmidt/Tennstedt 2002: 64f.).

Neben der Ausübung selbst organisierter caritativer Aktivitäten konnten Frauen dann im Kaiserreich das männliche Monopol im Bereich des kommunalen, sozialen Ehrenamtes brechen. In Berlin erlangten Frauen gegen den erheblichen Widerstand von Männern, die nach dem Elberfelder System tätig waren, ebenfalls Zugang zu diesem Ehrenamt, wenn auch bloß vereinzelt (35 Frauen gegenüber rund 4.000 Männern im Jahre 1907). Andernorts drängten Frauen nicht in diese Männerdomäne, sondern wurden hineingezogen. Zuerst in der Stadt Elberfeld, wo „die Herren der Armenverwaltung" Anfang der 1880er-Jahre den „Elberfelder Frauenverein zur Unterstützung Hilfsbedürftiger" gründeten, um den Mangel an männlichen Ehrenamtlichen auszugleichen (vgl. Böhmert 1886: 55f.).

Eine erhebliche Ausweitung sozialer Hilfstätigkeit brachte dann der Weltkrieg. Gertrud Bäumer (1873–1954) von 1910 bis 1919 BDF-Vorsitzende, hatte unmittelbar vor Kriegsbeginn den „Nationalen Frauendienst" (NFD) gegründet, um im Kriegsfall gerüstet zu sein. Dem BDF und ihren Wortführerinnen Helene Lange und Gertrud Bäumer ging es darum, dass sich die Frauen durch die Übernahme von Pflichten im Krieg Anerkennung und Rechte verdienen. Innerhalb weniger Tage entstanden in fast allen deutschen Städten Lokalvereine des NFD, die mit den nicht dem BDF angeschlossenen Organisationen, insbesondere den Vaterländischen Frauenvereinen sowie mit den Kommunalverwaltungen zusammenwirkten. Zur staatlichen Organisation weiblicher Arbeitskraft kam es dann Ende 1916 mit dem sog. Hindenburgprogramm und dem „Gesetz über den vaterländischen Hilfsdienst", mit dem im Kriegsamt (der Militärregierung) eine Frauenarbeitszentrale eingerichtet wurde. Die führenden Frauen des BDF waren maßgeblich daran beteiligt (Wurms 1983: 89–96; Sachße/Tennstedt 1988: 57–63; Gerhard 1992: 296f., 301ff.). Solchermaßen eingebunden veränderte das soziale Engagement jedoch seinen Charakter; es verlor das „Zivilgesellschaftliche" und die dienende soziale Arbeit der Frauen wandelte sich zur Sozialarbeit, in der es weniger um Berufung und Emanzipation als um Erwerbsarbeit ging.

Die „Soziale Frauenschule"

Wege zum sozialen Ehrenamt für Frauen

Der „Nationalen Frauendienst" im Weltkrieg

staatliche Mobilisierung weiblicher Arbeitskraft für soziale Hilfsarbeit

Ausdruck fand dies mit der Bildung von Berufsorganisationen, 1916 entstand der „Deutsche Verband der Sozialbeamtinnen" und die Konkurrenzgründung „Verein katholischer deutscher Sozialbeamtinnen" (Hammerschmidt/Tennstedt 2002; Hammerschmidt 2010a).

Zum Weiterlesen

Sachße, Christoph (1986): Mütterlichkeit als Beruf. Sozialarbeit Sozialreform und Frauenbewegung; 1871–1929. 1. Aufl., Frankfurt a. M.: Suhrkamp.

Sachße, ChristophTennstedt, Florian (1988): Geschichte der Armenfürsorge in Deutschland. Bd. 2: Fürsorge und Wohlfahrtspflege 1871 bis 1929. Stuttgart, Berlin, Köln: Kohlhammer.

Uhlendorff, Uwe (2003): Geschichte des Jugendamtes. Entwicklungslinien der öffentlichen Jugendhilfe 1871–1929. 1. Aufl. Weinheim: Beltz Votum.

3.2 Die Zeit der Weimarer Republik (1918–1933)

Die Zeit der Weimarer Republik war die Grundlagenzeit für die moderne Soziale Arbeit in Deutschland. Hier wurden ihre wichtigsten Rechtsgrundlagen, Organisationen und Grundkonstellationen geschaffen, die auch heute noch fortwirken. Zugleich etablierte sich die Soziale Arbeit zu einem staatlich anerkannten Ausbildungsberuf.

Wie für Gesellschaft, Staat und Wirtschaft insgesamt, so brachte die November-Revolution 1918 und die aus ihr hervorgehende Weimarer Republik für die kommunale Selbstverwaltung und Sozialpolitik gravierende Veränderungen. In den ersten Nachkriegsjahren waren die Kommunen mit der Bearbeitung der erheblichen, nicht zuletzt sozialen Folgen von Krieg, Demobilisierung, Besatzung und dem wirtschaftlichen Verfall beschäftigt. Dabei setzte sich zunächst auch ein Trend fort, der schon in den letzten beiden Kriegsjahren begonnen hatte, nämlich, dass das Reich sozialpolitische und sonstige Maßnahmen vorgab, sie den Kommunen als Auftragsverwaltung übertrug und sie damit als untergeordnetes, weisungsgebundenes Glied in die Staatsverwaltung eingliederte. Neue Sozialleistungen, wie die

Die November-Revolution

Kriegsfolgenbewältigung

Sozialversorgung für bestimmte Bevölkerungsgruppen und die sog. Kriegsfürsorge, drängten die vordem entfaltete kommunale Wohlfahrtspflege an den Rand. Hinzuweisen ist hier auf eine Fülle neuer Sozial- und Fürsorgegesetze, die auch die Länder in den ersten Nachkriegsjahren erließen (Sachße/Tennstedt 1988, insbes.: 68ff., 87f.). Erst später machte das Reich von seiner neuen Kompetenz Gebrauch und gestaltete das Fürsorgewesen rechtlich neu. Die entsprechenden Regelungen, der Kernbestand des Weimarer Fürsorgerechts, traten Anfang 1924 in Kraft, also nach dem Abebben der revolutionären Bewegung, der Währungsreform und der dann einsetzenden wirtschaftlichen Stabilisierung. Bevor nun die neuen Rechtsgrundlagen und ihre praktische Ausgestaltung skizziert werden, soll auf drei Sachverhalte hingewiesen werden, die die Situation der Kommunen und ihre Handlungsfähigkeit als wohlfahrtspolitische Akteure maßgeblich beeinflussten.

Das Weimarer Fürsorgerecht

(1) Die Weimarer Reichsverfassung (WRV) vom 11. August 1919 verankerte den Wohlfahrtsstaat als politische Kompromissformel. Dementsprechend zählte sie – für eine Verfassung ungewöhnlich – eine Fülle konkreter sozialer Rechte auf. Gleichzeitig erhielt das Reich, anders als noch zu Zeiten des Kaiserreichs, durch die WRV einen ausgeprägten Staatscharakter und damit auch weitgehende rechtliche und – daraus letztlich folgend – auch finanzielle Möglichkeiten, die dem Verfassungskompromiss entsprechend auch zur sozialpolitischen Gestaltung einzusetzen waren. Das galt auch für die Fürsorge. Das neue Reich avancierte damit zur wohlfahrtspolitischen Zentralinstanz mit rechtlichen, finanziellen und administrativen Mitteln. Sichtbarer Ausdruck des Letztgenannten war die Einrichtung des Reichsarbeitsministeriums (RAM), dem für die Sozialpolitik des Reiches, einschließlich der Wohlfahrtspflege, die Federführung oblag. Das RAM leitete lange der Zentrumspolitiker Heinrich Brauns (1920–1928) mit einem Mitarbeiterstab, der ebenfalls dem Verbandskatholizismus verbunden war (Mäding 1985: 92–105; Sachße/Tennstedt 1988: 68–87, 145f.).

Verfassungsauftrag: Wohlfahrtsstaat

Das Reich avanciert zur wohlfahrtspolitischen Zentralinstanz

(2) Das Reich, namentlich Reichsfinanzminister Matthias Erzberger, nutzte die neue verfassungsrechtliche Möglichkeit und gestaltete 1920 die Finanzverfassung des Deutschen Reichs um (Erzbergerische Finanzreform). Das Reich, vordem „Kostgänger" der Länder, reklamierte nun Steuerhoheit für sich, setzte den finanzpolitischen Vorrang des Reiches durch und gestaltete einen komplizierten innerstaatlichen Finanzausgleich mit den Ländern und Gemeinden. Die Gemeinden entwickelten

neue Finanzverfassung

sich hierbei vom „teilautonomen Steuersouverän zum Zuschussempfänger" (Bogumil/Holtkamp 2006: 24). Sie verloren ihre wichtigste selbstständige Steuerquelle, das Zuschlagsrecht zur staatlichen Einkommensteuer, die in den preußischen Großstädten in der Vorkriegszeit 50 % (1907) bis 60 % (1911) der Gesamtsteuereinnahmen ausgemacht hatte (Jeserich 1985: 512; Mäding 1985: 100; Zielinski 1997: 101–113). Die permanente Diskrepanz zwischen dem gestiegenen kommunalen Finanzbedarf, auch infolge neuer Pflichtaufgaben, und den realisierten Steuereinnahmen, engte die Handlungsspielräume deutlich ein – was aus wohlfahrtspolitischen Gründen auch im Sinne des RAM war (s. u.) – und führte zu steigenden Schulden. Die Gesamtverschuldung der deutschen Kommunen summierte sich 1930 auf mehr als neun Mrd. Reichsmark. Infolge der Weltwirtschaftskrise (1930–1933) spitzte sich die finanzielle Lage der Kommunen dramatisch zu, zumal auch noch ihre Möglichkeiten zur Kreditaufnahme ab 1931 staatlicherseits deutlich eingeschränkt wurden. Immer weniger Gemeinden sahen sich in der Lage, ordnungsgemäße Haushalte vorzulegen. Die Staaten, insbesondere Preußen, reagierten darauf mit „Anordnungen der Zwangsverwaltung" durch Staatskommissare.

Kommunen werden zu „Zuschussempfängern"

zunehmende Verschuldung der Kommunen

(3) Die WRV (Art. 17) verankerte generell das allgemeine und gleiche Wahlrecht. Damit entfielen das kommunale Dreiklassenwahlrecht und die nur dadurch garantierte Dominanz des Bürgertums in den Kommunen. Das bewirkte starke kommunalpolitische Kräfteverschiebungen und führte vor allem in den Groß- und Industriestädten zu Mehrheiten für die Arbeiterparteien (SPD, USPD, KPD) in den Vertretungskörperschaften. Direkte Veränderungen für das Verwaltungshandeln der Gemeinden folgten daraus allerdings noch nicht, denn die Gemeinden arbeiteten auf der mittleren, z. T. auch auf der unteren Ebene mit Kommunalbeamten auf Lebenszeitstellen und das für viele Jahre (6–12) bestallte Personal der Leitungsebene (Bürgermeister, Beigeordnete bzw. Magistratsmitglieder) verblieb ganz überwiegend (zumindest zunächst) in seinen Positionen. Zudem verfügten die Arbeiterparteien kaum über Personal mit kommunalpolitischer und Verwaltungserfahrung. Dennoch: Die kommunale Selbstverwaltung war fortan nicht mehr die Bastion des Bürgertums wider die Arbeiterbewegung und ihre Parteien auf der einen und den herrschenden Adel auf der anderen Seite (Aner/Hammerschmidt 2010: 85f.).

Demokratisierung führte zum Verlust der bürgerlichen Dominanz in den Kommunen

61

3.2.1 Das Reichsjugendwohlfahrtsgesetz

Das Reichs-
jugendwohl-
fahrtsgesetz

Recht des
Kindes auf
Erziehung

Anspruch und
finanzielle
Möglichkeiten
klafften ausein-
ander

Jugendämter

Mit dem 1922 verabschiedeten Reichsjugendwohlfahrtsgesetz (RJWG) schuf der Reichstag ein gänzlich neues Gesetz, dessen Kernaufgaben sich indes schon vorher in der Fürsorgepraxis herausgebildet oder als zerstreute rechtliche Einzelregelungen existiert hatten. Neu war das programmatisch formulierte Recht des Kindes auf Erziehung (§ 1) und der Versuch, alle bestehenden besonderen sozialen Regelungen für Minderjährige in einem einheitlichen Gesetz zusammenzufassen und die Gewährleistungsverantwortung einer gesonderten Organisation zu übertragen. Unter dem Oberbegriff Jugendwohlfahrt fasste das Gesetz die Jugendpflege und Jugendfürsorge zusammen. Jugendpflege bezeichnete Maßnahmen zur Förderung und Unterstützung der Erziehung Minderjähriger, die keine Erziehungsdefizite aufwiesen; für diese präventiven Aufgaben enthielt das RJWG keine detaillierten Vorgaben. Anders war das bei der Jugendfürsorge, die Eingriffscharakter trug. Hierzu zählten insbesondere das Pflegekinder- (§§ 19–31) und Vormundschaftswesen (§§ 32–48), die (Erziehungs-)Beistandschaft (§ 46) und die Schutzaufsicht (§§ 56–61) gemäß RJWG sowie die im Reichsjugendgerichtsgesetz (RJGG) definierten Aufgaben der Jugendgerichtshilfe sowie schließlich die Fürsorgeerziehung (§§ 62–76). Wie bei der Fürsorgeerziehung übernahm das RJWG vielfach den preußischen Rechtsstand. Für eine umfassende Erfüllung der ambitionierten Aufgaben des Gesetzes fehlten den Kostenträgern jedoch die Mittel. Das zeigte sich schon vor dem Inkrafttreten des RJWG am 1. April 1924. Per Ermächtigungsgesetz suspendierte die Reichsregierung im Februar 1924 kostenträchtige Regelungen, so bspw. die „wirtschaftliche Jugendwohlfahrt", mit der Minderjährige aus der allgemeinen Armenfürsorge herausgenommen werden sollten. Andere Bereiche, wie die der Jugendpflege, galten nicht mehr als Pflichtaufgaben. Letztlich trat das RJWG als Organisationsgesetz in Kraft. Es schrieb die Einrichtung von Jugendämtern und Landesjugendämtern zur Durchführung der RJWG-Aufgaben vor. Die Kommunen (Städte/Landkreise) fungierten i. d. R. als örtliche Träger, die Landesjugendämter und Fürsorgeerziehungsbehörden wurden landesrechtlich unterschiedlich geregelt. Hatten vordem schon viele Großstädte Jugendämter geschaffen, so erfolgte nun ein flächendeckender Ausbau: 1928 bestanden 1.251 Jugendämter mit 11.705 hauptberuflichen und ca. 45.000 ehrenamtlich tätigen Kräften (Sachße/Tennstedt

1988: 99–114; Hammerschmidt/Tennstedt 2002: 82; Hammerschmidt 2003: 223f., 390; Sachße 2013: 38–42).

3.2.2 Die Reichsfürsorgepflicht-Verordnung und die Reichsgrundsätze

Anders als das RJWG wurde die Reichsfürsorgepflicht-Verordnung *(RFV)* nicht vom Reichstag verabschiedet, sondern per Notverordnung. Es löste das Unterstützungswohnsitzgesetz ab und integrierte darüber hinaus eine Reihe von Personengruppen, für die wenige Jahre zuvor gesonderte Fürsorgegesetze geschaffen worden waren, namentlich die Fürsorge für Kriegsgeschädigte und -hinterbliebene, für Rentenempfänger, für Kleinrentner und ihnen Gleichgestellte (§ 1 RFV). Aufgabe der Fürsorge war es demnach, Hilfsbedürftigen den notwendigen Lebensunterhalt zu gewähren (§ 1) (vgl. Abb. 7). Die Reichsgrundsätze (RGr), die als materielles Recht die RFV ergänzten, unterschieden vier Gruppen von Hilfsbedürftigen: a) die „normale" Klientel der bisherigen Armenfürsorge, sie erhielten den nunmehr weiter gefassten „notwendigen Lebensunterhalt", b) die Klein-, Sozialrentner und ihnen Gleichstehende, bei deren Leistungsbemessung ihre früheren Lebensverhältnisse berücksichtigt werden sollten (§§ 14–17), c) die Kriegsgeschädigten und -hinterbliebenden, sie sollten wenigstens die Rücksichten erfahren, die auch den Kleinrentnern gewährt werden (§§ 18ff.) und d) die „Arbeitsscheuen" und Menschen, die sich „offenbar unwirtschaftlich verhalten". Bei der letzten Gruppe sollten die Leistungsvoraussetzungen aufs Strengste geprüft und ihnen nur „das zur Fristung des Lebens Unerläßliche" zugestanden werden (vgl. Abb. 6). Damit formulierte der Gesetzgeber bis dato ungewöhnlich detaillierte Vorgaben, die die Entscheidungsspielräume für die Selbstverwaltung einschränkten. Gleichzeitig wälzte das Reich die Verantwortung für eine große Zahl hilfsbedürftiger Personen – die unter b) und c) aufgezählten – und dementsprechende Fürsorgekosten auf die Kommunen ab (Sachße/Tennstedt 1988: 142–152, 173–184; Hammerschmidt/Tennstedt 2002: 82f.; Sachße 2013: 31–37).

Die Reichsfürsorgepflicht-Verordnung

... alte und neue Adressaten

vom „Existenzminimum" zum „notwendigen Lebensunterhalt"

Statusgruppen im Fürsorgerecht ...

... Privilegierte ...

... und Diskriminierte.

Abbildung 6: Die Aufgaben der Fürsorge nach den „Reichsgrundsätzen"

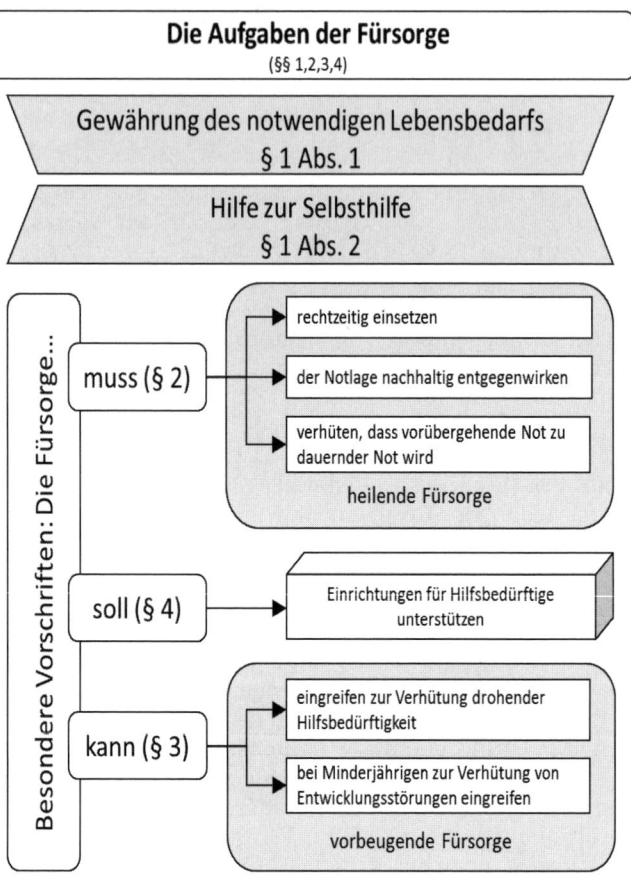

Quelle: Rappenecker 1927

Obwohl die RFV keine besondere Verwaltungsbehörde vorschrieb, setzte sich in den kommunalen Selbstverwaltungen
nun verstärkt der seit den 1880er-Jahren eingesetzte Trend
zur Schaffung besonderer Ämter fort. Wo vormals Armenämter

Fürsorgeämter existierten, firmierten sie fortan unter dem Namen Fürsorgeamt
oder Wohlfahrtsamt, wobei die letzte Bezeichnung auch schon
im Kaiserreich verwendet worden war. Dabei konnten sich hinter diesen Bezeichnungen sowohl einfache Ausführungsbehör-
den für die Pflichtaufgaben gemäß RFV/RGr, als auch große und
differenzierte Verwaltungsapparate verbergen, die für sämt-

liche soziale Aufgaben der Kommunen verantwortlich zeichneten (Roth 1999: 45–51, 92–109). Die Gesundheitsfürsorge, um das Bild abzurunden, erhielt während der Weimarer Zeit keine analoge Verrechtlichung. Gleichwohl war und blieb die Gesundheitsfürsorge ein großer und wichtiger Arbeitsbereich der Kommunen, für den auch immer mehr Großstädte nun Gesundheitsämter einrichteten (Labisch/Tennstedt 1985: 361 u. passim).

Gesundheits-fürsorge

Abbildung 7: Die Gruppen der Hilfsbedürftigen nach den „Reichsgrundsätzen"

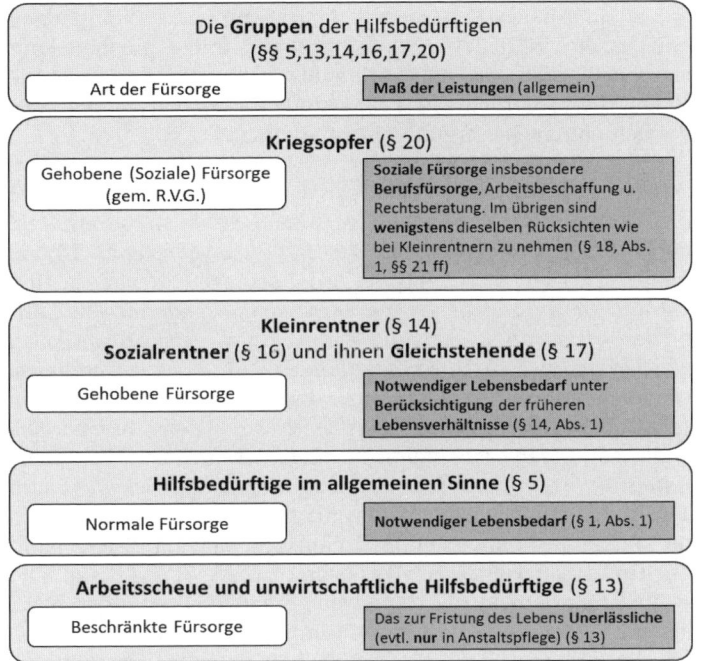

Quelle: Rappenecker 1927

3.2.3 Die Familienfürsorge

Neben dem nahezu flächendeckenden Ausbau von Wohlfahrts-/ Fürsorgeämtern und Jugendämtern – sowie vielerorts Gesundheits-, Wohnungsfürsorge- und Erwerbslosenfürsorgeämtern –

flächendecken-den Ausbau von sozialen Ämtern ...

... und sozialen Einrichtungen und Diensten

entstand auch eine umfassende, ausdifferenzierte Infrastruktur an sozialen Einrichtungen und Diensten, also in heutiger Terminologie „besondere soziale Dienste". Für die Kommunen als örtliche Kosten- und Gewährleistungsträger stellte sich damit die Frage nach einer rationalen Organisation der gewachsenen Fülle von sozialen Aufgaben. Eine Antwort auf diese Frage war die Schaffung einer Familienfürsorge (FaFü). In den Fachdiskussionen der 1920er-Jahre wurden unter dem Begriff Familienfürsorge zwei durchaus zusammenhängende, aber dennoch zu unterscheidende Dinge verstanden: a) ein Prinzip der Fürsorge und b) eine Verwaltungsorganisation. Für ersteres setzten sich vor allem aus der Frauenbewegung stammende Aktivistinnen ein. Die kommunalen Fachdiskussionen und Reformen konzentrierten sich dagegen auf den letztgenannten Aspekt. Marie Baum, die prominenteste Propagandistin der FaFü integrierte die beiden Aspekte argumentativ geschickt:

Die Familienfürsorge als Fürsorgeprinzip und Verwaltungsorganisation

„Bei der Durchführung der Fürsorge wird nicht eine Einzelnot, nicht Schicksal oder Schuld des Individuums, sondern grundsätzlich die Gesamtlage der Familie zum Ausgangspunkt der Prüfung und Erstellung des Heilplans gemacht." (Baum 1927: 34). Hier wird FaFü als Arbeitsprinzip formuliert. Und weiter: *„Die verschiedenen spezialistisch* [sic] *bearbeiteten Zweige der Wirtschafts-, Gesundheits- und Erziehungsfürsorge sollen zur Vermeidung von Überschneidungen und Doppelbetreuungen, vor allem aber im Interesse der in Fürsorge stehenden Familien selbst so zusammengefasst werden, dass diese sich nur an eine Stelle zu wenden braucht und die nach einheitlichem Plan vorbereitete Hilfe von einer Seite an sie herangetragen wird."* (Baum 1927: 46). Hier wird eine Problemkonstruktion vorgestellt, die auf eine entsprechende Organisationslösung hinausläuft. Zur Untermauerung ihrer Forderung zitierte Marie Baum Verwaltungsstatistiken, aus denen sich ergab, dass etwas weniger als ein Viertel der Fürsorgeklienten nur von einem, der Großteil der Fürsorgeklienten aber von zwei und drei kommunalen Ämtern gleichzeitig betreut wurde (Angaben für Düsseldorf; Baum 1927: 47). Baum verband dann das fachliche mit einem fiskalischen Argument *„Dass heute ... noch Städte im gleichen Stadtgebiet vier Sorten von Fürsorgerinnen arbeiten lassen, ist nicht nur im Hinblick auf die Rücksichtnahme den Betreuten gegenüber, sondern auch vom ökonomischen Gesichtspunkt aus unverständlich."* (Baum 1927: 46). An diese Feststellungen anknüpfend forderte sie eine Verwaltungsorganisation, bei der die FaFü (als Methode und Prinzip) als „Einheitsfürsorge" bzw.

FaFü als „Einheitsfürsorge" und gemeinsamer Außendienst

als „Bezirksfürsorge" (FaFü als Verwaltungsorganisation) so zu implementieren sei, dass sie als gemeinsamer Außendienst der kommunalen, sozialen Ämter und als (erste) Anlaufstelle für alle FürsorgeklientInnen dienen konnte.

Die FaFü als Organisationsform sozialer Hilfen setzte sich ab Mitte der 1920er-Jahre auf breiter Front im Deutschen Reich durch. Denn die von Baum beschriebenen Sachverhalte, insbesondere die unrationelle Mehrfachbetreuung und die mit dem Ausbau des Weimarer Wohlfahrtsstaates auftauchenden neuen Schnittstellenprobleme, erschienen den Verantwortlichen der Kommunen evident (Roth 1999: 71ff. u. pass.). Die inhaltlich-fachliche Ausgestaltung der FaFü war indes höchst uneinheitlich. Auch die organisatorische Gestaltung, Einbettung, Zuordnung und Kompetenzausstattung wiesen eine große Bandbreite an Modellen und Varianten auf. Noch unübersichtlicher gestaltete sich das Bild durch die innerhalb kurzer Zeiträume durchgeführten Neuorganisationen der Sozialverwaltungen, insbesondere in den Städten. Generell lässt sich dennoch festhalten, dass sich die FaFü als allgemeine Fürsorge vergleichsweise reibungslos in den Landkreisen realisieren ließ, weil und insofern hier meist ausgebaute Spezialfürsorgen fehlten (Baum 1927: 69; Vogel 1966: 129f.; Sachße/Tennstedt 1988: 200). Ein Modell der städtischen Fürsorgeorganisation bestand darin, einen gemeinsamen Außendienst, eine FaFü-Stelle mit einer oder mehreren Familienfürsorgerinnen, für alle „klassischen" Ämter einzurichten (Abb. 8).

uneinheitliche Umsetzung der FaFü

Abbildung 8: Organisation der kommunalen Wohlfahrtspflege

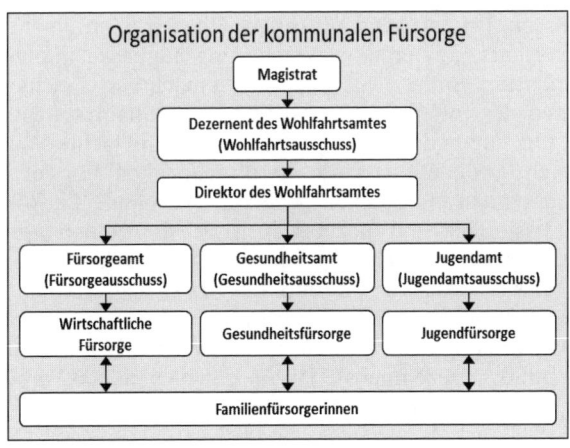

Quelle: Wex 1929: 82

Fachkontroverse: „Einheitsfürsorge" versus Spezialfürsorge

Unstrittig waren Baums Vorstellungen in fürsorgerischen Fachkreisen nicht. So kritisierte Christian Jasper Klumker die übersehene Gefahr, dass die Jugendhilfe mit ihrer eben erst nach langem Ringen erreichten reichsgesetzlichen Verankerung und Vereinheitlichung, einschließlich des obligaten Jugendamtes, nunmehr zugunsten einer allgemeinen Familienfürsorge zurückgedrängt werde (Hellinger 1929: 119ff.; Wex 1929: 72f.; Kühn 1994: 34). Und generell, dass eine allgemeine, nicht spezifische Familienfürsorge die qualitativ anspruchsvolle und auch innerhalb der drei großen Fürsorgebereiche z. T. stark spezialisierten Sonderfürsorgen verdrängen und damit zu einem Qualitätsverlust der fürsorgerischen Hilfe führen würde (Simons 1927: 135f.; Kühn 1994: 34). Ein Grundproblem Sozialer Arbeit, die Frage nach Generalisierung versus Spezialisierung der Tätigkeit, trat hier deutlich zu Tage (ausführlicher: Hammerschmidt/Uhlendorff 2012: 19–24).

3.2.4 Die freie Wohlfahrtspflege und ihre Verbände

Zerrüttung der Finanzierungsgrundlage der freien Wohlfahrtspflege

Reichsmittel für die freie Wohlfahrtspflege

Reichsarbeitsministerium fördert Aufbau der Wohlfahrtsverbände

Die wirtschaftlichen Folgen des Krieges zerstörten weitgehend die finanzielle Basis der freien Wohlfahrtspflege. Vereins- und Stiftungsvermögen wurden entwertet und Spendeneinnahmen brachen weg. Die sozialen Folgen, der Niedergang des gehobenen und Bildungsbürgertums, unterminierten das soziale Ehrenamt und damit einen erheblichen Teil der personellen Basis. Über ein vergleichsweise stabiles personelles Rückgrat verfügten lediglich die christlichen Organisationen mit ihren Nonnen und Diakonissen, Brüdern und Diakonen. Als sich dann der Reichstag angesichts gravierender Versorgungsengpässe infolge der Hyperinflation Ende 1922 erstmals entschloss, Reichsmittel zugunsten der (öffentlichen und freien) Wohlfahrtspflege auszuschütten, nutzte das zentrumsdominierte und fachlich zuständige Reichsarbeitsministerium diese Möglichkeit, um vor allem die bestehenden christlichen Wohlfahrtsverbände Caritas und Innere Mission auf- und auszubauen. Neben den beiden nunmehr reorganisierten christlichen Alt- und Großverbänden Caritas und Innere Mission sowie der im September 1917 gegründeten „Zentralwohlfahrtsstelle der deutschen Juden" (ZWSt), etablierte sich mit der Gründung des Hauptausschusses für Arbeiterwohlfahrt (AWO) am 13. Dezember 1919 ein gänzlich neuer Verband.[22]

---

22 Buck 1983: 162ff.; Sachße/Tennstedt 1988: 161f.; ausführlicher: Sachße 1986: 173–186 und Eifert 1993: 21–36 und passim.

„Alteingesessene" Einrichtungen der Wohlfahrtspflege, die keinem dieser vier Weltanschauungsverbände angeschlossen sein wollten, betrieben eingedenk der nunmehr auf verbandliche Organisationen ausgerichteten Förderkulisse eine eigenständige Spitzenverbandsbildung. So entstand 1920 der „Fünfte Wohlfahrtsverband" (er trug erst ab 1924 diesen Namen und firmierte ab November 1932 unter „Deutscher Paritätischer Wohlfahrtsverband"). Durchaus traditionsreich, als Spitzenverband der Wohlfahrtspflege dennoch neu, etablierte sich das Rote Kreuz. Das mit der Genfer Konvention 1864 geschaffene Rote Kreuz entwickelte im deutschen Kaiserreich eine reiche Vereinskultur, aus der schon 1866 der Zusammenschluss zum Vaterländischen Frauenverein vom Roten Kreuz folgte. Sein Arbeitsschwerpunkt lag im Heeres-Sanitätsdienst. Nach dem verlorenen Krieg schlossen sich die deutschen Rot-Kreuz-Vereine am 25. Januar 1921 zum „Deutschen Roten Kreuz e. V." zusammen, das sein Tätigkeitsfeld auf die Wohlfahrtspflege ausweitete. Als letzter der sieben Wohlfahrtsverbände der Republik entstand im August 1921 der interkonfessionelle „Zentralausschuß der christlichen Arbeiterschaft" (ab Oktober 1930 „Christliche Arbeiterhilfe").[23]

Die Spitzenverbände avancierten zu Verteilungsinstanzen öffentlicher Mittel und durch dauerhaft zur Verfügung gestellte Subventionen zu schlagkräftigen Lobbyorganisationen. Sie schufen flächendeckende Binnenstrukturen innerhalb von mehr oder weniger geschlossenen und abgeschotteten Weltanschauungsverbänden. Auch in den Folgejahren blieb die Förderkulisse auf die Interessen der konfessionellen Organisationen zugeschnitten. Den Niedergang der lokal verankerten, privaten, nicht-konfessionell ausgerichteten Wohlfahrtskultur nahmen die staatlichen Entscheidungsträger in Kauf. Ziel dieser Politik des Reichsarbeitsministeriums, zu der die Verankerung des Subsidiaritätsprinzips im Fürsorgerecht gehörte, war es, die sozial-konservativen Milieus zu stabilisieren und die Wohlfahrtsverbände als Gegengewicht zur kommunalen Wohlfahrtspflege zu installieren, die nunmehr sozialdemokratischen Einflüssen zu unterliegen schien, nachdem sich infolge der Abschaffung des vormaligen Drei-Klassen-Wahlrechts die kommunalpolitischen Mehrheitsverhältnisse verschoben hatten (Hammerschmidt 2003: 76–92; Aner/Hammerschmidt 2010: 88–91). Untereinander waren die Wohlfahrtsverbände auf allen Ebe-

Ausbau zentralisierter Lobbyorganisationen

Niedergang der lokalen Wohlfahrtskultur

Wohlfahrtsverbände als Gegengewicht zur kommunalen Wohlfahrtspflege

---

23 Ausführlicher hierzu: Hammerschmidt 1999: 92f. sowie die dort angeführte Literatur.

verbands-
übergreifende
Verflechtungen

nen – Zentralstaat, Region, Kommune – in Form von Arbeitsge-
meinschaften/Ligen trotz Konkurrenz miteinander verbunden
(„Wohlfahrtskartelle"). Einen Abschluss fand der Formierungs-
prozess der freien Wohlfahrtspflege am 22. Dezember 1924 mit
der Gründung der „Deutschen Liga der freien Wohlfahrtspflege",
zu der sich – unter Ausschluss der Arbeiterwohlfahrt – die Spitzenverbände der freien Wohlfahrtspflege zusammenschlossen.

Abbildung 9: Organisation der freien Wohlfahrtspflege 1924

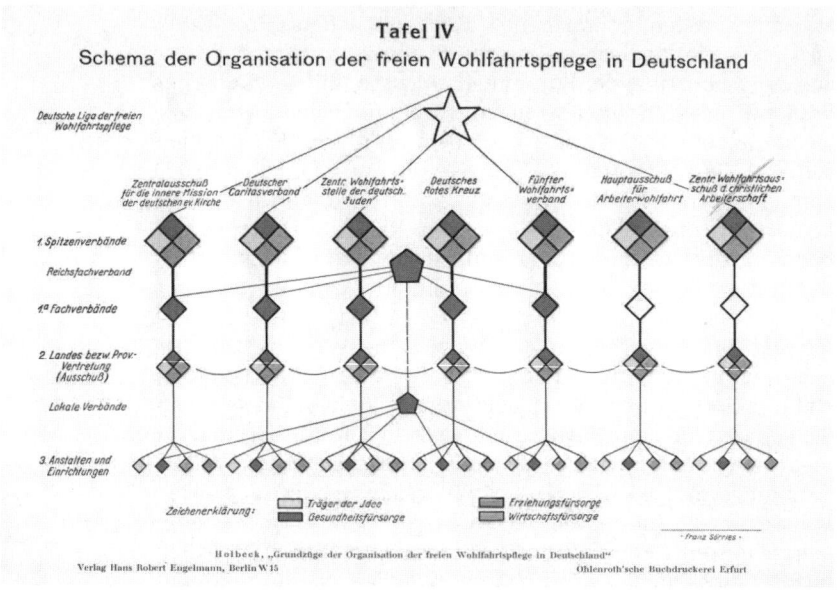

Quelle: Holbeck 1925

neue Konfron-
tationslinien

neokorporatis-
tische, wohl-
fahrtspolitische
Netzwerke
entstanden
und führten ...

Anstelle der alten (Konflikt-)Konstellation der kommunalen
Wohlfahrtspflege – Bürgertum gegen Adel und Arbeiterschaft –
schien eine neue Konfrontationslinie zu treten, zumindest
erhielt das Verhältnis der kommunalen, öffentlichen Wohlfahrtspflege zur privaten, freigemeinnützigen eine solche ideo-
logische Aufladung. Dessen ungeachtet entwickelten sich enge
Kooperationsbeziehungen zwischen öffentlicher und freier
Wohlfahrtspflege. In den nun entstehenden „neokorporatis-
tischen"[24] wohlfahrtspolitischen Netzwerken übte die freie

24 Der Begriff Neokorporatismus bezeichnet „die Einbindung („Inkorporie-
rung") von organisierten Interessen in die Politik und ihre Teilhabe an
der Formulierung und Ausführung von politischen Entscheidungen ...

Wohlfahrtspflege erheblichen Einfluss auf die Definition und Bearbeitung sozialer Probleme aus und mit der Verankerung des Subsidiaritätsprinzips (im Sinne eines Vorrangs der freien Träger gegenüber den öffentlichen) im Fürsorgerecht erhielt die Verbändewohlfahrt eine privilegierte Stellung bei der Erbringung sozialer personenbezogener Dienstleistungen (z. B. Kinder- u. Jugendhilfe sowie Sozialhilfe) bei gleichzeitiger öffentlicher Re-Finanzierung auf Grundlage des Selbstkostendeckungsprinzips. Der deutsche Wohlfahrtsstaat wurde so zum „dualen Wohlfahrtsstaat" (Sachße 2003), was bis zur Gegenwart fortwirkt und in international vergleichender Perspektive eine Besonderheit ist.

zum „dualen Wohlfahrtsstaat"

3.2.5 Die Berufsausbildung und die Anfänge disziplinärer Entwicklungen

Aus dem flächendeckenden Ausbau der sozialen kommunalen Ämter und Einrichtungen, der gleichzeitigen Expansion der verbandlich organisierten, nunmehr so genannten freien Wohlfahrtspflege, der Ausweitung des Adressatenkreises der Fürsorge bei gleichzeitigem Rückgang ehrenamtlicher Kräfte, folgte ein Bedarf an hauptamtlichem, fachlich qualifiziertem Personal. Der schon während des Weltkrieges einsetzende Wandel von der sozialen Arbeit als Ehrenamt hin zum Beruf Sozialarbeit vollendete sich im Weimarer Wohlfahrtsstaat. Dementsprechend erfasste die Volks- und Berufszählung im Jahre 1925 erstmals soziale Berufe als solche. Die Statistik wies dabei 22.547 (1933 schon 24.129, davon 22.299 weibliche) Angehörige der Berufsgruppe „Sozialbeamte, Kindergärtnerinnen" aus. Allerdings ist die Zahl der Wohlfahrtspflegerinnen bzw. Sozialbeamtinnen (SozialarbeiterInnen im engeren Sinne) dabei erheblich geringer anzusehen; man kann sie auf etwa 5.000 schätzen. Eine Zahl, die im Vergleich zur Vorkriegszeit mehr als einer Verzehnfachung entspricht (Hammerschmidt/Tennstedt 2002: 70f.).

Der Ausbau des Wohlfahrtsstaates ...

... erforderte berufliche Sozialarbeit

Der Neokorporatismusbegriff knüpft an den älteren Begriff des „Korporativismus" an, der sich auf eine nach Ständen gegliederte Gesellschaft bezog und die Übertragung öffentlicher Gewalt auf gesellschaftliche Organisationen bzw. „Korporationen" bezeichnete. In D[deutschland; d. Vf.] wurde der Begriff in den 70er Jahren in Anlehnung an den angelsächsischen Begriff „Corporatism"... wieder aufgegriffen" (Voelzkow 2000: 404).

staatlich
anerkannte
Ausbildung

Die Ausbildung zur Sozialarbeit in selbst organisierten sozialen Frauenschulen erlebte in der Weimarer Republik eine Professionalisierung sowie eine staatliche Anerkennung und Einbindung in die öffentlich-rechtliche Bildungslandschaft. Treibende Kräfte waren die Frauenschulen selbst. War auch die (alte) Frauenbewegung, aus der sie hervorgegangen waren, an ihrem Ende angelangt (Gerhard 1992: 346), so gelang es deren Aktivistinnen dennoch, dem neuen Beruf ihren Stempel aufzudrücken. Als Pionierinnen der Ausbildung verfügten sie gegenüber den Männern über einen Vorsprung. Es existierten, wie bereits erwähnt, gegen Ende des Ersten Weltkrieges schon 14 Soziale Frauenschulen, die Frauen ausbildeten, die sich ehrenamtlich in der Wohlfahrtspflege engagieren wollten. Diese Schulen verfügten über Personal und Lehrpläne und auch einen Dachverband, die 1917 von Alice Salomon gegründete „Konferenz der sozialen

Einfluss der
Frauenbewe-
gung auf die
Ausbildung
für die Soziale
Arbeit

Frauenschulen Deutschlands". Nun galt es, diesen Vorsprung für eine Institutionalisierung der Frauenschulen zu nutzen und dabei auch die hier entwickelten Vorstellungen über die formale wie inhaltliche Gestaltung der Ausbildung für die Soziale Arbeit zu nutzen. Die personellen Konstellationen für ein solches Unterfangen waren ausgesprochen günstig, denn einige aus dem kleinen und überschaubaren Kreis der Pionierinnen der sozialen Frauenbildung konnten die neuen Karrierechancen rasch nutzen. Helene Weber (1881–1962) ist hier als erste zu nennen. Sie gehörte zum rechten, katholischen Teil der Frauenbewegung und übernahm 1916 die Leitung der neugegründeten katholischen Sozialen Frauenschule des Kath. Frauenbundes in Köln. Als Abgeordnete der Zentrumspartei wurde sie im Januar 1919 in die Verfassungsgebende Nationalversammlung gewählt, von 1921 bis 1924 war sie Abgeordnete im Preußischen Landtag und von 1924 bis 1933 im Reichstag. Daneben war sie eine der ersten Frauen, die als Ministerialbeamtin beschäftigt wurde. Sie leitete als Ministerialrätin im Preußischen Ministerium für Volkswohlfahrt (1920 bis 1932) das Dezernat „Soziale Ausbildung und Jugendfragen". In dieser Funktion brachte sie in Rücksprache mit der „Konferenz der sozialen Frauenschulen" sowie mit Wilhelm Polligkeit vom Deutschen Verein für öffent-

Prüfungs-
ordnung für
soziale
Frauenschulen
von 1920 ...

liche und private Fürsorge am 22. Oktober 1920 die preußische Prüfungsordnung für soziale Frauenschulen auf den Weg. Eine Reihe anderer deutscher Länder übernahmen diese dann im Laufe der folgenden Jahre (vgl. Sachße/Tennstedt 2005b: 92; ausführlicher: Sachße 1986: 252–255; Koblank 1961: 325–332 und Tennstedt 2004). Im Jahr 1931 diente diese Prüfungsordnung als Grundlage für eine entsprechende reichsrechtliche Regelung.

Die zentralen Regelungen der preußischen Prüfungsord-nung in Kürze: Vorgeschrieben war eine einheitliche, zwei-jährige Ausbildung sowie zur Erlangung einer staatlichen Anerkennung ein anschließendes berufspraktisches Jahr. Es konnte zwischen drei Ausbildungsschwerpunkten gewählt werden: Gesundheits-, Erziehungs- sowie Allgemeine und Wirt-schaftsfürsorge. Die Zugangsvoraussetzungen waren vielfältig und je nach Schwerpunkt unterschiedlich. In der Regel jedoch war neben der Vollendung des 21. Lebensjahres eine Ausbil-dung als Kranken- oder Säuglingspflegerin, als Kindergärtnerin, Jugendleiterin oder Hortnerin oder als Lehrerin vorgeschrie-ben (Bäumer 1929; Sachße 1986: 253ff.; Tennstedt 2004). Eine weitere Vereinheitlichung der sozialen Ausbildung über diese Regelungen sowie die Benennung von Prüfungsgegenständen hinaus, erfolgte nach langjährigen Diskussionen mit den „Richt-linien für die Lehrpläne an Wohlfahrtsschulen" des Preußischen Ministerium für Volkswohlfahrt von 1930 (wiedergegeben in: Zeller 1994: 75–78; vgl. auch: Koblank 1961: 330ff.).

... mit ihren zentralen Regelungen

Auch in diesen Richtlinien fanden die Vorstellungen der bürgerlichen Frauenbewegung und insbesondere ihre Maximen der „sozialen Frauenbildung" ihren Niederschlag. Schon 1908 hatten Alice Salomon und ihre Mitstreiterinnen für die erste Soziale Frauenschule solche Maximen formuliert. Soziale Arbeit sei eben kein normaler Beruf, sondern ein Eignungsberuf, der eine soziale Gesinnung erfordere. Dementsprechend müsse die Ausbildung nicht nur Fachwissen, sondern auch eine soziale Gesinnung vermitteln, also persönlichkeitsbildend sein. Soziale Arbeit habe einen sozialdienenden Charakter, sie sei Dienst am einzelnen Menschen und an der Gesellschaft. Mit diesem Ver-ständnis von sozialer Arbeit ging auch die Vorstellung einher, dass soziale Arbeit mit gewisser Zwangsläufigkeit ein Frauenbe-ruf sei. Schon 1868 bzw. 1882 hatten Henriette Schrader-Brey-mann (1827–1899) und Henriette Goldschmidt (1825–1920) 1882 von sozialen Tätigkeiten als Ausdruck von „erweiterter Mütterlichkeit" oder „geistiger Mütterlichkeit" gesprochen. Und ebenfalls noch vor der Jahrhundertwende hatte Helene Lan-ge (1848–1930) die Unterschiede zwischen der „weiblichen Eigenart" und einer „männlichen Eigenart" herausgearbeitet, um dann eine entsprechende Arbeitsteilung zwischen den Ge-schlechtern zu fordern. Erziehung, Unterricht und nicht zuletzt „soziale Hilfsarbeit" seien „wesensgemäß" Tätigkeiten der Frau.

Soziale Arbeit als Eignungs-beruf

und als Frauen-beruf

„geistige Mütterlichkeit"

Alice Salomon knüpfte hier an und radikalisierte diese Vorstellungen. Während Helene Lange zwischen männlicher und weiblicher Eigenart keine unveränderliche Grenze sah, so formulierte Salomon die Geschlechterunterschiede als Gegensatz und argumentierte zusätzlich biologisch. Hier war dann von den „naturgegebenen Geschlechtseigenschaften" und einem „weiblichen Instinkt steter Hilfsbereitschaft" die Rede.[25] Salomon argumentierte:

„naturge-
gebene
Geschlechts-
eigenschaften"
der Frauen

> *„Besitzt die Frau doch eine Reihe von Fähigkeiten, die sie zur Ausübung sozialer Hilfsthätigkeit nicht nur ebenso tüchtig, sondern sogar geeigneter machen, als der Mann es ist (...) die Frau [bringt; d. Vf.] für diese Arbeitsgebiete noch ihr ausgeprägtes Gefühlsleben mit, ihre alles verstehende Milde und Nachsicht, die bei der Arbeit an Mutlosen, bei der Aufrichtung von Verzweifelten und Gesunkenen so wertvoll ist, ihre Sorgfalt und Gewissenhaftigkeit bei der Verrichtung auch kleiner, unbedeutender Aufgaben, die für die Organisationsaufgaben von größtem Vorteil sind, schließlich ihre Mütterlichkeit, die Fähigkeit, die Mutterliebe vom Haus auf die Gemeinde zu übertragen, auf die Welt, die dieser Kräfte so dringend bedarf" (zit. n. Schröder 2001: 107).*

veränderte
Verhältnisse

Solche Vorstellungen über Soziale Arbeit aus der Zeit des Deutschen Kaiserreiches vermittelten die Sozialen Frauenschulen den Schülerinnen auch in den 1920er-Jahren und zeitlich weit darüber hinaus – nunmehr mit staatlicher Anerkennung. Vorstellungen aus einer Zeit, in der die bürgerlichen Frauen um einen anerkannten außerhäuslichen, öffentlichen Wirkungsbereich kämpften, der ihnen von Männern vorenthalten wurde. Einer Zeit, in der soziale Arbeit von bürgerlichen Frauen im zivilgesellschaftlichen Raum ehrenamtlich, unentgeltlich und vielfach als selbstbestimmte und selbstorganisierte Tätigkeit ausgeübt wurde. Nun, in der Zeit der Weimarer Republik waren diese Vorstellungen antagonistisch. Soziale Arbeit war ein Beruf geworden, bezahlte Arbeit, vergleichsweise gering entlohnte Frauenarbeit, die überwiegend die neuen Fürsorgegesetze im Rahmen von bürokratischen Organisationen wie den Wohlfahrts-, Jugend- und Gesundheitsämtern anzuwenden und umzusetzen hatten. Die Ansprüche der Frauenbewegung waren

antagonistische
Vorstellungen

---

25 Gerhard 1992: 125; Hammerschmidt 2010a, insbes.: 37ff.; Schröder 2001: 102–109; auch zur Prüfungsordnung und den Lehrplanrichtlinien: Sachße 1986: 250–271; eingehend zu den Lehrinhalten der Berliner Sozialen Frauenschule siehe: Schröder 2001: 233–272 sowie die ältere Darstellung von Zeller 1987: 79–84.

unter diesen grundlegend verschiedenen Rahmenbedingungen nicht mehr als eine Berufsideologie. Eine Berufsideologie, die mit ihren gemeinschaftsbezogenen Ansprüchen persönlich betreuender, fürsorglicher Hilfe und allgemeiner Frauenbildung im beruflichen Alltag zum Scheitern verurteilt war. Auf eine bürokratisch organisierte Massenfürsorge, die zudem gemessen an den Notlagen und Hilfebedarfen meist nur über unzureichende Mittel verfügte, bereiteten die Sozialen Frauenschulen nicht vor (Sachße/Tennstedt 1988: 207ff.). Dennoch: Als Verdienst der bürgerlichen Frauenbewegung für die Soziale Arbeit bleibt, dass sie die vorangegangenen Formen organisierter Hilfeleistungen zu einer fachlich qualifiziert ausgeführten Dienstleistung mit fürsorglicher Intention weiterentwickelt hat, die über eine staatlich anerkannte Ausbildungsgrundlage verfügt. Soziale Arbeit etablierte sich wie aufgezeigt als Beruf, als Frauenberuf.

Berufsideologie

Ansprüche, die zum Scheitern verurteilt waren

Neben den Sozialen Frauenschulen entstanden, wenn auch im bescheidenen Maße, Ausbildungsstätten für männliche Wohlfahrtspfleger/Fürsorger. Friedrich Wilhelm Siegmund-Schultze (1885–1969), ein Pionier der Settlementarbeit[26] in Deutschland, musste als erster Direktor des 1917 eingerichteten Berliner Jugendamtes feststellen, dass für seine Behörde keine ausgebildeten männlichen Berufskräfte zur Verfügung standen. Daraufhin betrieb er die Gründung einer entsprechenden Jugendpflegeschule, seine Bemühungen wurden 1919 von Erfolg gekrönt. Daneben etablierte sich 1925 das „Sozialpolitische Seminar. Wohlfahrtsschule und Wirtschaftsschule für Männer", in dem Männer in erster Linie für die Arbeit mit (älteren) gefährdeten Jugendlichen und für die soziale Gerichtshilfe, die Betriebsfürsorge und die Arbeitsverwaltung ausgebildet wurden. Diese Ausbildungsschwerpunkte entsprachen den damaligen Haupteinsatzfeldern der männlichen Wohlfahrtspfleger, während die weiblichen Berufsarbeiterinnen vor allem in der Gesundheits- und Familienfürsorge eingesetzt wurden (vgl. Hammerschmidt/Tennstedt 2002: 74).

Ausbildungsstätten für Männer

Einsatzfelder von Frauen und Männern

Zudem finden wir in der Weimarer Zeit eine Hinwendung der universitären Pädagogik zur Sozialen Arbeit. Schon vor der Jahrhundertwende hatte sich der Marburger Professor Paul Natorp (1854–1924) Fragen der Sozialpädagogik zuge-

Anfänge der universitären Sozial-pädagogik ...

---

26 Siegmund-Schultze hatte 1911 die „Soziale Arbeitsgemeinschaft Berlin Ost" (SAG) und in den folgenden Jahren eine Reihe sozialer Einrichtungen gegründet, die nach dem Modell der Settlementarbeit tätig waren (vgl. Tenorth u.a. 2007; Wietschorke 2013).

wandt. Ebenso später Herman Nohl (1879–1960) nach seinem Ruf an die Göttinger Universität im Jahr 1920. Nohl und mehr noch Natorp theoretisierten Sozialpädagogik aus einer philosophisch-geisteswissenschaftlichen Perspektive. Während Natorps Begriff der Sozialpädagogik kaum von dem einer in ihren sozialen Bezügen reflektierten Allgemeinpädagogik zu unterscheiden ist, meinte Nohl mit Sozialpädagogik eine Volkserziehung zur Höherführung des Menschen. Damit gerieten bei Nohl durchaus Praxisfelder der Sozialen Arbeit, insbesondere die Jugendpflege und Jugendfürsorge ins Blickfeld. Ein bedeutender Schritt zur Etablierung der Sozialen Arbeit als Disziplin erfolgte 1920 mit der Einrichtung eines Lehrstuhls für „Fürsorgewesen und Sozialpädagogik" an der Universität Frankfurt. Der erste Lehrstuhlinhaber wurde Christian Jasper Klumker (1869–1942), der dort bereits seit 1914 als Extraordinarius für „Armenpflege und Soziale Fürsorge" tätig gewesen war. Klumker verfügte zum Zeitpunkt seiner Ernennung über eine mehr als 20-jährige Erfahrung auf dem Gebiet der Wohlfahrtspflege. Sein wissenschaftliches Wirken zielte auf eine umfassende Betrachtung und theoretische Durchdringung des gesamten „Fürsorgewesens". Klumker begründete eine Fürsorgewissenschaft, die sowohl historisch als auch international vergleichend arbeitete (vgl. Hammerschmidt/Tennstedt 2002: 74f.).

... und der Fürsorgewissenschaft

3.2.6 Die Krise des Wohlfahrtsstaates und die eugenische Neuorientierung der Wohlfahrtspflege

Die „ungeliebte Republik" war als Kompromiss antagonistischer Interessen politisch stets fragil und ihre ökonomischen Rahmenbedingungen im Vergleich zur Vorkriegszeit ungünstig. Damit konnte sich die Weltwirtschaftskrise (1929–1933) in Deutschland zu einer politischen und schließlich zu einer Legitimations- und Regimekrise verdichten. In diesem Kontext versuchten große Teile der Eliten aus Wirtschaft und Politik in der Wirtschaftskrise, Errungenschaften der November-Revolution zu beseitigen und den Wohlfahrtsstaatskompromiss aufzukündigen. Umfassende Einschränkungen sozialer Leistungen, teils politisch gewollt, teils widerstrebend Sachzwängen folgend verfügt, kulminierten faktisch in einer Aushöhlung des generellen wohlfahrtsstaatlichen Integrations- und Teilhabeversprechens der Weimarer Reichsverfassung. All dies betraf auch die Soziale

von der Weltwirtschaftskrise ...

... zur Regimekrise

Wohlfahrtsstaatskompromiss wurde aufgekündigt

Arbeit, ihre Adressaten, Berufskräfte, Einrichtungen und Träger. Für die kommunale Fürsorge als letztes soziales Auffangnetz und Ausfallbürge führten die Leistungseinschränkungen der vorgelagerten Sicherungssysteme (Sozialversicherung und soziale Versorgung) zu rasant steigenden Zahlen von unterstützungsbedürftigen Personen – sie stieg von 2,8 Mio. (1928) auf zehn Mio. (1933) – sowie steigenden Fürsorgekosten – von weniger als 788 Mio. RM (1928) auf fast 2,1 Mrd. RM (1932). *(Randnotiz: Belastung der kommunalen Fürsorge)*

Tabelle 1: Von der öffentlichen Fürsorge laufend in bar unterstützte Hilfsbedürftige (1928–1933)

*Jahr	Parteien in 1.000	Personen in 1.000	Davon: Arbeitslose	Leistungen für die lfd. unterstützten „sonstigen" Hilfsbedürftigen (in RM) Lfd. (monatlich)	Einmalig (monatlich)	Lfd. u. einmalig	Index der Lebenshaltungskosten a)	Hilfeempfänger in % an der Bevölkerung	Kosten je Einwohner in RM
1928	1.812,70	2.823,90	246.411	26,91	8,48	35,39	151,7	4,52	13,35
1929	1.936,30	3.041,30	351.874	27,46	8,81	36,37	154,0	4,87	15,20
1930	2.174,90	3.583,60	819.588	27,70	7,76	35,46	148,1	5,74	20,63
1931	2.921,70	5.283,30	1.631.738	27,06	6,22	33,28	136,1	8,47	26,04
1932	4.021,10	7.885,60	2.814.161	27,67	5,12	32,79	120,6	12,63	32,78
1933	4.849,50	10.006,30	2.450.607	28,90	4,68	33,58	118,0	15,34	29,76

* Angaben der ersten beiden Spalten: jeweils 31. März; alle Übrigen: Haushaltsjahr (1.4. bis 31.3.) Basisjahr 1912/13 (= 100); a) Hier amtliche Zahlen, die allerdings unterbewertet wurden.

Quelle: Hammerschmidt 1999: 567

Die kommunale Fürsorge reagierte darauf mit einer Fülle, teilweise staatlich vorgegebener, meist aber selbstverantworteter Kostensenkungsmaßnahmen, die hier im Detail nicht aufzuführen sind. Wichtiger ist es festzuhalten, dass diese Maßnahmen mit zunehmender (Selbst-)Kritik der Fürsorge einhergingen. Die Fürsorge sei bislang ohnehin zu generös, zu kostenträchtig und zu wenig wirkungsvoll. Das ging mit einer Diskriminierung der Klientel einher, der es zu gut gehe. Die Opfer der Sparmaßnahmen wurden selbst von Fürsorgefachkräften als „Schmarotzer" hingestellt. Dabei bildeten solche Aussagen im Spektrum der Diskutanten durchaus noch eine gemäßigte Position. Denn zwischenzeitlich hatte sich ein Paradigmenwechsel hin zu einer eugenisch/rassenhygienisch re-konzeptionalisierten Wohlfahrtspflege vollzogen (Hammerschmidt 1999: 123ff.; 2006a: 313f.). *(Randnotizen: Leistungsabbau in der Fürsorge … … und Fürsorgekritik; Diskriminierung der Klientel; eugenische Re-Konzeptionalisierung)*

Die schon vor der Wende zum 20. Jahrhundert konzipierte Eugenik bzw. Rassenhygiene stand in fundamentaler Opposition zur Sozial- bzw. Wohlfahrtsstaatlichkeit. Aus Sicht der Eugenik stellte Sozialstaatlichkeit eine Missachtung von Naturgesetzen dar, denn ihre Hilfe für die einzelnen bewirke letztlich eine Schädigung der Menschheit/Rasse(n). In der Gewährung von Leistungen der Armenpflege bzw. Fürsorge erblickten ihre Anhänger die Ausschaltung des natürlichen Selektionsmechanismus, was Degeneration verursache. Dennoch fand die Eugenik/Rassenhygiene verstärkt seit Ende der 1920er-Jahre im Bereich der Wohlfahrtspflege Aufnahme, Akzeptanz und Verbreitung. Wenig später fanden ausformulierte eugenische Fürsorgekonzeptionen Eingang in Fachpublikationen:

„Die Strukturwandlungen innerhalb unseres Bevölkerungsaufbaues und die quantitative wie qualitative Änderung der Bevölkerungsvermehrung, die vor allem in der Schrumpfung der durchschnittlichen Familiengröße bei den Gruppen der erbbiologisch und sozial Tüchtigen und Leistungsfähigen zum Ausdruck kommt, lassen aber eine eugenische Neuorientierung unserer öffentlichen und freien Wohlfahrtspflege dringend erforderlich erscheinen. An die Stelle einer unterschiedslosen Wohlfahrtspflege hat eine differenzierte Fürsorge zu treten. Erhebliche Aufwendungen sollten nur für solche Gruppen Fürsorgebedürftiger gemacht werden, die voraussichtlich ihre volle Leistungsfähigkeit wieder erlangen. Für alle übrigen sind dagegen die wohlfahrtspflegerischen Leistungen auf menschenwürdige Versorgung und Bewahrung zu begrenzen. Träger erblicher Anlagen, die Ursache sozialer Minderwertigkeit und Fürsorgebedürftigkeit sind, sollten tunlichst von der Fortpflanzung ausgeschlossen werden."

Die „Treysaer Erklärung"

Das Zitat stammt aus der „Treysaer Erklärung", benannt nach dem Tagungsort, der Diakonieanstalt Hephata in Treysa. Die Tagung fand vom 18. bis 20. Mai 1931 unter dem Thema „Eugenik und Wohlfahrtspflege" statt und bildete einen vorläufigen Abschluss des Meinungsbildungsprozesses des Führungspersonals des evangelischen Wohlfahrtsverbandes Innere Mission zu Fragen der Eugenik. Treibende Kraft hinter dieser Erklärung und wichtiger Promotor rassenhygienischen Gedankengutes innerhalb der Diakonie war der Leiter des Gesundheitsreferates des Spitzenverbandes Centralausschuß für Innere Mission, Hans Harmsen. Harmsen hatte schon vor der Tagung mit seinen Thesen die Leitungsgremien des evangelischen Spitzenverbandes von der Bedeutung der Eugenik für die Wohlfahrtspflege überzeugt und die Gründung einer „Fachkonferenz für Eugenik" (Anfang 1931)

... der Inneren Mission

und dann eines „Ständigen Ausschusses für eugenische Fragen" (1932), später „rassenhygienische Fragen", erwirkt. Hans Harmsen war Vordenker einer rassenhygienisch rekonzeptionalisierten Wohlfahrtspflege, aber kein Außenseiter in seinem Verband. Die Konferenzteilnehmer – Vertreter des evangelischen Spitzenverbandes, der Fachverbände, der Kirche sowie Anstaltsleiter und -ärzte – verabschiedeten die Treysaer Erklärung und publizierten sie anschließend u. a. im Zentralorgan der Inneren Mission, der Zeitschrift „Innere Mission" (November-Ausgabe 1931: 337ff.; vgl. Hammerschmidt 1999: 125–130).

Wie Hans Harmsen generell eine „eugenisch differenzierte Fürsorge" einforderte, so propagierte der Fürsorgeerziehungs-Dezernent der Rheinprovinz, Landesrat Walther Hecker, eine differenzierte Jugendfürsorge, speziell eine differenzierte Fürsorgeerziehung. Der Jurist Hecker war hier Vordenker und praktisch auch Vorreiter, wobei in seinem Denken die biologische, sozialdarwinistische Dimension nicht so dominant war wie bei dem Mediziner Harmsen. Hecker – und viele seiner Kollegen, die fachlich interessiert und sehr engagiert waren – ging es nicht darum, (Jugend-)Fürsorgeausgaben möglichst zu minimieren, sondern vielmehr darum, mit den gegebenen finanziellen Mitteln das fachlich Beste zu erreichen. Die Einsparungen bei den schwierigen, „hoffnungslosen" Fällen sollten Spielräume für die aussichtsreichen, leichteren Fälle eröffnen.

„eugenisch differenzierte Fürsorge" in der Jugendfürsorge

Im Kern bedeutete die von Hecker per Verwaltungshandeln umgesetzte Differenzierung der (Jugend-)Fürsorge und ebenso die Ausgrenzung von „aussichtslosen" Fällen aus der Fürsorgeerziehung, die die Reichsregierung mit der Notverordnung vom 4. November 1932 verfügte, dass das in § 1 RJWG programmatisch formulierte Recht *jedes* Kindes auf Erziehung aufgehoben wurde. Mit einer eugenisch differenzierten Fürsorge, die Sozialleistungen nach „Wertigkeit" zuteilte, war das umfassende Integrationsversprechen der Weimarer Reichverfassung suspendiert.

Ausgrenzung der „aussichtslosen" Fällen

Zum Weiterlesen

Sachße, Christoph (1986): Mütterlichkeit als Beruf. Sozialarbeit Sozialreform und Frauenbewegung 1871–1929. 1. Aufl., Frankfurt a. M.: Suhrkamp.

Sachße, Christoph/Tennstedt, Florian (1988): Geschichte der Armenfürsorge in Deutschland. Bd. 2: Fürsorge und Wohlfahrtspflege 1871 bis 1929. Stuttgart, Berlin, Köln: Kohlhammer.

3.3 Die Zeit des Nationalsozialismus (1933–1945)

Nichts kennzeichnete die Fürsorge und Soziale Arbeit während der NS-Zeit mehr als die „eugenische Differenzierung" ihrer Klientel. Wie und mit welchen Folgen der Fürsorgebereich für die AdressatInnen, Träger und Fachkräfte umgestaltet wurde, erfahren Sie in den folgenden Kapiteln.

3.3.1 Die NSDAP und die „differenzierte Fürsorge"

In den ersten Jahren standen für die NS-Regierung der Erhalt und der Ausbau ihrer Herrschaft im Vordergrund. Als Mittel hierzu dienten neben der Ausschaltung der politischen Gegner und der Neutralisierung ihrer eigenen sozialrevolutionären Basis auch sozialpolitische Maßnahmen, in erster Linie Arbeitsbeschaffungsmaßnahmen. Hitler drang sofort nach der Regierungsübernahme auf die militärische Aufrüstung; erst als sich herausstellte, dass dies aus technischen Gründen einer Anlaufphase bedurfte, wurde auf bereits vorliegende, aber mangels Haushaltsmitteln nicht realisierte Pläne zur öffentlichen Arbeitsbeschaffung zurückgegriffen (Barkai 1988: 151f., 155). Vor diesem Hintergrund gestaltete das Reichsinnenministerium den 1931/32 gegründeten „Freiwilligen Arbeitsdienst" – als Maßnahme der Arbeitsfürsorge für arbeitslose junge Menschen – zum „Reichsarbeitsdienst" um. Das Ableisten „gemeinnütziger Arbeit" war fortan für Personen zwischen dem 18. und 25. Lebensjahr Pflicht.

Am Reichsarbeitsdienst zeigen sich zwei Dinge, die durchaus typisch für die Wohlfahrtspflege der NS-Zeit waren: zum einen das Anknüpfen an Vorgefundenes und zum anderen ein Verhängen von Zwang an Stelle von Freiwilligkeit. Generell ist dabei festzuhalten, dass die NSDAP zu dem Zeitpunkt, als sie mit der Ernennung von Adolf Hitlers zum Reichskanzler am 30. Januar 1933 zur Regierungspartei avancierte, über keine programmatischen Vorstellungen zur Wohlfahrtspflege verfügte. In NSDAP-Kreisen herrschte eine diffuse Ablehnung gegenüber diesem sozialpolitischen Sektor vor. Hitler selbst sprach nur abwertend von „Wohlfahrtsduselei", welche die Schwachen und Kranken unterstütze und damit den Gesunden Mittel entziehe. Hermann Althaus, ein aus der Inneren Mission kommender und in der NS-Zeit zu einem der Gestalter der NS-Fürsorge

Arbeits-beschaffungs-maßnahmen

„Reichsarbeits-dienst"

Ablehnung der Fürsorge als „Wohlfahrts-duselei"

avancierender Funktionär, pointierte im Oktober 1933: *„Darüber dürfte keine Unklarheit mehr bestehen, daß der Nationalsozialismus und die Wohlfahrtspflege in ihrer bisherigen Gestaltung und Prägung zueinander im schärfsten Widerspruch stehen"* (Althaus 1933: 15). Doch in fürsorgerischen Fachkreisen hatte wenige Jahre zuvor schon ein Paradigmenwechsel hin zu einer eugenisch/rassenhygienischen Neukonzeption der Fürsorge begonnen (vgl. 3.2.6) und diese erwies sich mit den rassistischen und bevölkerungspolitischen Vorstellungen der Nationalsozialisten als kompatibel. Deshalb konnten fürsorgerische Fachkreise das programmatische Vakuum der NSDAP nutzen, um ihre Vorstellungen einer „differenzierten Fürsorge" umzusetzen. Nichts charakterisierte die Wohlfahrtspflege während der NS-Zeit mehr, als die nach „Wertigkeit" der Klientel „differenzierte Fürsorge".

eugenische/rassenhygienische Fürsorge NS-kompatibel

Hauptkennzeichen der NS-Wohlfahrtspflege: nach „Wertigkeit" der Klientel „differenzierte Fürsorge"

In den einzelnen Fürsorgebereichen erfolgte eine Umverteilung der jeweils zur Verfügung gestellten Mittel zugunsten der starken, wertvollen, potentiell nützlichen und würdigen (fürsorgerechtlich) Hilfsbedürftigen auf Kosten der schwachen, „minderwertigen" und nutzlosen Hilfsbedürftigen. Während in der NS-Zeit die „volksaufbauenden" Bereiche der Fürsorge – Erholungsfürsorge, Fürsorge für Mutter und Kind, Gesundheitsvorsorge – eine Ausweitung und Aufwertung erfuhren, erlebten die Felder der „Minderwertigenfürsorge" neben einer ideellen Abwertung und Stigmatisierung auch finanzielle Restriktionen. Polizeiliche Bettlerrazzien unterstützten seit Herbst 1933 das Vorgehen der kommunalen Fürsorgebehörden gegen sog. „Asoziale". Ende der 1930er-Jahre zog dann der staatliche Repressionsapparat die Zuständigkeit für die als „asozial" bzw. „gemeinschaftsfremd" etikettierten Fürsorgeempfänger und Bedürftige an sich (Ayaß 1995).

Ausweitung der „volksaufbauenden" Fürsorge

Abwertung der „Minderwertigenfürsorge"

3.3.2 Die kommunale Fürsorge und staatliche Maßnahmen

Während der NS-Zeit blieben die Grundstrukturen des Weimarer „dualen Wohlfahrtsstaates" einschließlich der Rechtsgrundlagen weitgehend erhalten. Die Reichsregierung erreichte, dass die finanziellen Restriktionen der kommunalen Fürsorge – trotz Rüstungsbooms – auf dem Krisenniveau der Endphase der Weimarer Republik erhalten blieben. Ein Ausbau erfolgte im Bereich der (kommunalen) Gesundheitsfürsorge. Mit dem

kommunale Fürsorge blieb auf Krisenniveau beschränkt

Ausbau der
Gesundheits-
fürsorge

flächendecken-
de Einrichtung
von Gesund-
heitsämtern

Verstärkung
der gesund-
heitsfürsor-
gerischen
Ausrichtung
der Sozialen
Arbeit

Gesundheits-
ämter als
Selektions-
apparate

Zwangs-
sterilisationen

Krankenmorde

am 3. Juli 1934 verabschiedeten „Gesetzes über die Vereinheitlichung des Gesundheitswesens" (GVG) und den drei darauf
bezogenen Durchführungsverordnungen (Labisch/Tennstedt
1985; Sachße/Tennstedt 1992: 166–177) erfolgte ein flächendeckender Ausbau von Gesundheitsämtern. Ab 1935 existierten
dann im Deutschen Reich 735 Gesundheitsämter (gegenüber
73 kommunalen Gesundheitsämtern 1931). Die Anbindung der
Familienfürsorge blieb auch während der NS-Zeit uneinheitlich, gleichwohl ordneten immer mehr Kommunen diesen (gemeinsamen) Außendienst der kommunalen sozialen Ämter den
Gesundheitsämtern zu. Inhaltlich verstärkte sich während der
NS-Zeit die vordem schon gegebene starke gesundheitsfürsorgerische Ausrichtung der sozialarbeiterischen Tätigkeit wie der
Wohlfahrtspflege insgesamt weiter.

Die Gesundheitsämter fungierten als eugenische Erfas-
sungs- und Selektionsapparate, was eine Voraussetzung zur
Umsetzung der intendierten „eugenisch differenzierten Fürsorge" war, bei der es galt, die „Erbgesunden", „Hochwertigen"
(stärker) zu fördern (positive Eugenik) und die „Erbkranken"
oder „Minderwertigen" zurückzudrängen (negative Eugenik)
(Hammerschmidt 1999; 2006a). So war die Gewährung fami-
lienpolitischer Leistungen wie Ehestandsdarlehen, einmaligen
Kinderbeihilfen und Ausbildungsbeihilfen sowie die fürsorgerische Unterstützung durch das Hilfswerk „Mutter und Kind" an
ein (positives) amtsärztliches Gesundheitszeugnis gebunden
(positive Eugenik). Die Gesundheitsämter dienten auch der
Durchführung des am 14. Juli 1933 verabschiedeten „Gesetzes
zur Verhütung erbkranken Nachwuchses" (negative Eugenik).
Mittels Zwangssterilisation sollte, so die amtliche Begründung, die Verschwendung von „Millionen" an Fürsorgekosten
für „Minderwertige" auf Kosten der „kinderfrohen, gesunden
Familien" beendet werden. Als Erbkrankheiten definierte das
Gesetz u. a.: angeborener Schwachsinn, Schizophrenie, ma-
nisch-depressives Irrsein und Epilepsie (RGBl. I, 1933: 529).
Krankheiten also, an denen der überwiegende Teil der Patien-
ten in den öffentlichen wie freien Heil- und Pflegeanstalten litt.
Die Zahl der Sterilisationsopfer wird auf ca. 350.000 Menschen
geschätzt. Mit Kriegsbeginn wurden die Zwangssterilisationen
weitgehend eingestellt. Nun begannen die „Euthanasie" genannten Krankenmorde (Klee 1989: 85). Am Ende der ersten
Mordaktion („Aktion T 4") starben in den sechs größten Heil-
und Pflegeanstalten zusammen mehr als 70.000 Menschen.

3.3.3 Die freie Wohlfahrtspflege – alte und neue Akteure

Die Wohlfahrtsverbändelandschaft wurde 1933 umgestaltet. Mit der „Nationalsozialistische Volkswohlfahrt e. V." (NSV) etablierte sich ein neuer Wohlfahrtsverband, den die NSDAP am 3. Mai 1933 parteiamtlich anerkannte. Welche Akteure sich die NS-Regierung auf dem Feld der freien Wohlfahrtspflege wünschte, stellte am 25. Juli 1933 ein gemeinsamer Erlass des Reichsinnen- und des Reichsarbeitsministeriums klar. Der Erlass beinhaltete die Anerkennung der Inneren Mission, des Caritasverbandes, des Deutschen Roten Kreuzes und der NSV als Spitzenverbände der freien Wohlfahrtspflege. Anders als in der Jugendverbandsarbeit, in der die Hitler-Jugend die etablierten Verbände verdrängte, blieben die drei genannten großen Wohlfahrtsverbände bestehen. Die Arbeiterwohlfahrt dagegen wurde verboten, ihr Vermögen fiel der NSV zu. Der zuvor aus der Liga ausgeschlossenen und erst 1939 zwangsaufgelösten „Zentralwohlfahrtsstelle der deutschen Juden" verwehrten die Reichsministerien eine staatliche Anerkennung. Mit der Selbstauflösung des Zentralwohlfahrtsausschusses der Christlichen Arbeiterschaft und der zwangsweisen Angliederung des Deutschen Paritätischen Wohlfahrtsverbandes an die NSV, bestanden nur noch vier Reichsspitzenverbände, die unter dem Dach der Liga – ab dem 27. Juli 1933 unter dem Namen „Reichsgemeinschaft der freien Wohlfahrtspflege", ab 21. Februar 1934: als „Arbeitsgemeinschaft der freien Wohlfahrtspflege" (AGfW) – zusammenarbeiteten. Der halbstaatliche Charakter des DRK verstärkte sich während der NS-Zeit, wobei der Verband zunehmend auf seine Ursprungsaufgaben, das Heeressanitätswesen, zurückgeführt wurde.

Die 1931 gegründete NSV war Anfang 1933 nur eine bedeutungslose lokale Organisation. Joseph Goebbels hatte frühzeitig die politisch-propagandistische Bedeutung einer nationalsozialistischen Wohlfahrtsarbeit erkannt und förderte daher die NSV gezielt. Im März 1933 übertrug die Berliner Gauleitung den Vorsitz der Organisation an den Berliner Bezirkspropagandaleiter Erich Hilgenfeldt, der sofort damit begann, die Organisation auszubauen. Auf allen Leitungsebenen war die NSV mit der NSDAP durch Personalunion verflochten. Mit Hilgenfeldt an der Spitze (und Goebbels im Hintergrund) erhielt die wohlfahrtspflegerische Tätigkeit der NSV eine dezidiert propagandistische Ausrichtung („Sozialismus der Tat"). Im Laufe der folgenden

Randnotizen:
Umgestaltung der Wohlfahrtsverbändelandschaft

die „Nationalsozialistische Volkswohlfahrt e. V."

Aufstieg der NSV zu einer Massenorganisation und einem „Wohlfahrtskonzern"

Jahre stieg sie zu einem „Wohlfahrtskonzern" (Sachße/Tenn-stedt 1992: 110) und mit nahezu 17 Mio. Mitgliedern zur zweit-größten NS-Massenorganisation im NS-Staat auf.

Tabelle 2: Übersicht über den Gesamtbestand der NSV

Jahr	Mitar-beiter	Geschlos-sene Fürsorge Einrich-tungen	davon			Halb-offene Fürsor-ge a) Einrich-tungen	Plätze	Offene Fürsorge Einrich-tungen	davon:		
		Insgesamt	Ge-sund-heits-fürsorge	Erzie-hungs-fürsorge	Wirt-schafts-füsorge			Insge-samt	Hilfs-stellen MuK e)	GPS f)	EBS g)
d) 1930		530				281	15.887	387			
1934	5.706									60	
1935	9.769					1.061	42.443	17.530	16.466	1.064	
1936	16.106	562	394	b) 39	c) 129	1.935	86.269	27.056	23.034	1.729	2.293
1937	33.752	563	382	61	120	3.501	153.477	27.376	22.969	2.401	2.006
1938	46.158	749	508	85	156	5.216	238.054	33.012	24.978	4.929	3.058
1939		864	519	121	224	8.122	374.561	38.474	29.351	5.210	3.365
1940	86.458	912	586	120	206	10.020	466.888	39.289	29.818	5.529	3.465
1941	122.280	1.182	721	235	226	14.828	689.154	35.093	28.936	5.717	

a) überwiegend Kindertagesstätten, nur Dauereinrichtungen; b) nach Spiewok (1937: 52) 57 Anstalten; c) nach Spiewok (ebd.) 111 Anstalten; d) Bestand des DPWV; e) Hilfsstellen „Mutter und Kind"; f) Gemeindepflegestationen; g) Erziehungsberatungsstellen

Quellen: Informationsdienst für die soziale Arbeit der NSV, 4. Jg. Folge 1/2, 27ff. ; „HAVW: Zahlenmäßige Entwicklung der NSV-Arbeit" (BAK, NS 26/258); Spiewok 1937: 52; Merchel 1989: 158.

Wichtig für den Aufbau und das wirtschaftliche Erstarken der NSV war, dass Goebbels in seiner Funktion als Reichspropa-gandaminister, den NSV-Vorsitzenden mit der Durchführung des Winterhilfswerks (WHW) betraute. Das Winterhilfswerk (WHW) war 1931 von den Wohlfahrtsverbänden als gemein-sames Dach für umfängliche Spendensammlungsaktivitäten gegründet worden, um Bedürftige materiell zu unterstützten, die infolge des öffentlichen Sozialleistungsabbaus auf ander-weitige Hilfen angewiesen waren. Das WHW blieb eine Gemein-schaftsaktion, doch die NSV übernahm die Regie und sicherte sich den ersten Zugriff auf die Spendeneinnahmen. Bis zur Über-windung der Wirtschaftskrise Mitte der 1930er-Jahre, flossen

Winterhilfswerk

Spendenmittel statt kommu-naler Fürsorge-leistungen

die Erträge vor allem in Form von Nahrungsmitteln, Kleidung, Hausrat und Brennstoffen an Bedürftige. Der Umfang der Mittel war erheblich. Im Winter 1933/34 erzielte das WHW Einnahmen in Höhe von 358 Mio. RM (gegenüber den Gesamtausgaben der Fürsorgeverbände für die offene Fürsorge in Höhe von 2,1 Mrd.), mit denen mehr als 16,6 Mio. Personen unterstützt wurden. In den folgenden Jahren stiegen die Einnahmen ständig und erreichten im Winter 1941/42 1,2 Mrd. RM (im Vergleich: die Gesamtausgaben der Fürsorgeverbände lagen 1940 bei 1,2 Mrd. RM, davon ca. 359 Mio. RM für die offene Fürsorge). Ab 1936 floss ein immer größerer Teil der WHW-Ausgaben in die Unterstützung von Wohlfahrtseinrichtungen, in erster Linie profitierte davon das „Hilfswerk Mutter und Kind" der NSV (1936/37: 54 Mio. RM, 1941/42 mehr als 700 Mio.) (Zu den Zahlenangaben: Hammerschmidt 1999: 565, 594f.). Unter dem Dach des „Hilfswerks Mutter und Kind" verteilte die NSV ebenfalls Spenden, sie organisierte und finanzierte aber zunehmend ein dichtes Beratungsnetz, Erholungsfürsorgemaßnahmen, Kindertagesstätten und weitere Einrichtungen. Letztlich ersetzten die direkt wie indirekt verteilten WHW-Mittel einen Teil der öffentlichen Fürsorge. Aber dabei handelte es sich keineswegs nur um eine Kompensation der geringen öffentlichen Fürsorgeleistungen. Anders als die auf Rechtstaatlichkeit und Gleichheitsgrundsätze verpflichtete öffentliche Fürsorge konnten das WHW und die NSV ihre Leistungen und Angebote nach eigenen Kriterien zuteilen. Und hier spielte dann das Kriterium der (biologisch gedachten) Hochwertigkeit eine Rolle. „Minderwertige", „Volksschädlinge" usw. erhielten damit keine Kompensation für nicht existenzsichernde öffentliche Leistungen durch das WHW, „Höherwertige" schon. Eine Unterstützung durch das „Hilfswerk Mutter und Kind" hatte nach NSV-Vorgaben das Vorliegen eines amtsärztlichen Gesundheitszeugnisses zur Voraussetzung.

das WHW als Finanzier der NSV

„Hilfswerk Mutter und Kind"

3.3.4 Wohlfahrtspflegerinnen in Ausbildung und Praxis

Von den rund 13.000 Angehörigen der Berufsgruppe „Wohlfahrtspflegerinnen und Wohlfahrtspfleger" (rd. 89 % davon weiblich) waren 1933 nahezu zehn Prozent arbeitslos. Mit der Expansion einer „aufbauenden Volkspflege" ab Mitte der 1930er-Jahre, schwand die Arbeitslosigkeit und es machte sich bald ein Personalmangel bei den nun „Volkspflegerinnen" ge-

Wohlfahrtspflegerinnen ...

... wurden zu „Volkspflegerinnen", an denen es zunehmend mangelte

Anstellungs-
träger

nannten Fachkräften bemerkbar. Neben den herkömmlichen Anstellungsträgern benötigten auch die neuen NS-Organisationen ausgebildete Fachkräfte. Anstellungsträger der 15.552 Volkspflegerinnen (inkl. 1.825 männliche) waren Mitte 1939 zu elf Prozent (1.500) die NSV und acht Prozent (1.100) der Reichsmütterdienst, die Deutsche Arbeitsfront (DAF) und die Jugendführung (HJ). Die Arbeitsverwaltung beschäftigte 700 (5 %), die konfessionellen Träger 1.200 (11 %) und staatliche und kommunale Stellen 8.500 (60,2 %). Rund 1.000 Volkspflegerinnen befanden sich zur selben Zeit in Ausbildung. Wegen des hohen und absehbar steigenden Bedarfs richtete vor allem die NSV eigene Ausbildungsstätten ein (bis 1939 neun, bis 1944 insgesamt 17). Die Gesamtzahl der sozialen Frauenschulen erhöhte sich damit von 34 (1933) auf schließlich 51 im Jahr 1944. Zu den Ausbildungsinhalten kamen nun Erb- und Rassenkunde sowie Rassenhygiene hinzu (Sachße/Tennstedt 1992: 187–197).

Ausbau der
Ausbildungs-
stätten

zusätzliche
Ausbildungs-
inhalte

Zum Weiterlesen

Ayaß, Wolfgang (1995): „Asoziale" im Nationalsozialismus. Stuttgart: Klett-Cotta.

Hammerschmidt, Peter (1999): Die Wohlfahrtsverbände im NS-Staat. Die NSV und die konfessionellen Verbände Caritas und Innere Mission im Gefüge der Wohlfahrtspflege des Nationalsozialismus. Opladen: Leske + Budrich.

Hansen, Eckhard (1991): Wohlfahrtspolitik im NS-Staat. Motivationen, Konflikte und Machtstrukturen im „Sozialismus der Tat" des Dritten Reiches. Augsburg: Maro Verlag.

Sachße, Christoph/Tennstedt, Florian (1992): Der Wohlfahrtsstaat im Nationalsozialismus. [Geschichte der Armenfürsorge, Bd. 3] Stuttgart, Berlin, Köln: Kohlhammer.

4. Soziale Arbeit in der Nachkriegszeit bis zum Ende der deutschen Zweistaatlichkeit (1945–1989)

4.1 Besatzungszeit und die Entstehung zweier deutscher Staaten

Die Soziale Arbeit in der unmittelbaren Nachkriegszeit diente vor allem als Nothilfe. Bei der Lektüre der folgenden Kapitel erfahren Sie, wie sich diese Not darstellte und es den öffentlichen und freien Trägern unter den Besatzungsbedingungen gelang, sich selbst und Hilfe zu organisieren, und welche Weichenstellungen dabei für die Zukunft erfolgten.

4.1.1 Zur sozioökonomischen, gesellschaftlichen und politischen Lage

Mit der bedingungslosen Kapitulation am 8. Mai 1945 endeten für Deutschland der Krieg, die NS-Diktatur und auch die staatliche Souveränität. Am 5. Juni 1945 proklamierten die Besatzungsmächte die Übernahme der Regierungsgewalt in Deutschland, die dann der Alliierte Kontrollrat wahrnahm. Die Ostgebiete des Deutschen Reichs wurden abgetrennt, die verbliebenen west- und mitteldeutschen Gebiete in drei, dann vier Besatzungszonen eingeteilt, die die einzelnen Besatzungsmächte – die USA, Großbritannien, die Sowjetunion, später auch Frankreich – jeweils eigenständig verwalteten. Berlin erhielt einen Sonderstatus und wurde in vier Besatzungssektoren geteilt. Reichs- und Landesbehörden und darüber hinaus auch alle überörtlichen halböffentlichen und privaten Organisationen wurden aufgelöst oder ihre Weiterarbeit zunächst untersagt. Die Gemeinden als verbliebene Verwaltungseinheiten arbeiteten unter alliierter Aufsicht und Kontrolle weiter, häufig mit

nach der Kapitulation übernahm ...

der Alliierte Kontrollrat die Regierungsgewalt

Gemeinden arbeiten weiter

neuem Leitungspersonal (Morsey 1990, insbes.: 1–21; Kleßmann 1991; Wengst 2001a).

Bildung von Ländern

Schon ab 1945 wurden innerhalb der Zonen Länder gegründet. Die durch Wahlen zwischen Mitte 1946 und Mitte 1947 legitimierten Landesregierungen und -verwaltungen nahmen alsbald ihre Arbeit auf. Nach dem Zusammenschluss der angloamerikanischen Zonen zur Bizone am 1. Januar 1947, konstituierte sich im Juni 1947 in Frankfurt/Main der (bizonale) Wirtschaftsrat. Dessen Apparat und Personal stellten dann die Keimzelle der westdeutschen bundesstaatlichen Verwaltung. Mit der Verabschiedung des Grundgesetzes der Bundesrepublik Deutschland (BRD) am 8. Mai 1949 und die am 7. Oktober 1949 vollzogene Gründung der Deutschen Demokratischen Republik (DDR) endete die unmittelbare Besatzungszeit, wenngleich für beide deutsche Staaten nach wie vor eine alliierte Oberhoheit fortbestand.

der Wirtschaftsrat als Keimzelle der bundesstaatlichen Verwaltung

Gründung der BRD und DDR 1949

Abbildung 10: Viersektorenstadt Berlin

Quelle: Foto: Alexander Seidenstücker 2014

Kriegsfolgen: katastrophale soziale und wirtschaftliche Lage

Die soziale und wirtschaftliche Lage in den vier Besatzungszonen war durch die Kriegsfolgen gekennzeichnet und für den überwiegenden Teil der Bevölkerung vor allem in den ersten beiden Jahren katastrophal. Die deutschen Produktionskapazitäten lagen zunächst infolge der Zerstörung der Verkehrsinfrastruktur weitgehend still. Ein Viertel des Wohnungsbestandes der Vorkriegszeit war im Durchschnitt zerbombt, in den Großstädten und industriellen Ballungsräumen häufig mehr als die

Hälfte. Das Leben in den Ruinen war auch durch Hunger und Kälte gezeichnet. Mit dem Abtrennen der östlichen Reichsgebiete hatte Restdeutschland ein Viertel seiner landwirtschaftlichen Nutzfläche verloren. Die verbliebenen Flächen erbrachten 1946/47 wegen des Mangels an Saatgut, Dünger, Treibstoffen usw. nur noch 50 bis 60 % ihres vormaligen Ertrages. Das während des Krieges eingeführte System der staatlichen Bewirtschaftung bzw. Rationierung der Lebensmittel durch Karten behielten die Alliierten bei. Die Besatzungsmächte gestanden der Wohnbevölkerung zwischen 1.500 (US-Zone), 900 Kalorien (französische Zone) und in der SBZ zeitweise gar nur 600 Kalorien täglich zu, während der durchschnittliche Tagesbedarf für einen Erwachsenen zwischen 2.800 bis 3.500 Kalorien und das Existenzminimum bei 2.000 Kalorien liegt. Darüber hinaus fehlte es auch an fast allem anderen Lebensnotwendigen. Verschärft wurde die Lage durch enorme Wanderungsbewegungen, in deren Folge schließlich in den vier Besatzungszonen 20 % mehr Menschen lebten als vor dem Krieg. Im Mai 1945 befanden sich 20 bis 25 Mio. Deutsche außerhalb ihrer Heimatorte. Neun Millionen Frauen, Kinder und alte Menschen, die während des Krieges in ländliche Gebiete evakuiert worden waren, zehn bis zwölf Millionen Flüchtlinge und Vertriebene sowie Kriegsgefangene und Kriegsheimkehrer. Hinzu kamen acht bis zehn Millionen sogenannte „Displaced Persons" (PD's), deren Zahl sich aber aufgrund von Weiterwanderung bis 1947 auf rund eine Millionen verringerte (Kleßmann 1991: 39–53; Wengst 2001a, b). Die wirtschaftliche Lage besserte sich durch Unterstützungsleistungen der Besatzungsmächte, vornehmlich der US-amerikanischen, und mit der zunehmenden Ankurbelung der Produktion, vor allem in der US-amerikanischen und der sowjetischen Zone allmählich. Hier konnten bis Ende 1946 jeweils 50 % der Vorkriegsleistungen erwirtschaftet werden.

Leben in den Ruinen

Hunger und Kälte

Lebensmittel-rationierung

Wanderungs-bewegungen

4.1.2 Die öffentliche Fürsorge

Die öffentliche Fürsorge der Kommunen trug in der unmittelbaren Nachkriegszeit die Hauptlast für die Bewältigung der oben skizzierten Notlagen. Das Reich und die Länder existierten nicht mehr und die vorgelagerten Sicherungssysteme waren auf die neuen, kriegsbedingten Notlagen und Gruppen von Bedürftigen nicht angelegt. Die kommunalen Mittel reichten jedoch vielfach nicht aus, um alle Bedürftigen mit dem Notwen-

kommunale Fürsorge trug zunächst die Hauptlast

... und war damit überfordert

89

digsten – Nahrung, Kleidung, Unterkunft, Heizmittel, Hausrat usw. – zu versorgen. Die Überforderung betraf die Städte, mehr aber noch die Landkreise, weil Flüchtlinge wegen des geringeren Grads an Wohnraumzerstörung überwiegend dort untergebracht wurden. Die öffentliche Fürsorge konnte zunächst nur Nothilfe leisten, wofür sie auch ihre Zusammenarbeit mit den freien Einrichtungen intensivierte. Bis zum Winter 1945 hatten viele Kommunen Arbeitsausschüsse, häufiger auch unter dem Namen „Notgemeinschaft" oder „Hilfsgemeinschaft", zur Koordination und Kooperation mit privaten Fürsorgestellen gebildet. Die praktische Sozialarbeit konzentrierte sich vornehmlich auf Nothilfe in ihrem herkömmlichen organisatorischen Rahmen – wie insbesondere die Familienfürsorge. Quantitativ traten Maßnahmen zur Bekämpfung von gesundheitlichen Beeinträchtigungen infolge von Ernährungsmängeln und die Betreuung von Kriegswaisen, Kriegsversehrten sowie devianten Kindern und Jugendlichen in den Vordergrund. Daneben differenzierte sich vielerorts „Flüchtlingsfürsorge" als neuer, zeitbedingter Arbeitsbereich heraus. Nach dem Aufbau von Ländern unterstützten diese die Kommunen durch gesetzgeberische Maßnahmen, finanzielle Leistungen und die Einrichtung von Verwaltungseinheiten, wie etwa in Hessen durch die „Kriegsfolgenhilfe" und eine „Flüchtlingsverwaltung" (Hammerschmidt 2005a: 17; Sachße/Tennstedt 2012: 52–69). Erst nach der Währungsreform und der Staatenbildung konnte die kommunale Fürsorge ihren Betrieb wieder „normalisieren", wenn auch die Kriegsfolgen noch lange fortwirkten.

Bildung von „Notgemeinschaften"

Soziale Arbeit als Nothilfe

„Flüchtlingsfürsorge"

„Normalisierung" nach der Währungsreform

4.1.3 Die freie Wohlfahrtspflege

Durch das Gesetz Nr. 2 des Alliierten Kontrollrates wurden die NSV und das WHW zusammen mit der NSDAP und anderen Parteiorganisationen am 10. Oktober 1945 aufgelöst. Auch den Spitzenverband DRK mit seinen Landesstellen verboten die Alliierten als Träger der NS-Ideologie. Damit existierten zunächst nur noch die beiden christlichen Großverbände Caritas und Innere Mission, die trotz aller praktischen Beeinträchtigungen ihre Tätigkeit fortsetzten und an die neuen Gegebenheiten und Probleme anpassten. Während der Besatzungszeit setzte auch schon die Reorganisation weiterer Träger und Einrichtungen ein. Bis zur Gründung der BRD bildeten die Rot-

Verbot von NS-Organisationen

Caritas und Innere Mission arbeiteten weiter

Reorganisation der übrigen Wohlfahrtsverbände

Kreuz- und die paritätischen[27] Einrichtungen auf der regionalen Ebene Verbandsstrukturen aus. Für den Hauptausschuss für Arbeiterwohlfahrt (AWO) und die Zentralwohlfahrtsstelle der deutschen Juden, die während der NS-Zeit verboten waren, bedeutete Reorganisation ein völliger Neuanfang. Sie mussten nicht nur die Verbandsstrukturen, sondern auch die Basisstrukturen (die Einrichtungen und Dienste) erst wieder schaffen. Der jüdischen Wohlfahrtspflege gelang der Aufbau von Gemeinden und Beratungsstellen, die AWO bildete nicht nur Bezirks- und Landesverbände, sondern bis 1948 auch einen Spitzenverband. Ebenfalls noch während der Besatzungszeit schlossen sich die Wohlfahrtsverbände Arbeiterwohlfahrt, Caritas, Innere Mission und, noch vor Abschluss der Spitzenverbandbildung, Vertreter der paritätischen Wohlfahrtspflege und des Roten Kreuzes zu der „Arbeitsgemeinschaft der Spitzenverbände der Freien Wohlfahrtspflege" (AGFW) zusammen (Hammerschmidt 2005a: 18–23, 76–82).

Unterdessen setzten die im Jahr 1945 noch bestehenden funktionsfähigen Einrichtungen der freien Wohlfahrtspflege ihre Arbeit in den westlichen Besatzungszonen ununterbrochen fort. Da die Kommunen weder finanziell noch personell in der Lage waren, die bestehenden Massennotstände zu beseitigen, wurde das freigemeinnützige Engagement dieser Basisstrukturen der Wohlfahrtsverbände von den Besatzungsmächten, die auch ein Interesse daran hegten, die finanziellen Belastungen der Besatzung gering zu halten, grundsätzlich positiv bewertet, zugelassen und gefördert. Auf das größte Wohlwollen konnten die Einrichtungen und Verbände in der amerikanischen, gefolgt von der britischen Besatzungszone rechnen. Insbesondere die beiden Letztgenannten zogen die Tätigkeit der freien Wohlfahrtspflege frühzeitig in ihre Planungen ein. So ordnete bspw. die britische Militärregierung Anfang 1946 die Bildung von Wohlfahrtsausschüssen in allen Stadt- und Landkreisen sowie bei allen Regierungs- und Oberpräsidien an, um die Arbeit von öffentlicher und freigemeinnütziger Wohlfahrtspflege zu koordinieren. Damit erhielt die der Not der Stunde folgende enge Zusammenarbeit der öffentlichen und freien Wohlfahrtspflege auf der lokalen Ebene einen organisatorischen Überbau (Hammerschmidt 2005a: 17f.). Zudem bedienten sich die amerikanische und britische, später auch die französische Be-

Wohlfahrtseinrichtungen wirkten ohne Unterbrechung fort

Kooperation von öffentlicher und freier Wohlfahrtspflege

---

27 Das waren die Einrichtungen, die ursprünglich im Paritätischen Wohlfahrtsverband organisiert waren, während der NS-Zeit aber zwangsweise der NSV eingegliedert worden waren.

Spendenverteilung durch die freie Wohlfahrtspflege

satzungsmacht der freien Wohlfahrtspflege bei der Verteilung von Spenden an die deutsche Bevölkerung. Damit erwiesen sich nicht nur die Einzeleinrichtungen, sondern auch die Verbände der freien Wohlfahrtspflege, als nützlich, wenn nicht gar unverzichtbar.

Auslandsspenden und der „Trizonale Zentralausschuss"

Besonders erwähnenswert ist in diesem Zusammenhang der „Trizonale Zentralausschuss für die Verteilung ausländischer Liebesgaben", der während der Besatzungszeit zudem die wichtigste gemeinsame Organisation der Wohlfahrtsverbände neben der AGFW war. Der Trizonale Zentralausschuss entsprach mit seiner Aufgabe, Arbeitsweise, Organisation und seinen Kompetenzen dem Anfang 1946 gebildeten „Zentral-Ausschuss" der US-Zone. Der Zentralausschuss der US-Zone – und später der Trizonale Ausschuss – trug in seiner Gestalt den teilweise divergierenden Interessen der drei hauptbeteiligten Akteursgruppen – den deutschen Wohlfahrtsverbänden, den ausländischen Hilfsorganisationen und den alliierten Besatzungsmächten – Rechnung. Von der Sache her ging es um die Verteilung von Auslandsspenden an die notleidende Bevölkerung. Es handelte sich dabei überwiegend um Nahrungsmittel, aber auch Kleidung und Medikamente. Für die Wohlfahrtsverbände bedeutete ihre Einbeziehung einerseits eine Unterstellung unter militärische Oberhoheit; andererseits aber auch de facto eine Anerkennung durch die Alliierten. Darüber hinaus errang die freie Wohlfahrtspflege auf diesem Feld mit Unterstützung ihrer ausländischen Partnerorganisationen eine Vorrangstellung gegenüber deutschen, staatlichen Stellen. Die größte Spendenorganisation, die „Council of Relief Agencies Liecensed for Operation in Germany" (CRALOG), betonte, dass es ihr wichtig sei, die freie Wohlfahrtspflege zu stärken, was auch gelang. Während die kommunale Fürsorge trotz primärer Zuständigkeit nicht über ausreichende Hilfemöglichkeiten verfügte, konnten die Wohlfahrtsverbände als hilfreich und nahezu unverzichtbar auftreten. Die Verteilung der Spenden erfolgte durch die Wohlfahrtsverbände nach einem vereinbarten Schlüssel, der jedoch zwischen den Verbänden strittig war. Die kleinen Verbände fühlten sich gegenüber den christlichen Organisationen benachteiligt. Tatsächlich erhielten und verteilten Caritas und Innere Mission sowie das neugegründete Evangelische Hilfswerk den Löwenanteil der ausländischen Liebesgaben. Aber mehr als der Verteilungsschlüssel spielten dabei die ungleichen organisatorischen Kapazitäten sowie die Nutzung der Designierung der Spendenorganisationen eine Rolle. Die

Stärkung der freien Wohlfahrtspflege

meisten und zugleich größten Spender waren katholisch oder protestantisch und designierten ihre Liebesgaben an die entsprechenden deutschen Partner. Die überragende Position von Caritas und Innerer Mission in der Wohlfahrtslandschaft der Besatzungszeit erhielt so eine langandauernde Festigung (Sommer 1999; Hammerschmidt 2005a: 82–88). Alles Weitere entschied sich dann nach der „doppelten Staatsgründung".

4.1.4 Die Entwicklung in der sowjetischen Besatzungszone

In der sowjetischen Besatzungszone (SBZ) wurden unmittelbar nach dem Kriegsende die noch vorhandenen und als nicht der NS-Ideologie nahe stehend eingestuften Strukturen der Sozialen Arbeit (Caritas und Diakonie) zunächst toleriert Als neue Organisation entstand im Oktober 1945 die „Volkssolidarität gegen Wintersnot". Sie wurde von staatlichen Stellen, Parteien und Kirchen gemeinsam getragen und kümmerte sich um die am schwersten unter den Kriegsfolgen leidenden Gruppen, wie Kinder, Alte und Kranke (vgl. Winkler 2010: 6). Sie fand eine breite Basis in der Bevölkerung und institutionalisierte sich am 20. Mai 1946 mit der Gründung des „Zentralausschusses für Volkssolidarität". Sie konnte sich in Ostdeutschland fest etablieren und besteht bis heute fort.

„Volkssolidarität" als neuer Träger Sozialer Arbeit

Wenn auch die o. g. beiden traditionsreichen Träger der sozialen Arbeit in der SBZ zunächst ihre Arbeit fortsetzen konnten, so bedeutet das nicht einen generellen Fortbestand der deutschen Fürsorgetradition. Die 1946 aus dem Zusammenschluss von KPD und SPD hervorgegangene SED[28] verfolgte andere wohlfahrtpolitische Ordnungsvorstellungen, wonach es zuvörderst Aufgabe des Staates sei, für soziale und andere grundlegenden Daseinsfragen Verantwortung, einschließlich der Trägerschaft für zu erbringende Leistungen, zu übernehmen (ausführlicher: Kap. 4.3). Diese Position speiste sich zumindest aus zwei Einflüssen: Einerseits gingen sie auf sozi-

---

28 Am 21.4.1946 wurde in der Sowjetischen Besatzungszone (SBZ) mit dem Zusammenschluss der Kommunistischen Partei (KPD) und der Sozialdemokratischen Partei (SPD) die Sozialistische Einheitspartei (SED) gegründet. In der Folge hatten die ehemaligen Mitglieder der KPD als Personen und mit ihren Programmen durch Unterstützung der sowjetischen Besatzungsmacht den entscheidenden Einfluss innerhalb der SED.

al- und gesundheitspolitische Ideen zurück, die Repräsentanten der deutschen Arbeiterbewegung bereits im Kaiserreich und in der Weimarer Republik vertreten hatten (vgl. Hoffmann/ Schwartz 2005: 5) Unterstützungsbedürftige sollten das – ihrer Meinung nach – Odium der diskriminierenden Fürsorge erspart bleiben. Andererseits war es zunächst auch der Versuch, sowjetische Modelle zu übertragen.

Damit wurde eine Entwicklung eingeleitet, die zu einem Traditionsbruch der grundsätzlichen subsidiären Aufgabenteilung zwischen Staat und freien Trägern führte. Andere traditionsreiche freie Träger der sozialen Arbeit wurden entweder nicht wieder zugelassen oder, wie Caritas und Diakonie, sukzessive in ihrem Aufgabenspektrum marginalisiert.

Zum Weiterlesen

Hoffmann, Julius (1995): Jugendämter im Wandel. Zur staatlichen Kinder- und Jugendpolitik in der SBZ/DDR (1945–1950). In: Jahrbuch für zeitgeschichtliche Jugendforschung 1994/95, S. 40–57.

Sachße, Christoph/Tennstedt, Florian (2012): Fürsorge und Wohlfahrtspflege in der Nachkriegszeit 1945 bis 1953. Stuttgart, Berlin, Köln: Kohlhammer.

Sommer, Karl-Ludwig (1999): Humanitäre Auslandshilfe als Brücke zu atlantischer Partnerschaft. CARE, CARLOG und die Entwicklung der deutsch-amerikanischen Beziehungen nach Ende des Zweiten Weltkrieges. Bremen: Selbstverlag des Staatsarchivs Bremen.

4.2 Soziale Arbeit in Westdeutschland (1949–1989)

Im Folgenden erfahren Sie, wie sich die Soziale Arbeit in West-deutschland entwickelte. Drei Phasen werden dabei unterschie-den: die Zeit der Restauration und der Konsolidierung (Kap. 4.2.1), des Aufbruchs (4.2.2) und des Ausbaus (Kap. 4.2.3), die bei allen Unterschieden jedoch eines gemeinsam hatten: die Soziale Arbeit expandierte, differenzierte und professionalisiert sich und erlang-te so ihre heutige Ausprägung und Gestalt.

4.2.1 Restauration und Konsolidierung des Sozialstaates und der Sozialen Arbeit (1949–1965)

In diesem Abschnitt werden die wesentlichen Problemlagen der Sozialen Arbeit bei Gründung der Bundesrepublik und zu Beginn des Wirtschaftswunders aufgezeigt. Zudem erfahren Sie, wie die Restauration der wohlfahrtpflegerischen Strukturen der Weima-rer Republik erfolgte und was es mit dem sog. Subsidiaritätsstreit auf sich hatte.

4.2.1.1 Sozioökonomische, gesellschaftliche und politische Entwicklungslinien

Die Gründung der Bundesrepublik Deutschland als parlamenta-rische Demokratie erfolgte aus den drei westlichen Besatzungs-zonen mit Verkündung des Grundgesetzes am 23. Mai 1949. Aus den Wahlen zum ersten Deutschen Bundestag im August 1949 ging die CDU/CSU als stärkste Fraktion hervor. Konrad Adenau-er wurde von einer Koalition aus CDU/CSU, FDP und DP als ers-ter Bundeskanzler gewählt und er sollte es bis 1963 bleiben. Die Gründung der Bundesrepublik stand im engen Zusammenhang mit dem Auseinanderbrechen der Koalition der vier Sieger-mächte des Zweiten Weltkrieges. Ihre weitere Entwicklung war bis 1989 durch den Ost-West-Konflikt und die ihm zugrundelie-gende Systemkonkurrenz zwischen Markt- und Planwirtschaft, Kapitalismus und Sozialismus sowie die militärische (NATO vs. Warschauer Pakt) wie wirtschaftliche (Montan-Union, EWG, EG vs. Rat für gegenseitige Wirtschaftshilfe) Westintegration ge-prägt.

Gründung der
Bundesrepublik

95

Nachdem sich in den ersten Nachkriegsjahren die Nahrungs-
mittelversorgung der Bevölkerung stabilisiert hatte (endgül-
tige Abschaffung der Lebensmittelrationierung 1950) stand
die Regierung der neugegründeten Bundesrepublik in den
1950er-Jahren vor einer Reihe von Herausforderungen. So war
noch keinesfalls sicher, dass die Bevölkerung des neuen Staates
sich auch loyal gegenüber der marktwirtschaftlichen Ausrichtung verhalten würde. Das Modell der sozialen Marktwirtschaft,
für das der Bundeskanzler und sein Wirtschaftsminister Ludwig
Erhard standen, musste sich gegenüber den zeitgenössischen
Forderungen – neben der SPD Wählerschaft auch großer Teile
CDU-naher Milieus – nach einer sozialistischen Gesellschaftsordnung durchsetzen.

Aus sozialpolitischer Sicht war die Situation 1949 in
Deutschland durch Massenmigration (1950 waren rund 22 %
der Bevölkerung der Bundesrepublik Flüchtlinge und Vertriebene), Arbeitslosigkeit und Wohnungsnot geprägt. Hinzu kamen die Kriegsgeschädigten, Kriegswaisen und Heimkehrer, die
es zu integrieren galt. Eine Fülle neuer Sozialversorgungsge-
setze, Wohnbauförderung und der Ausbau der Sozialversicherung, nicht zuletzt die Adenauersche Rentenreform von 1957,
sollten all dies bewältigen (vgl. Tennstedt 2003: 49–64; Grunow
2005b: 813). Die Grundstrukturen des sozialen Sicherungssystems mit seinen drei Säulen Sozialversorgung, Sozialversicherung und sozialer Fürsorge blieben dabei erhalten bzw. wurden
restauriert und anschließend ausgebaut.

Die nach der Währungsreform einsetzende wirtschaftliche
Stabilisierung führte rasch zu einem enormen Aufschwung und
ab Mitte der 1950er-Jahre zu einer als „Wirtschaftwunder" bezeichneten Prosperität. Vollbeschäftigung löste die Massenarbeitslosigkeit ab und bald schon war von Arbeitskräftemangel
trotz steigender Frauenerwerbsquoten die Rede, woraufhin die
Bundesregierung mit einer Reihe von Staaten Anwerbeabkom-
men zur Gewinnung sog. Gastarbeiter abschloss. Wirtschafts-
boom und sozialpolitische Maßnahmen bewirkten zusammen
einen bemerkenswerten Anstieg des kollektiven Wohlstands-
niveaus in den 1960er-Jahren, allerdings ohne die soziale
Ungleichheit zu überwinden. Die „Nivellierte Mittelschichtge-
sellschaft" (Helmut Schelsky) blieb mehr politisches Wunsch-
denken als gesellschaftliche Realität (Wendt 2008: 268).

1950er-Jahre

Restauration
des sozialen
Sicherungs-
systems

Der Beginn der
Wirtschafts-
wunderjahre

4.2.1.2 Von der Fürsorge zur Sozialhilfe

In den ersten Jahren der neugegründeten Bundesrepublik unterschied sich die kommunale Fürsorge kaum von dem, was sie zur Besatzungszeit gekennzeichnet hatte: Als „Lückenbüßer" des Sicherungssystems leistete sie standardisierte Massenfürsorge mit unzureichenden materiellen, finanziellen und personellen Mitteln. Die Fürsorgeämter minimierten ihre Unterstützungsleistungen für die steigende Zahl der Hilfebedürftigen und verwiesen diese auf subsidiäre Hilfen durch Familien (Dyckerhoff 1995: 229–233). Das änderte sich in den folgenden Jahren allmählich, weil mit dem Wirtschaftsaufschwung die Zahl der Unterstützungsbedürftigen sank und sich die Einnahmesituation der Kommunen verbesserte. Zudem zeigten die neuen Sozialleistungen eine entlastende Wirkung für die Gemeinden. Mit dem Bundesversorgungsgesetz (BVG) von 1950 überführte der Gesetzgeber die größte Gruppe der kriegsbedingten Fürsorgebezieher in ein eigenes Leistungssystem und bundesstaatliche Finanzverantwortung und die Rentenreform von 1957, die Altersarmut reduzierte, wirkte in dieselbe Richtung. Im Jahre 1955 erhielten 4,1 Mio. Personen Leistungen nach dem BVG (davon 1,5 Mio. Beschädigte und 1,1 Mio. Waisen) in Höhe von 3,6 Mrd. DM, während sich die Zahl der Empfänger von Fürsorgeleistungen von zunächst mehreren Millionen auf rund 1,1 Mio. (davon rund 380.000 in geschlossenen Einrichtungen) im Jahr 1955 reduzierte, was einer kommunalen Kostenbelastung von 1,4 Mrd. DM entsprach (Frerich und Frey 1996: 2, 38 und 125).

> Fürsorge als Lückenbüßer zwischen Versicherung und Versorgung

Als Rechtsgrundlage diente den Fürsorgeämtern nach wie vor das Weimarer Fürsorgerecht (vgl. Kap. 3.2.2), allerdings ohne die von den Besatzungsmächten aufgehobene „Gruppenfürsorge" (s. Abb. 6). Das Fürsorgeänderungsgesetz (FÄG) von 1953 schuf dagegen – gewissermaßen als Ersatz – die Möglichkeit, über die jeweiligen Fürsorgerichtsätze hinaus Mehrbedarfszuschläge festzulegen (Tennstedt 2003: 61f.; Grunow 2005b: 814). Mit dieser Regelung konnten die Fürsorgeträger nach eigenem Ermessen typische Mehrbedarfsgruppen bilden, die entsprechende Fürsorgeleistungen erhielten. Zwar bestand parteiübergreifend Übereinstimmung, dass der Staat eine stärkere Rolle in der Wohlfahrtspflege übernehmen sollte, jedoch wurde gerade in konservativen Kreisen befürchtet, dass der Arbeitswille des Einzelnen darunter leiden könnte. Mit dem Fürsorgeänderungsgesetz wurden deshalb auch wieder repressive

Maßnahmen in die Fürsorge eingeführt, z.B. konnten sog. „Arbeitsscheue" bis zu vier Jahre in geschlossenen Einrichtungen untergebracht werden.

Bundessozialhilfegesetz reformiert die Fürsorge

Eine grundsätzliche Neuregelung des Fürsorgerechts brachte der Bundestag mit dem 1960 verabschiedeten Bundessozialhilfegesetz (BSHG) auf den Weg, das 1961 in Kraft trat. Künftig ersetzte im BSHG wie in anderen Bereichen das Wort „Hilfe" den Begriff der „Fürsorge"; die Berufsbezeichnung „Fürsorgerin" verschwand zugunsten von Sozialarbeiterin bzw. Sozialpädagogin. Das neue BSHG räumte den Hilfebedürftigen – dem Urteil des Bundesverwaltungsgerichts v. 24.6.1954 folgend – ein subjektiv-öffentliches Recht, also einen einklagbaren Rechtsanspruch, auf Fürsorgeleistungen ein. Damit war der Status des Fürsorgeempfängers grundsätzlich neu justiert: Fürsorge sollte kein passiver Verwaltungseingriff mehr sein. Das Gesetz legte weiterhin fest, dass sich die Leistungen der Fürsorge künftig am Prinzip der Menschenwürde orientieren mussten womit auch das sozio-kulturelle Existenzminimum zum Maßstab angemessener Hilfe wurde. Zugleich war keine Rückzahlungspflicht für erhaltene Fürsorgeleistungen mehr vorgesehen und der Rückgriff auf Unterhaltspflichtige eingeschränkt. Die „traditionellen" Geldleistungen der Fürsorge hießen nun „Hilfe zum Lebensunterhalt" (HLU); hier waren die Regelungen des Weimarer Fürsorgerechts in modernisierter Fassung aufgehoben. Die Leistungshöhe orientierte sich an einem „Warenkorb", der das sozio-kulturelle Existenzminimum abbilden sollte, indem z. B. auch Ausgaben für Kinobesuche, Tageszeitungen oder Genussmittel berücksichtigt wurden. Daneben schuf das BSHG mit den „Hilfen in besonderen Lebenslagen" (HbL) eine zusätzliche und neue Leistungsart, bei der das vormals enge Verständnis von Hilfebedürftigkeit deutlich erweitert und die Orientierung an Vorbeugung und Rehabilitation (über die berufliche hinausgehend) vorgegeben wurde. HbL sollten bedarfsgerecht bei der Erhaltung eines eigenen Haushalts, Behinderung, Pflegebedarf, Krankheit, Familienplanung, werdenden Müttern und Tuberkulosekranken eingreifen (Tennstedt 2003: 62f.).

Hilfe zum Lebensunterhalt

Hilfen in besonderen Lebenslagen erweitern die Aufgaben der Sozialhilfe

Institutionelle Zusammenarbeit in der Wohlfahrtspflege

Kontrovers wurde vor und nach der Einführung des BSHG (und des JWG) die Ausgestaltung des Subsidiaritätsprinzips diskutiert. Ein strittiger Aspekt bildete dabei die Frage der verbindlichen Einrichtung von kommunalen „Sozialhilfeausschüssen" nach dem Modell der Jugendhilfeausschüsse des RJWG. Da diese Forderungen mit der kommunalen Seite nicht konsentierbar waren, sah der Gesetzgeber von einer bundeseinheitlichen

Regelung ab. Als gemeinsames Gremium blieben die Arbeits-
gemeinschaften nach § 95 BSHG. Den zweiten strittigen As-
pekt im Subsidiaritätsstreit bildete die Frage, wie der Vorrang   Subsidiaritäts-
der freien vor der öffentlichen Wohlfahrtspflege ausgestaltet   streit
sein sollte. Die Vertreter der Verbändewohlfahrt befürchteten
Positionsverluste durch ein (zu großes) Engagement der kommunalen Wohlfahrtspflege bei der Schaffung eigener, kommunaler Einrichtungen. Insbesondere das katholische Lager – die
katholische Kirche und der Caritasverband – forderte eine ex-
plizite Funktionssperre für die öffentlichen Träger. Sie begründeten dies mit Verweis auf das Grundgesetz, in dem sie eine
implizite Verankerung des Subsidiaritätsprinzips sahen. Der
Streit um das Subsidiaritätsprinzip führte im Vorfeld der BSHG-
Formulierung zeitweise zur Paralyse der Zusammenarbeit der
Wohlfahrtsverbände auf Bundesebene und einer einseitigen
Interessenvertretung durch den Deutschen Caritasverband
(Hammerschmidt 2005b). Auf der gegnerischen Seite in diesem
Streit befanden sich Länder und Kommunen mit säkularer bzw.
sozialdemokratischer Prägung, die einen Alleinvertretungsan-
spruch der Kirchen im Bereich der Wohlfahrtspflege ablehnten
und eigene Konzepte der Wohlfahrtspflege umzusetzen beabsichtigten. Sein offizielles Ende fand der Subsidiaritätsstreit
mit dem Urteil des Bundesverfassungsgerichtes aus dem Jahr
1967 (BVerfGE 22), in dem die Nachrangigkeitsregelungen für
das Tätigwerden der öffentlichen Träger im BSHG und JWG als
verfassungsgemäß erklärt wurden. Christoph Sachße gelangte
bei seiner Beurteilung der praktischen Auswirkungen zu fol-
gendem Fazit:

> *„Vielmehr erweist sich gerade die öffentliche Finanzierung der
> freien Wohlfahrtspflege als Einfallstor einer Verstaatlichung,
> durch die Aufgaben öffentlicher Verwaltung auf private Träger
> überwälzt werden. Der Vorrang der freien Wohlfahrtspflege
> führt so zu ihrem Einbau in die Wahrnehmung gesetzlicher
> Fürsorgeaufgaben. Eben dadurch verliert sie ihren Charakter
> als freie, ungebundene und selbständige Kraft (...)"* (Sachße
> 2003: 30).

Dessen ungeachtet: Die schon in den 1950er-Jahren einsetzende Expansion der freien Wohlfahrtspflege erhielt nach dem
Urteil des Bundesverfassungsgerichtes einen neuen Schub – obwohl die „Sperrfunktion" für die öffentliche Wohlfahrt praktisch
kaum zum Tragen kam. Organisierten die Wohlfahrtsverbände
1970 schon mehr als 52.000 Einrichtungen mit mehr als 2,1 Mio.
Betten/Plätzen und fast 382.000 Beschäftigten, erreichte die

Zahl Einrichtungen 1990 mehr als 68.000 mit 2,6 Mio. Betten/ Plätzen. Mit mehr als 750.000 MitarbeiterInnen waren die Wohlfahrtsverbände die größten Arbeitgeber für soziale Berufe einschließlich der Sozialen Arbeit.

Infolge der neuen Rechtsgrundlage, aber auch durch die sinkende Zahl von Hilfebedürftigen bei gleichzeitiger Verbesserung der kommunalen Finanzlage, konnte sich die Fürsorge und mit ihr die Sozialarbeit – wie Hans Achinger meinte und schon vier Jahre zuvor auf dem Fürsorgetag 1957 gefordert hatte – ihren „eigentliche Aufgaben", nämlich den „wirklich individuellen Notstände" widmen (Achinger zit. n. Nootbaar 1995: 292f., vgl. Trenk-Hinterberger 2007: 506); sie musste nicht mehr schematische Massenabfertigung betreiben. Dieser Wandel bildete den Auftakt einer Pädagogisierung und Psychologisierung der Fürsorge (Nootbaar 1995: 264).

4.2.1.3 Jugendhilfe

Jugendnot

„Jugendnot" war das Wort, mit der die fürsorgerische Fachöffentlichkeit die sozialen Lagen von Kindern und Jugendlichen in den ersten Nachkriegsjahren bis Anfang der 1950er-Jahre problematisierte. Es umfasste neben den „traditionellen" Problematisierungen der Jugendhilfe, die Gefährdung und Verwahrlosung der Jugend, die eine quantitative Ausweitung erfahren hätten, neue kriegsfolgenbedingte Sachverhalte, die mit den Begriffen „entwurzelte Jugend" und „Jugendberufsnot" bezeichnet wurden. Mit der Rede von „Entwurzelung" waren nicht nur die heimatvertrieben oder wohnungslosen Minderjährigen, sondern auch weit darüber hinaus all jene gemeint, deren Familienverhältnisse zerrüttet worden waren; mithin das gros der Jugend.

Bundesjugend-plan

Zur Bekämpfung der Jugendnot hob die erste Bundesregierung schon im Dezember 1950 den ersten Bundesjugendplan (BJP) aus der Taufe. Dieser seither jährlich aufgelegt Fonds stellte Mittel „für die Jugend" zur Verfügung. Der Ausgabenschwerpunkt der ersten BJP lag beim Bau von Jugendwohnheimen (regelmäßig in industriellen Zentren) und Maßnahmen der Ausbildungs- und Berufsförderung. Im Ergebnis entwickelte sich hieraus die Jugendberufshilfe als dritter Bereich der Jugendhilfe neben der Jugendfürsorge und -pflege. Nachdem Mitte der 1950er-Jahre die Jugendarbeitslosigkeit deutlich reduziert war, wuchsen die Finanzierungsteile des BJP für

Jugendberufs-hilfe als neuer Bereich der Jugendhilfe

jugendpflegerische Aufgaben. Der Bund finanzierte schließlich im steigenden Maße die nach den Verboten während der NS-Zeit wieder gegründeten Jugendverbände, die im selben Zusammenhang flächendeckende Zusammenschlüsse auf der Bundes-, Länder- und Kreisebene etablierten (Bundesjugendring, Landesjugendringe, Kreisjugendringe). Nicht nur, aber auch wegen der strittigen Zuständigkeit des Bundes für diese jugendpflegerischen Aufgaben rief die Bundesregierung das „Kuratorium für Jugendfragen" (später: Bundesjugendkuratorium) ins Leben. Das Kuratorium sollte die Bundesregierung bei Jugendfragen und der Durchführung des BJP beraten. Neben Ländern und Kommunen waren Jugendverbände und Verbände der Jugendfürsorge sowie Vertreter von Gewerkschaften und der Wirtschaft stimmberechtigte Mitglieder (Naudascher 1990: 84–100; Nootbaar 1995: 266; Seitz 1993).

Jugendverbände und Jugendringe

Der Bundesgesetzgeber reformierte auch die primäre Rechtsgrundlage der Jugendhilfe, das Jugendwohlfahrtsgesetz, in zwei Schritten. Die RJWG-Reform von 1953 realisierte zunächst nur Anpassungen an das Grundgesetz und die neuen gesellschaftlichen Gegebenheiten. Von der Fachöffentlichkeit gewünschte Weiterentwicklungen unterblieben zunächst wegen mangelnder politischer Durchsetzungsmöglichkeiten. Mit der 1953er-Reform wurde die Einrichtung eigenständiger (Landes-)Jugendämter zur Pflichtaufgabe der öffentlichen Träger und seine Zweigliedrigkeit – Verwaltung und Jugendwohlfahrtsausschuss, der zu zwei Fünfteln mit Vertretern der freien Wohlfahrtspflege zu besetzen war – festgelegt. Zudem erhob die Reform die Jugendpflegeaufgaben des § 4 RJWG zu Pflichtaufgaben und die Jugendamtsverwaltung hatte fortan Vorgaben zur sozialpädagogischen Qualifikation ihres Personals zu erfüllen (Jordan et al. 2015: 75; Nootbaar 1995: 273).

Restauration des Jugendamtes durch die Reform des RJWG

Weiter als 1953 ging die Reform der Jugendwohlfahrtsgesetzes von 1961, aber auch sie blieb hinter den Vorstellungen und Forderungen der Fachöffentlichkeit zurück: Die Grundstruktur des nunmehr JWG genannten Gesetzes blieb der des Vorläufergesetzes von 1922 verhaftet, das aus politischen Gründen nur als „Jugendamtsgesetz", also in Form eines Organisationsgesetzes ausgestaltet werden konnte. Gleichwohl: die Reform brachte eine Stärkung der Position der Eltern und die schon lange geforderte „Freiwillige Erziehungshilfe" fand als neues Rechtsinstitut Eingang ins JWG. Die auch hier strittige Frage des Verhältnisses zwischen öffentlicher und freier Wohlfahrtfahrt (Subsidiaritäts-

das neue Jugendwohlfahrtgesetz von 1961

streit) wurde zusammen mit der analogen Regelung im BSHG vor dem Bundesverfassungsgericht ausgetragen.

Wiederher-
stellung der
Jugendäm-
ter – Die
Entwicklung
des Jugendam-
tes in den
1950er-Jahren

Ungeachtet der Vorgaben der RJWG Reform von 1953 entwickelten sich die Jugendämter in der Praxis nur zögerlich. Eine erste grundlegende Bestandsaufnahme zur Umsetzung des RJWG, die Martin Rudolf Vogel 1960 (Vogel 1960) im Auftrag des Deutschen Vereins durchführte, zeigte, dass etwa 1/4 der Jugendämter noch ohne Fachpersonal tätig war, der Anteil gering-qualifizierter Mitarbeiter bei bis zu 90 % lag und rund 2/3 der Jugendamtsleiter dort ohne Fachausbildung tätig waren. Zudem entsprach auch Ende der 1950er-Jahre die Einrichtung der Jugendhilfeausschüsse vielfach nicht den rechtlichen Vorgaben. Für die Aufgaben der Jugendpflege sowie der Erziehungsberatung stellten vor allem die ländlichen Jugendämter kaum Mittel bereit und viele Jugendämter verfügten über keinen eigenen Außendienst. Nicht nur in den Behörden, sondern auch in den Jugendhilfeeinrichtungen selbst, herrschte ein größer Mangel an pädagogisch qualifiziertem Fachpersonal. Besonders gravierend war dies in den meist konfessionell getragenen Erziehungsheimen, wo Kinder und Jugendliche überwiegend unter – nicht nur nach heutigen Maßstäben – unhaltbaren Zuständen lebten und litten (Loerbroks/Wendelin 2010; Damberg u. a. 2010; Henkelmann u. a. 2011; Winkler/Schmuhl 2011).

4.2.1.4 Gesundheitsfürsorge

Veränderung
der Aufga-
benteilung
zwischen Ge-
sundheits- und
Sozialämtern

Der öffentliche Gesundheitsdienst erlitt ab Ende der 1940er-Jahre einen rapiden Funktions- und damit Bedeutungsverlust zugunsten von niedergelassenen Ärzten und Krankenhäusern. Diese Entwicklung betraf nicht nur staatliche Einrichtungen und Maßnahmen, sondern auch die kommunale Gesundheitsfürsorge. Blieb auch die Ansiedlung der Familienfürsorge als gemeinsamer Außendienst der kommunalen Ämter in der hier betrachteten Epoche noch überwiegend bei den kommunalen Gesundheitsämtern und boten auch die neuen Hilfen in besonderen Lebenslagen im BSHG eine Reihe gesundheitsbezogener Aufgaben, so kamen diese jedoch zunächst nur im bescheidenen Umfang zum Tragen. Die kommunale Fürsorge und mit ihr die Fachkräfte Sozialer Arbeit, so schien es, verloren die gesundheitsbezogenen Teile ihrer (vormaligen) Tätigkeit zunehmend aus dem Blick (Kühn 1994: 71ff.; Steen 2005: 134ff.).

Bedeutungs-
verlust der
Gesundheits-
fürsorge

Jenseits der öffentlichen und freien Wohlfahrt entwickelten sich aber ab Ende der 1950er- und verstärkt in den 1960er-Jahren Initiativen von Eltern chronisch kranker bzw. behinderter Kinder, die mit dem bestehenden System der Fürsorge für ihre Kinder unzufrieden waren (z. B. die 1958 von Tom Mutters gegründete „Lebenshilfe für das geistig behinderte Kind") (Bösl 2009: 141). Der Skandal um die Schädigungen durch das Schlafmittel Contergan wurde seit 1962 von hoher öffentlicher Aufmerksamkeit begleitet und deckte zudem auf, dass die sozialrechtliche Situation der Eltern für die medizinische Behandlung, Rehabilitation und finanzielle Versorgung der Betroffenen unzureichend war. Für die freie Wohlfahrtspflege erwies sich der Contergan-Skandal als popularitätsfördernd. Es gelang ihr, sich als für die Hilfeleistung zuständige Instanz zu definieren und sowohl mediale Aufmerksamkeit als auch finanzielle Mittel in ihre Einrichtungen zu lenken. Im Jahr 1964 gründeten die Wohlfahrtsverbände gemeinsam mit der Arbeitsgemeinschaft der Elternverbände e. V. und dem ZDF die „Aktion Sorgenkind", die sich in ihrer Anfangszeit überwiegend den Contergan-Schicksalen widmete (Bösl 2009: 93).

Kinder mit Behinderungen – Die Folgen des Contergan-Skandals

4.2.1.5 Ausbildung und Berufsentwicklung

Die Familienfürsorge, der fachübergreifende Außendienst der Sozialbehörden, bildete das Hauptbeschäftigungsfeld der Fürsorgekräfte in den 1950er-Jahren. Hinsichtlich der organisatorischen Anbindung bestanden jedoch erhebliche Unterschiede. Noch 1958 waren rund 40 % der Familienfürsorgerinnen an die Gesundheitsämter angebunden, während jeweils weniger als 10 % den Jugend- bzw. Sozialämtern zugeordnet waren. Durch organisatorische Mischformen (Jugendamt als Teil des Wohlfahrtsamtes u. ä.) bestand eine Vielzahl überkreuzender Zuständigkeiten. Ein Viertel der Kommunen hatte zu diesem Zeitpunkt noch keine Familienfürsorgerinnen (Hammerschmidt/Uhlendorff 2012: 30).

Familienfürsorge

Die Wohlfahrtsschulen setzten bald nach Kriegsende ihre Ausbildungstätigkeit wieder fort. Das geschah im Hinblick auf die Zugangsvoraussetzungen, Lehrinhalte, Schwerpunkte und Methoden vielfach zunächst provisorisch und uneinheitlich. Doch im Laufe der Jahre orientierten sich die Schulen zunehmend an den Vorgaben aus der Weimarer Republik (vgl. Kap. 3.2.5). Kleinere Anpassungen erfolgten 1952 bevor sich

neue Ausbildungsordnung – aus Fürsorgern werden Sozialarbeiter

103

dann ausgehend von einer Reform der Ausbildungsordnung in Nordrhein-Westfalen 1959, der die übrigen Bundesländer bis 1964 folgten, weitergehende Änderungen durchsetzten. Üblich wurde damit die Berufsbezeichnung „Sozialarbeiter", die an nunmehr „Höheren Fachschulen" eine dreijährige Ausbildung zu absolvieren hatten. Sozialwissenschaftliche wie psychologische Wissensbestände erhielten ein höheres Gewicht. Die SozialarbeiterInnen waren ab 1961 im öffentlichen Dienst in die Stufe *Vb* eingruppiert und gehörten damit zum „gehobenen Dienst" (Amthor 2003: 487ff.; Kruse 2004: 65ff.; Sachße/Tennstedt 2012: 166–170).

Neben der Berufsausbildung stand in der Nachkriegszeit die Weiterbildung der SozialarbeiterInnen im Vordergrund. Der zu dieser Zeit noch recht überschaubaren Gruppe der Fürsorgekräfte vermittelten Vertreter der amerikanischen und britischen „social work" den deutschen Berufskräften modernes „case work" (hierbei spielte die aus Deutschland emigrierte Hertha Kraus eine prominente Rolle), „group work", das von den Einrichtungen „Jugendhof Vlotho", dem „Haus am Rupenhorn" und „Haus Schwalbach" gelehrt wurde, und „community organization", auf das sich das „Burckhardhaus" und die Victor-Gollanz-Stiftung spezialisiert hatten (Müller 1997: 23–131).

Neue Methoden in der Sozialen Arbeit

4.2.2   Zeit des Aufbruchs (1965–1975)

Dieser Abschnitt informiert Sie über die Folgen der Aufbruchsstimmung der „68er" in der Bundesrepublik und ihre Wirkungen für die Soziale Arbeit in Ausbildung und Praxis. Über die neuen sozialen Bewegungen im Allgemeinen wie von der Sozialarbeitsbewegung im Besonderen wird ebenso berichtet.

4.2.2.1   Sozioökonomische, gesellschaftliche und politische Entwicklungslinien

Mit der SPD-Regierungsbeteiligung in der Großen Koalition 1966–1969 begann die Hochphase gesellschaftlicher Reformen – u. a. des Familien- und Strafrechts, in der Bildungs- und Sozialpolitik –, die unter wirtschaftlich günstigen Vorzeichen unter der Kanzlerschaft Willy Brands 1969 bis 1974 anhielt, und die insgesamt gegenüber der restaurativen Adenauer-Ära zu einer Modernisierung und Liberalisierung in Staat und Ge-

Modernisierung und Liberalisierung

sellschaft führen sollten. Einen Schub erhielten staatliche Reformen durch gesellschaftliche Proteste und die Formierung der „Neuen Sozialen Bewegungen", wie die Studentenbewegung, die zweite Frauenbewegung, Schwulen- und Lesbenbewegung, Behindertenbewegung, die sich kritisch mit der Notstandsgesetzgebung (1968), dem Vietnam-Krieg des deutschen NATO-Partners USA, dem Umgang mit der Nazi-Vergangenheit, dem Geschlechterverhältnis, gesellschaftlichen Diskriminierungen und Ungleichheiten u. v. a. auseinandersetzten (Wendt 2008: 268; Schildt/Siegfried 2009: 115f.).

4.2.2.2 Sozialhilfe

Die sozial-liberale Regierung unter Willy Brandt erreichte von 1969–1975 eine Reihe von Leistungsverbesserungen in der Sozialhilfe. Neue Leistungen (z. B. bei Schwangerschaftsabbruch) und neue Gruppen von Leistungsberechtigten wurden eingeschlossen (z. B. psychisch Behinderte, Obdachlose) und die Höhe der Leistungen an die wirtschaftliche Entwicklung angepasst bzw. dynamisiert (Frerich/Frey 1996: 126f.). Damit erhöhten sich die Sozialhilfeausgaben für offene Hilfen (nicht-stationärer Bereich) zwischen 1965 und 1970 um mehr als 50 % bei einer gleichbleibenden Zahl der unterstützten Personen. Steigende Empfängerzahlen verzeichneten die Hilfen in besonderen Lebenslagen. Besonders intensiv war die Ausgabenausweitung bei den stationären Hilfen (vgl. Tab. 3), was im Wesentlichen auf die erheblichen Verbesserungen in der Versorgung zurückzuführen ist.

Leistungsverbesserungen in der Sozialhilfe

Tabelle 3: Entwicklung der Sozialhilfeaufwendungen 1950–1975

Jahr	Laufend unterstützte Personen außerhalb von Anstalten		HbL	Offene Hilfe	Stationäre Hilfe	
	absolut	In % der Bev.	Personen	Mrd. DM	Personen	Mrd. DM
1950	1.306.555	2,75	–	589	329.537	323,3
1965	704.815	1,20	535.877	1.045	390.867	1.061,4
1970	698.000	1,24	577.000	1.577	449.636	1.758,0
1975	1.133.530	1,83	709.495	3.682	511.726	4.724,0

Quelle: Frerich und Frey 1996: 125

Die beschriebenen Veränderungen sind vor dem Hintergrund zweier wichtiger Entwicklungen der Aufbruchphase zu verstehen. Einerseits schuf die gegen Ende der 1960er-Jahre begonnene kommunale Gebietsreform leistungsfähige Körperschaften, die in der Lage waren, die größeren Sozialhilfelasten zu tragen.

wissenschaftliche Sozialpolitikberatung

Andererseits herrschte in den 1960er-Jahren ein starkes Vertrauen in die Beherrschbarkeit gesellschaftlicher Entwicklungen durch die Anwendung wissenschaftlicher Erkenntnisse. Für die Sozialpolitik bedeutete dies eine verstärkte Nachfrage nach wissenschaftlicher Beratung (Jugendberichte, Familienberichte etc.) und den verstärkten Einsatz rationaler Planungsinstrumente (zunächst in Form von Altenhilfeplänen). Für die Soziale Arbeit bedeutete dies den Paradigmenwechsel vom Idealtypus der durch Nächstenliebe motivieren Ordensschwester hin zur wissenschaftlich qualifizierten SozialarbeiterIn.

In diesem Kontext modernisierten die Kommunen die Strukturen der Jugend- und Sozialhilfe. Soziale Arbeit sollte

soziale Gerechtigkeit

nicht mehr nur vor „Abstieg" schützen, sondern auch „soziale Gerechtigkeit" herstellen. Sozial- und Gesundheitspolitik sollten zur Prävention beitragen und „Freiheit" schaffen (Grunow 2006). Diese Phase der „Modellbewegung" begann in der zweiten Hälfte der 60er-Jahre mit einer Reihe von Versuchen zur Reorganisation der kommunalen Sozialverwaltungen (Trier, Bremen, Berlin u. v. a. m.). Ziele waren eine ganzheitliche Fallbearbeitung mit stärkerer Klientenzentrierung, Dekonzentration der Ämter und die Überwindung der Trennung von Innen- und Außendienst. Wesentliches Element der traditionellen Familienfürsorge war, dass die Fallentscheidung im, meist verwaltungsfachlich qualifizierten, i. d. R. männlichen, Innendienst getroffen wurde, während die Fallbetreuung, im meist fürsorgerisch qualifizierten, i. d. R. weiblichen, Außendienst geleistet wurde. Mit einer ganzheitlichen Fallbearbeitung sollte das ge-

Trierer Modell

ändert werden. So sah das Trierer Modell von 1968 vor, dass je zwei weisungsberechtigte SozialarbeiterInnen in regionaler Zuständigkeit als Team mit einem Verwaltungsmitarbeiter tätig waren. Teamarbeit und Regionalisierung/Dekonzentration sollten die Arbeit der Sozial- und Jugendämter bürgernäher und bürgerfreundlicher machen. Bis Mitte der 1970er-Jahre setzte sich für die neue Form der Sozialen Arbeit der Begriff

ASD

„Allgemeiner Sozialer Dienst" (ASD) durch und löste sukzessive die FaFü als Wort und Modell ab (Andre 1994: 156ff.; Grunow 2008: 791; Hammerschmidt/Uhlendorff 2012: 28–31).

Tabelle 4: Organisationsformen sozialer Hilfen

	Elberfelder System (ab 1853)	Straßburger System (ab 1905)	FaFü Modell (ab 1920er-Jahre)	ASD Modell (ab 1970er-Jahre)
unmittelbare Betreuung der Hilfebedürftigen	ehrenamtlicher Armenpfleger	ehrenamtlicher Armenpfleger	ehrenamtlicher Armenpfleger u. hauptamtliche Fürsorgerin	hauptamtliche Fürsorgerin/ Sozialarbeiterin
Eignungsvoraus-setzung	Lebenserfahrung	Lebenserfahrung	Lebenserfahrung/ Fachausbildung	Fachausbildung/ Studium
Entscheidungs-macht über Betreuung und materielle Leis-tungen	(Bezirks-) Ver-sammlung der ehren-amtlichen Armenpfleger	Hauptamtliche im Armenamt (Innen-dienst)	Hauptamtliche im Amt (Innendienst)	beim im ASD „aufgehobenen", integrierter Innen-u. Außendienst (Dezentralisation)
Verwaltung	Ehrenamtlich	Hauptamtlich	Hauptamtlich	Hauptamtlich
Kontrollorgan	ehrenamtliche Armenverwal-tung	ehrenamtlicher Armenrat	kommunale Vertre-tungskörperschaft (Dezernat, Magistrat)	kommunale Vertretungskör-perschaft

Quelle: Hammerschmidt/Uhlendorff 2012: 30

4.2.2.3 Jugendhilfe

Die Impulse der 68er-Bewegung erreichten auch die Jugend-hilfe (Kap. 4.2.2.5). So führte das von Ulrike Meinhof verfasste Fernsehspiel „Bambule" zu einer medienöffentlichen Diskussi-on über die gefängnisartigen Umstände in geschlossenen Mäd-chenheimen. Die folgende Heimkampagne bewirkte neben der Schließung von Fürsorgeerziehungsheimen allmählich pädago-gische Reformen in den verbleibenden und zunehmend auch alternative Unterbringungsformen von Jugendlichen wie etwa betreute Wohngruppen. Langfristig führten auch die von Eltern selbstorganisierten Betreuungsformen für Klein- und Schulkin-der (Kinderläden) zum Wandel bei den Kindertagesstätten der etablierten öffentlichen und freigemeinnützigen Träger.

Jugendhilfe in der Kritik

Parallel dazu nahmen die Trägerorganisationen der Ju-gendhilfe, Fachverbände und die zuständigen Ministerien in Bund und Ländern die Arbeit an einem neuen „Jugendhilfege-setz" auf. Diskutierte Änderungen gegenüber dem JWG waren u. a.: die Abkehr vom Eingriffsrecht hin zu einem Leistungskata-log, die Reduzierung der Einzelfallorientierung, die Verstärkung von Planung und Kooperation zwischen Jugendhilfeakteuren, Schule und Beruf, die Modernisierung der Heimerziehung und

Jugendrechts-reform scheitert

107

der Ausbau familienergänzender Leistungen. Die Vorbereitungen reiften zwar bis zu einem Referentenentwurf heran, scheiterten aber dennoch an divergierenden Vorstellungen – die Wohlfahrts- und Kommunalverbände wünschten vielfach nur moderate Änderungen, während Jugendverbände und Sozialwissenschaftler (z. B. Manifest zur Jugendhilfe von 1973 (Müller 1994)) weitgehenden Reformbedarf reklamierten. Deshalb und zudem wegen Kostenbedenken erfolgte 1974 eine offizielle „Zurückstellung" des Gesetzesvorhabens (Gries/Ringler 2005: 55).

Ausbau der Kindertagesbetreuung

Doch auch ohne eine grundlegende Reform des JWG wuchsen die Leistungen der Jugendhilfe und die Infrastruktur. So erlebten bspw. Kindergärten im Betrachtungszeitraum einen massiven Ausbau. Galten sie in den 1950er-Jahren noch als „Nothilfemaßnahme", so entwickelten sie sich zunehmend zu einem „Normalangebot", was sich im steigenden Nutzungsgrad der drei- bis fünfjährigen Kinder zeigte. Der Anteil der „Kindergartenkinder" an den jeweiligen Kohorten nahm auf fast ein Drittel bis Mitte der 1960er-Jahre und schließlich auf zwei Drittel ein Jahrzehnt später zu (Grunow 2006: 855).

4.2.2.4 Gesundheitshilfe

Nach dem Niedergang der kommunalen Gesundheitsfürsorge in den 1950er-Jahren (vgl. Kap. 4.2.1.4) begann in der hier betrachteten Epoche ein allmählicher Aufstieg, wenn auch mit neuen Adressatengruppen, Orientierungen und Formen. Auch hier ersetzte der Hilfe- den vormaligen Fürsorgebegriff. Als Rechtsgrundlagen dienten die neuen Hilfen in besonderen Lebenslagen gemäß BSHG, die u. a. auf ältere, pflegebedürftige und behinderte Menschen zielten. In der zweiten Hälfte der 1960er-Jahre wurde die Situation älterer Menschen leistungs- und ordnungsrechtlicher Hinsicht verbessert. Heiner Geißler entwickelte als rheinland-pfälzischer Sozialminister gemeinsam mit den Wohlfahrtsverbänden 1967/68 die Sozialstationen. Sie wurden zu Beginn der 1970er Jahre bundesweit mit Modellmitteln gefördert. Sie boten gemeinsam Leistungen der Krankenpflege, Familienpflege und der Altenpflege an und reagierten damit auf den steigenden Hilfebedarf alleinstehender, älterer und behinderter Menschen zur eigenständigen Haushaltsführung. Zehn Jahre später existierten bundesweit bereits etwa 1.000 Sozialstationen (Grunow 2006: 850ff.).

Das Heimgesetz sorgt für Mindeststandards im stationären Bereich

Auch bei den stationären Hilfen erfolgten – nach öffentlichen Skandalisierungen – Reformen. Gegen den anfänglichen Widerstand der meist den Wohlfahrtsverbänden angeschlossen Einrichtungen verabschiedete der Bundesstag 1974 ein Heimgesetz, das rechtliche Mindeststandards für die Betreuung von pflegebedürftigen Älteren und erwachsenen Menschen mit Behinderungen in Heimen vorschrieb (Münch/Hornstein 2008).

Das Heimgesetz

Der Stein der Modernisierung kaum auch für die Psychiatrie durch das Klima gesellschaftlicher Öffnung ins Rollen. Die Untersuchungen der Enquete-Kommission zur Psychiatrie von 1971 zeigten auf, unter welch unhaltbaren und oft menschenunwürdigen Bedingungen psychisch kranke Menschen in Deutschlands psychiatrischen Krankenhäusern lebten. Der Abschlussbericht der Kommission (BT-Drs. 7/4200 vom 25.11.1975) formulierte eine Reihe von Empfehlungen für die rechtliche, organisatorische und fachliche Weiterentwicklung des gesamten Feldes. Im Vordergrund standen dabei die Enthospitalisierung und Ambulantisierung sowie die Qualifizierung und Differenzierung des Systems. Zu Beginn der 1970er-Jahre lag z. B. der Anteil von Menschen mit sogenannten geistigen Behinderungen in Einrichtungen der Psychiatrie noch bei etwa 20 %. Fast ein Drittel der „Insassen" lebte bereits seit über zehn Jahren in den Psychiatrien, die oft in abgelegenen Standorten teils über tausend Betten hatten (BT-Drs. 7/4200 vom 25.11.1975: 11).

Die Psychiatrie Enquete initiiert das Arbeitsfeld Sozialpsychiatrie

4.2.2.5 Ausbildung und Berufsentwicklung

Die schon summarisch angesprochenen Bildungsreformen betrafen auch direkt die Soziale Arbeit. Im Jahr 1968 beschlossen die Länder die Einrichtung von Fachhochschulen anstelle der Höheren Fachschulen für Sozialarbeit bzw. Sozialpädagogik. Zeitgleich führten die Universitäten Diplom-Studiengänge „Erziehungswissenschaften" (mit vorwiegend sozialpädagogischer Ausrichtung) ein. Beides bedeutete eine Akademisierung der Ausbildung für die Soziale Arbeit und führte in den 1970er-Jahren zu einem großen Professionalisierungsschub (Kruse 2004: 108), der durch einen rasanten Ausbau der Studienplatzkapazitäten und der Studierendenzahlen begleitet wurde. *„Während es 1966 noch 3.511 Studierende an Höheren Fachschulen bzw. Akademien gab, stiegen die Zahlen zum Wintersemester 1971/72 auf 14.617 Studierende an Fachhochschulen, ein Jahr später auf 17.006 und 1976 auf 25.190"* (Kruse 2004: 110). In

Die Akademisierung der Sozialen Arbeit

der Arbeitsmarktstatistik zeigte sich diese Entwicklung am Wachstum der Sozialberufe insgesamt in dieser Zeit. Während 1965 noch 96.800 Vollbeschäftigte in dieser Gruppe gezählt wurden, erhöhte sich ihre Zahl 1975 auf rund ¼ Mio. (Grunow 2006: 855).

Fachhochschulen zwischen Theorie und Praxis

Dieser Ausbau erfolgte jedoch nicht ohne Kritik. So warfen die kommunalen Spitzenverbände 1976 den neuen Fachhochschulen Theorielastigkeit und Praxisferne sowie die Vermittlung von *„falsch(n) Vorstellungen von den Pflichten, der Haltung und der Loyalität eines Mitarbeiters in der kommunalen Selbstverwaltung"* vor (zit. n. Kruse 2004: 113). Wissenschaftlich qualifizierte und kritische SozialarbeiterInnen galten den Anstellungsträgern offenbar als (potentiell) unliebsamer Störfaktor. Zudem monierten sie die Kostenfolgen durch höhere Vergütungserwartungen und sahen in der Höherstufung primär Statusstreben (ebd.).

Sozialarbeiterbewegung

Hintergrund für die zitierten Vorwürfe bildeten das Argumentieren und Agieren der Sozialarbeiterbewegung, die sich ausgehend von einem Treffen des Berliner „Arbeitskreises kritischer Sozialarbeiter" (AKS) im Oktober 1968 formiert hatte. Die Sozialarbeit, so hieß es in der dort verabschiedeten Resolution, verschleiere die *„eklatantesten Widersprüche und Ungerechtigkeiten"* und unterstütze das *„Fortbestehen widersinniger Zustände"*. Statt die Klienten an die gesellschaftlichen Verhältnisse anzupassen, solle sie die Ursachen von Hilflosigkeit aufdecken und bekämpfen (zit. n. Steinacker 2011: 205). Neben der grundsätzlichen Kritik an der Funktion Sozialer Arbeit und der Selbstorganisation der SozialarbeiterInnen als kritische Gegenmacht, ging es dem AKS um die Entwicklung einer alternativen Berufspraxis und eine Demokratisierung der Institutionen (Müller 1997: 134–148; Steinacker 2011). In den folgenden Jahren bildeten sich bundesweit kritische Arbeitskreise; neben dem AKS ein Fülle weiterer, die vielfach im Unterschied zum AKS bereichsspezifisch ausgerichtet waren und die nicht selten alternative Modelle erprobten. Schwerpunkte bildeten dabei: Heimerziehung (Heimkampagne), Obdachlosenprojekte, die Arbeit mit Strafgefangenen und Psychiatrieerfahrenen, GWA-Projekte und Initiativen für autonome Jugendzentren (Steinacker 2011: 207f.). Hier tauchten die Fachkräfte der Sozialen Arbeit erstmals in der Berufsgeschichte als eigenständiger Akteur auf, der jenseits von „berufsständischen" oder jeweiligen Trägerinteressen (fach-)politisch agierte. Ihre organisierte Präsenz reichte (nur) bis Ende der 1970er-Jahre, aber die von ihr gesetzten (selbst-)kritischen Reformimpulse wirken bis in die Gegenwart hinein (ebd.).

4.2.3 Ausbau der Sozialen Arbeit (1975–1989)

Dieses Teilkapitel erschließt Ihnen die Ausbauphase der Sozialen Arbeit in der Bundesrepublik. Sie erfahren, wie sich die Soziale Arbeit unter schwierigen Rahmenbedingungen professionalisierte und sich unter neuen gesellschaftlichen Problemlagen wie z. B. Jugendarbeitslosigkeit und HIV/AIDS differenzierte.

4.2.3.1 Sozioökonomische, gesellschaftliche und politische Entwicklungslinien

Wirtschaftlich war der Beginn dieser Zeitphase durch eine Weltwirtschaftskrise und das Ende des Nachkriegsbooms gekennzeichnet. Mit der Aufkündigung der Gold-Bindung des US-Dollars durch die US-Notenbank brach das Regime der festen Wechselkurse (Bretton-Woods-System) mit negativen Folgen für den Welthandel zusammen. Auch im „Wirtschaftswunderland" West-Deutschland grassierte fortan Massenarbeitslosigkeit mit gravierenden Folgen für die Finanzierung des Sozialsystems und des Staates. Staatsverschuldung und Inflation waren Folgen des staatlichen Krisenmanagements. Es begann die Phase des Rückbaus sozialer Leistungen. Politisch war dieser Übergang mit dem Wechsel der Kanzlerschaft von Willy Brandt zu Helmut Schmidt 1974 (beide SPD) und ab 1982 durch die Ablösung der sozial-liberalen durch die christlich-liberale Koalition unter Bundeskanzler Helmut Kohl markiert. Innenpolitisch veränderte sich das Klima in den 1970ern durch die Terrorakte der RAF, die Diskussion um die Innere Sicherheit und die zunehmende Verbreitung von Drogenkriminalität. Gleichzeitig expandierten die Neuen Sozialen Bewegungen mit emanzipatorischem Anspruch, wie die zweite Frauenbewegung, die Umweltbewegung, die Friedensbewegung oder die Behindertenselbsthilfebewegung.

Ende des „Wirtschaftswunders"

4.2.3.2 Sozialhilfe

Anders als in den Aufbruchjahren erfolgte zwischen Mitte der 1970er- und Ende der 1980er-Jahre eine von den kommunalen

Massenarbeits-
losigkeit

Kostenab-
wälzung auf
Kommunen

Trägern ungewollte Ausgabenausweitung. Nach fast 30 Jahren Vollbeschäftigung entstand ab 1974 wieder Massenarbeitslosigkeit. Die Arbeitslosenzahl überschritt die Millionengrenze und nach einer Zwischenerholung überstieg sie ab 1983 zwei Mio. Der Bund verfügte Leistungseinschränkungen für Arbeitslose und wälzte damit Kostenlasten für Arbeitslosigkeit auf die kommunale Sozialhilfe ab. Vor diesem Hintergrund erhöhte sich die Zahl der HLU-Empfänger von rd. 750.000 Personen Anfang der 1970er-Jahre auf ca. 1,2 Mio. (1975), auf mehr als zwei Mio. (1985) und schließlich auf 3,6 Mio. (1989). Die Nettoausgaben der Sozialhilfe stiegen dementsprechend von 2,6 Mrd. DM (1970), über 6,5 Mrd. DM (1975) auf rd. 22,5 Mrd. DM (1989). Vergleichsweise moderat stiegen die Zahlen der HbL-Empfänger zwischen 1970 und 1989 um ca. 50 % auf schließlich 1,4 Mio. Personen; allerdings handelte es sich dabei auch um Empfänger von Leistungen der Behindertenhilfe und der Pflege, die besonders kostenträchtig waren und die sich nun auch infolge von Qualitätssteigerungen weiter verteuerten (Trenk-Hinterberger 2008: 612ff., 632).

Tabelle 5: Fallzahlen- und Ausgabenentwicklung BSHG von 1975–1989

Fallzahlen BSHG (in Fällen)		1975	1980	1985	1989
Empfänger	Insgesamt	2.049.228	2.144.085	2.813.666	3.626.104
	davon HLU	1.190.200	1.322.429	2.063.232	2.774.114
HbL	Gesamt	1.147.347	1.124.785	1.107.575	1.404.002
	dav. Eingliederungshilfe	137.541	194.340	224.383	277.266
	dav. Hilfe zur Pflege	402.089	462.946	467.020	535.064

Aufwendungen BSHG (in Mrd. DM)		1975	1980	1985	1989
Ausgaben	Bruttoausgaben	9.094,0	1.4076,4	21.678,0	29.924,5
	Nettoausgaben	6.567,0	10.122,2	16.291,9	22.588,4
	dav. HLU	3.025,0	4.338,7	8.024,6	11.810,7
Bruttoausgaben HbL	Eingliederungshilfe	1.320,0	2.666,0	4.151,0	5.868,0
	Hilfe zur Pflege	2.956,0	5.003,0	7.152,0	9.147,6

Quelle: Frerich und Frey 1996: 354, 362f.

Wider die aufkommende Rede von Kostenanstieg aufgrund von Sozialhilfemißbrauch standen sozialwissenschaftliche Befunde über *Verdeckte Armut* (Hartmann 1981), denen zufolge beinahe jede/r zweite potentiell Leistungsberechtigte seinen Anspruch nicht geltend machte, weil er/sie die Stigmatisierung durch „die Fürsorge" fürchtete (Trenk-Hinterberger 2008: 623). Der renommierte CDU-Sozialpolitiker Heiner Geißler prägte 1975 das Schlagwort von der Neuen Sozialen Frage und stellte die Wirksamkeit des sozialpolitischen Arrangements insgesamt in Frage. Nicht mehr der Konflikt Kapital vs. Arbeit stehe im Vordergrund der sozialpolitischen Diskussion, sondern der Konflikt der organisierten gegen die unorganisierten Interessen. Geißler identifizierte als unorganisierte Interessengruppen die von Altersarmut betroffenen Frauen, die kinderreichen Familien und die Mütter (Geyer 2008: 32f.). Die Neue Soziale Frage problematisierte, ob und in wieweit bei verdeckter Armut und neuen Bedarfslagen und -gruppen (Ausländer, Alleinerziehende, Behinderte etc.) die traditionellen Verbände noch die Interessen der tatsächlich Hilfebedürftigen vertreten. Geißler empfahl die Wiederbelebung subsidiärer Hilfeleistungen (Grunow 2008: 780).

> Verdeckte Armut …

> und die Neue Soziale Frage

Dabei hatte sich schon, wenn auch in einem anderen Kontext und nicht mit denselben Zielen wie Geißler, in den 1970er-Jahren eine vielgestaltige Szene von politischen Initiativen und Selbsthilfegruppen, von der zweiten Frauenbewegung, der Schwulen- und Lesbenbewegung über die Friedensbewegung bis hin zu vielfältigen Selbsthilfegruppen im Kultur- und Gesundheitsbereich gebildet, deren praktischen Aktivitäten in Teilen auch sozialarbeiterischen Charakter trugen; Frauenhäuser und -notrufe, mögen als ein Beispiel dienen. Mit der Massenarbeitslosigkeit organisierten sich zudem Arbeitsloseninitiativen und Sozialhilfeempfänger-Gruppen. Diese Selbsthilfebewegung forderte die etablierten Akteure und Parteien in ihrem Selbstverständnis heraus und brach vielerorts traditionelle Strukturen von Verbänden, Professionellen und Interessenvertretern auf. Dieses aus vorwiegend linkem Gedankengut und dem Wunsch nach Selbstbestimmung geförderte Erstarken der Selbsthilfe setzte die ab 1982 CDU geführte Bundesregierung in einen neuen Kontext. Einschränkungen sozialer Leistungen wurden als Reaktivierung ehrenamtlicher Tätigkeit und subsidiärer Hilfeleistung artikuliert und so politisch legitimierend eingebunden (Andre 1994: 153).

> Selbsthilfebewegung

> Selbsthilfebewegung als sozialpolitische Ressource

Blieb den aus den sozialen Bewegungen hervorgegangen Einrichtungen auch das ehrenamtliche Element erhalten, so erfolgte doch eine Professionalisierung dieser neuen Träger Sozialer Arbeit. Um diese Arbeit kalkulierbar und (angemessen) entlohnt aufrechterhalten zu können, benötigten sie aber Zugang zu öffentlichen Mitteln. Der Weg dorthin führte bei dem bestehenden Wohlfahrtsarrangement in Deutschland über die Wohlfahrtsverbände. Nach anfänglichen Berührungsängsten insbesondere im kirchlichen Lager, erklärten sich die etablierten Verbände zunehmend bereit, die neuen Einrichtungen als Mitglieder aufzunehmen, womit sich im Laufe der Zeit auch die Wohlfahrtsverbände wandelten – die konfessionellen weniger, die übrigen mehr. Einheitliche und gefestigte ideelle und weltanschauliche Bindungen und Loyalitäten zwischen Trägern und Spitzenverbänden traten sukzessive in den Hintergrund. Die Wohlfahrtsverbände verstärkten in ihrem Selbstverständnis den Aspekt, dass sie „Dienstleister" für soziale Dienste waren und von den Trägern als Ressourcenquelle wahrgenommen wurden. Die Gesamtstatistik der freien Wohlfahrtspflege weist für 1987 über 25.000 Selbsthilfegruppen aus, davon allein ca. 12.000 Altenclubs und -gruppen, rund 5.000 Gruppen aus dem Gesundheits- und Behindertenbereich und etwa 4.000 Nachbarschaftsgruppen (BAGFW 1987: 24).

Unter dessen bemühten sich die Kommunen darum, die Kostenentwicklung in den Griff zu bekommen. So formulierten die kommunalen Spitzenverbände bereits 1975 Reformvorschläge zum BSHG, die sich an traditionellen Fürsorgeprinzipien orientierten: Betonung des Nachrangs, Individualisierung der Leistungen, enge Definition von Bedarfsdeckung und Gegenwärtigkeit der Notlage (Trenk-Hinterberger 2008: 614). Später veranlasste der Bund Maßnahmen zur Kostenreduktion bei Sozialhilfeleistungen; Tennstedt (2003: 78) spricht von: „Reduktionsgesetzgebung". Hatte der Bund anfangs die Berechnung der Höhe des Sozialhilferegelsatzes anhand des Warenkorbmodells an den Deutschen Verein delegiert, so entzog er ihm diese Aufgabe auf Betreiben der Ländern, nachdem er (DV) 1981 ermittelt hatte, dass eine rund 30 %ige Erhöhung erforderlich sei. Fortan nahm der Bund die Regelsatzermittlung gemeinsam mit den Länder vor und legte dabei ein neues Statistikmodell zugrunde, womit die Anpassung der Sozialhilfesätze deutliche geringer ausfielen – ausfallen durften –, als es nach dem Warenkorb-Modell erforderlich schien (Trenk-Hinterberger 2008: 632ff.). Mit einem Haushaltsbegleitgesetz für 1984

Wohlfahrts-
verbände
verändern sich
allmählich

Reduktions-
gesetzgebung
in der Sozial-
hilfe

vom „Waren-
korb"– zum
Statistikmodell

(BGBl. I, 1983: 1532) erreichten die Kommunen auch rechtliche Regelungen zur Kostendämpfung. Erstens: mit dem neugeschaffenen § 3a BSHG verankerte der Gesetzgeber den Vorrang ambulanter Hilfen vor stationären; die Kommunen nahmen an, dass diese immer kostengünstiger seien. Zweitens wurde das Wunsch- und Wahlrecht im stationären Bereich unter Kostenvorbehalt gestellt. Und mit Blick auf die Kostensteigerungen im Bereich der Altenhilfe wurde drittens mit dem Abs. 2 zum § 93 BSHG die erste Vereinbarungsnorm eingeführt, der gemäß die Kostenträger nur dann die Kosten für stationäre Einrichtungen übernehmen mussten, wenn zuvor eine Einigung über die Höhe der Selbstkosten getroffen worden war (Giese 1988: 15); die sog. Selbstbeschaffung durch freie Träger war damit eingeschränkt. Gleichzeitig begannen die Kommunen mit dem Ausbau von offenen und teilstationären Angeboten der Altenhilfe, die vordem kaum eine Rolle spielten, nicht zuletzt um die kostenträchtige Unterbringung alter Menschen zu vermeiden bzw. hinauszuzögern (Hammerschmidt 2010c).

4.2.3.3 Jugendhilfe

Als drängendstes Problem der Jugendhilfe entwickelte sich in Folge der Rezession ab Ende der 1970er-Jahre die Jugendarbeitslosigkeit. Der Fünfte Jugendbericht 1980 problematisierte, dass die geburtenstarken Jahrgänge des Wirtschaftswunders nun auf Lehrstellenmangel und geringe Nachfrage auf dem Arbeitsmarkt trafen. Die Perspektivlosigkeit für viele Jugendliche zeigte sich in Form von Fluchtreaktionen, die sich z.B. im Anstieg des Drogenkonsums zeigten (5. Jugendbericht 1980: 35ff.). Die Jugendhilfeträger reagierten darauf mit neuen Konzepten (Qualifizierungsmaßnahmen, Drogenberatung, Jugendzentren etc.). Hinzu kam, dass die Verbreitung neuer Drogen Anpassungen im Betäubungsmittelrecht sowie bei Beratung, Therapie und Rehabilitation erforderlich erscheinen ließen.

Die Reformdiskussion über die Rechtsgrundlagen gingen indessen im hier betrachteten Zeitraum weiter, allerdings scheiterten verschiedene Anläufe etwa in den Jahren 1980 und 1984 im Gesetzgebungsverfahren am Veto der CDU/CSU-regierten Länder im Bundesrat. Erst ein neues Verfahren, nunmehr unter Federführung der CDU-geführten Bundesregierung, führte zu einer grundsätzlichen Neufassung, die aber erst kurz nach Ende der hier vorzustellenden Zeit Rechtskraft erlangte (Gries/

Jugendarbeitslosigkeit

Reform des Jugendhilferechts liegt auf Eis

Differenzierung
der Jugendhilfe

Ringler 2005: 52ff.). Doch auch ohne Rechtsänderung reagierten die Jugendämter und die freien Jugendhilfeträger, gestärkt durch die professionellen Ansprüche der akademisierten Generation von SozialarbeiterInnen und SozialpädagogInnen, auf die neuen Anforderungen komplexer Jugendhilfe. Im selben Zusammenhang differenzierte, professionalisierte und expandierte die Jugendhilfe erheblich. So erhöhte sich die Beschäftigtenzahl von 150.000 im Jahr 1970 auf nahezu 400.000 im Jahr 1988 (8. Jugendbericht 1990: 159). Dieselbe Quelle vermeldete, dass neben einem Ausbau der stationären und teilstationären Angebote der Jugendhilfeträger auch ein Ausbau der Jugendämter stattfand:

> *„Insbesondere die allgemeine Erziehungshilfe wurde intensiviert und ausgeweitet. So erlangten z. B. das Pflegekinderwesen, die Jugendgerichtshilfe und die Erziehungsberatung immer größere Bedeutung. Andere Bereiche, wie z. B. die sozialpädagogische Familienhilfe und die Jugendhilfeplanung, kamen neu hinzu. Der Aufgabenzuwachs war jedoch mit der herkömmlichen Behördenorganisation nicht zu bewältigen." (ebd.: 184)*

Zudem siedelten die Kommunen den ASD zunehmend an die Jugendämter an; Ende der 1980er-Jahre war das bei fast 80 % der Jugendämter so.

4.2.3.4 Gesundheitshilfe

Die Behindertenbewegung

Der wirtschaftlichen und politischen Großwetterlage zum Trotz: die neuen sozialen Bewegungen wirkten fort und trugen die Reformstimmung weiter. Das galt auch und besonders für gesundheitsbezogene Gruppen. Mit der Behindertenbewegung veränderten behinderte Menschen ihr Selbstverständnis, engagierten sich für ihre Belange und stellten dabei das tradierte System der Behindertenhilfe öffentlich in Frage. Als 1981 von den Vereinten Nationen zum Jahr der Behinderten ausgerufen wurde, konnte das Spannungsverhältnis zwischen paternalistisch orientierter, traditioneller Behindertenhilfe und neuer Behindertenbewegung an Aktionen von Körper- und Mehrfachbehinderten abgelesen werden, die sich selbst provokativ als „Krüppelbewegung" bezeichneten (Rudloff/Schliehe 2008).

Ausbau der
ambulanten
Sozial-
psychiatrie

Die neue Dynamik im Bereich der Gesundheitshilfe zeigte sich zunächst Ende der 1970er-Jahre an den Folgen der Psychiatrie-Enquete. Die Empfehlungen des Enquete-Berichtes forderten ein Konzept ambulant-komplementärer Versorgung von chronisch psychisch kranken Menschen. Psychosoziale Dienste sollten als ambulante Anlaufstellen auf kommunaler Ebene entstehen und hierbei spielten die Gesundheitsämter wieder eine zentrale Rolle.

Ein weiterer starker Entwicklungsimpuls setzte zu Beginn der 1980er-Jahre der Problemkomplex HIV/AIDS. Durch die hohe mediale Aufmerksamkeit für das Thema HIV/AIDS entstanden in der Politik ein massiver Problemdruck und eine große finanzielle Ausgabenbereitschaft. Mit Bundesmitteln wurden, trotz Rezession, Fachstellen an Gesundheitsämtern eingerichtet sowie eine breite Präventionskampagne durch die Bundeszentrale für gesundheitliche Aufklärung finanziert. Hinzu kamen öffentliche Förderprogramme zur Unterstützung der AIDS-Hilfen, die weitgehend die unmittelbare Betreuung der Zielgruppen übernahmen. Die Irritation der Hilfesysteme durch HIV/AIDS ging so weit, dass vordem undenkbare Maßnahmen, wie die Drogenrehabilitation für akut Suchtkranke und die direkte Einbeziehung der Selbsthilfegruppen der Betroffenen möglich wurden (Grunow 2005a: 676ff.).

Die Folgen von HIV/AIDS

Als Folge der Selbsthilfebewegung und den öffentlichen Reaktionen auf sie erlebte die gesundheitsbezogene Soziale Arbeit ab den 1980er-Jahren (wieder) einen Aufschwung. Ihre Fachkräfte trugen niedrigschwellige Angebote (Arbeit in Selbsthilfegruppen), Beratung und Prävention (Drogen, HIV, Sucht, Ernährung, chronische Krankheiten) und leisteten das Schnittstellenmanagement zwischen verschiedenen Einrichtungen und rechtlichen Regelungsbereichen (Grunow 2005a: 667ff.).

gesundheitsbezogene Soziale Arbeit lebt wieder auf

4.2.3.5 Ausbildung und Arbeitsbedingungen

Im Bereich der Ausbildung von SozialarbeiterInnen und SozialpädagogInnen führten die Auseinandersetzungen der 1970er-Jahre über Rolle, Auftrag und Methode Sozialer Arbeit zu schweren Irritationen des professionellen Selbstverständnisses. So verschärfte die Etablierung der wissenschaftlichen Ausbildung für SozialarbeiterInnen und SozialpädagogenInnen den Konflikt um die Praxisorientierung der Ausbildung. Während die Wohlfahrts- und Kommunalverbände Theoriekenntnisse eher geringschätzten und einhellig eine möglichst an den praktischen Erfordernissen vor Ort orientierte Ausbildung forderten, entwickelten sich die Fachhochschulen zunehmend mit der

Profession Soziale Arbeit?

Konkretisierung eines wissenschaftlichen Ausbildungsprofils (Andre 1994: 162).

Konflikt zwischen Selbsthilfe- bewegung und Sozialer Arbeit

In den 80er-Jahren verlor die Soziale Arbeit an Renommee, da sie einerseits von der Selbsthilfebewegung kritisch als professionelle Kolonialisierer wahrgenommen wurde, gegen die die Selbsthilfe gerade angetreten war. Zudem musste sich die Soziale Arbeit mit dem Vorwurf eigener Wirkungslosigkeit und Infragestellung ihrer professionellen und methodischen Eigenständigkeit auseinandersetzen (Andre 1994: 154ff.). Nach dem weitgehenden Scheitern einer kritischen Sozialarbeit der 1970er-Jahre, die mit Klassenkampf und Gemeinwesenarbeit einen gesellschaftsverändernden Ansatz verfolgte und neue Zielgruppen Sozialer Arbeit identifizierte, suchten in den 1980ern viele SozialarbeiterInnen den „Ausweg nach Innen".

Psycho-Boom in der Sozialen Arbeit

Die Psychotherapeutisierung auch „Psycho-Boom" genannt der 1980er-Jahre, mit einer Vielzahl unterschiedlichster Therapieformen und -schulen, sorgte dafür, dass neue Methoden des „people processing" Eingang in die Praxis fanden und viele Fachkräfte der Sozialen Arbeit (psycho-) therapeutische Zusatzausbildungen absolvierten (Wendt 2008: 321ff.). Mitausgelöst wurde diese Suchbewegung auch durch die Konfrontation mit einem Arbeitsmarkt, der nicht mehr für die große Zahl neuausgebildeter SozialarbeiterInnen und SozialpädagogInnen aufnahmefähig war. Die Helfer waren plötzlich selbst in Not und suchten nach neuen Betätigungsfeldern.

Zum Weiterlesen

Jordan, Erwin; Maykus, Stephan; Stuckstätte, Eva C. (2015): Kinder- und Jugendhilfe. Einführung in Geschichte und Handlungsfelder, Organisationsformen und gesellschaftliche Problemlagen. 4., überarb. Aufl. Weinheim, Basel: Beltz Juventa.

Kruse, Elke (2004): Stufen zur Akademisierung. Wege der Ausbildung für soziale Arbeit von der Wohlfahrtsschule zum Bachelor-/Mastermodell. 1. Aufl. Wiesbaden: VS Verlag für Sozialwissenschaften.

Wendt, Wolf Rainer (2008): Die Profession im Wandel ihrer Verhältnisse. Geschichte der Sozialen Arbeit 2. 5., völlig neubearb. Aufl. Stuttgart: Lucius & Lucius.

4.3 Soziale Arbeit in Ostdeutschland (1949–1989)

Die Soziale Arbeit war in Deutschland traditionell im Bereich der kommunalen Selbstverwaltung verankert. Was die Beseitigung der kommunalen Selbstverwaltung und das Ansiedeln der Sozialen Arbeit in anderen sozialen Bereichen und bei den Betrieben bedeutete und vor allem, wie sie sich in der DDR gemäß ihres paternalistisch-sozialpolitischen Grundverständnis gestaltete, ist Gegenstand des folgenden Kapitels.

4.3.1 Sozioökonomische, gesellschaftliche und politische Entwicklungslinien

Auch die DDR durchlief in ihrer 40-jährigen Geschichte unterschiedliche politische, ökonomische und gesellschaftliche Entwicklungen, die sich auf die sozio-ökonomischen Existenzbedingungen und Lebenswirklichkeiten ihrer Bürgerinnen und Bürger auswirkten. Das Ziel bestand darin, soziale Unterschiede aufzuheben, entsprechend war die Sozialpolitik auf Egalität der Lebensverhältnisse hin angelegt.

Auch nach der Gründung der DDR, die wenige Monate nach der Gründung der BRD am 7.10.1949 erfolgte, wurde durch die unter SED-Vorherrschaft gebildete Regierung zunächst immer noch die Idee einer gesamtdeutschen (sog. antifaschistisch-demokratischen) Ordnung verfolgt. Dies lag auch im Interesse der Sowjetunion, um ihren Einfluss auf ganz Deutschland weiter ausdehnen zu können. Jedoch spätestens mit dem vertraglichen Beitritt der Bundesrepublik in den Nordatlantikpakt (NATO) am 9.5.1955 wurde dieses Ziel aufgegeben. Es erfolgte die noch festere Einbindung der DDR in das Herrschaftssystem der Sowjetunion. Am 28.1.1956 trat die DDR (auch) dem militärischen Teil des Warschauer Vertrages[29] bei und propagierte nunmehr als politische Agenda den „Aufbau der Grundlagen des Sozialismus". Der „Kalte Krieg", der schon ab 1947 zwischen den westlichen Siegermächten und der Sowjetunion begonnen hatte, fand mit der jeweiligen Bündnisbildung einen vorläufigen Höhepunkt.

Gründung der DDR

der „Kalte Krieg"

---

29 „Vertrag über Freundschaft, Zusammenarbeit und gegenseitigen Beistand" vom 4.6.1955, umgangssprachlich: „Warschauer Pakt".

Im Unterschied zum Deutschen Reich und der BRD war die DDR nicht föderal, sondern zentralstaatlich organisiert. Die Gemeinden bildeten dabei die unterste Ebene der Staatsverwaltung, die nun aber keine kommunale Selbstverwaltung mehr war. Damit verloren die Fürsorge und die Soziale Arbeit ihre vormalige Verortung. Die Absicherung der *„...individuellen Lebensrisiken, wie Unfall, Krankheit, Invalidität, Mutterschaft und Alter wurden (schrittweise) verstaatlicht"* (Reuter-Boysen 2010: 85) und als Sozialversicherung oder Sozialversorgungsleistungen ausgestaltet.30 Die gleichwohl auch unter DDR-Bedingungen erforderliche Soziale Arbeit wurde in reduzierter Form in anderen Bereichen von anderen Organisationen getragen.

permanent angespannte ökonomische Lage

In allen Perioden der DDR-Entwicklung war die ökonomische Lage aus unterschiedlichen Gründen angespannt. Zunächst führte die Überführung in volkseigene Betriebe, also die Vergesellschaftung der Produktionsmittel, zu nicht unerheblichen Umstellungs- und Organisationsproblemen. Die SED-Führung entzog sog. „nationalsozialistisch belasteten Personen" in der Industrie und Verwaltung verantwortliche Aufgaben und besetzte dort die Schlüsselpositionen fast ausschließlich mit SED-Mitgliedern bzw. ihr loyal gegenüberstehende Personen Damit bekamen politische Erwägungen eine höhere Priorität als fachliche Eignung. Das führte zusammen mit anderen politischen Gründen zur (massenhaften) Abwanderung von Führungs- und akademisch gebildeten Kräften in die Bundesrepublik. Erst nach dem Volksaufstand vom 17. Juni 1953[31] wurden erste Zugeständnisse an die Bevölkerung eingeleitet. So wurde die Rationierung der Lebensmittel (Bezugsscheinsystem) 1958 restlos aufgehoben. Dennoch blieb die Versorgungslage mit Lebensmitteln – nicht zuletzt wegen der Umstrukturierung der Landwirtschaft[32] – und Gebrauchsgütern weiter angespannt.

Folgen des Volksaufstands vom 17. Juni 1953

---

30 Selbst der Begriff der Sozialpolitik wurde in jenen Jahren vermieden, weil die SED-Führung davon ausging, dass dieser gesonderte Politikbereich in einer sozialistischen Gesellschaft nicht nötig sei (Hoffmann/ Schwartz 2005: 2).

31 Der Volksaufstand richtete sich zunächst gegen die verordnete Mehrarbeit ohne Lohnsteigerungen und die permanente Mangelversorgung mit Nahrungsmitteln sowie Konsumgütern. Nachdem auch regierungskritische Proteste laut und Freiheitsrechte eingefordert wurden, zerschlugen sowjetische Panzer den Aufstand und es kam zu zahlreichen Verhaftungen und Verurteilungen.

32 Gemäß des „Potsdamer Abkommens" der vier Siegermächte sollten Großbauern und Junker mit einer landwirtschaftlichen Nutzfläche von über 100 ha enteignet werden, was in der SBZ auch so umgesetzt wurde („Junkerland in Bauernhand"). Die zunächst niederliegende Landwirt-

In Folge des Volksaufstandes bestand die Sowjetunion ab Mitte der 50er nicht mehr auf die vollständige Erfüllung der vertraglichen Reparationsleistungen. Auch durch den einsetzenden Wettbewerb um das vermeintlich bessere Gesellschaftssystem, schien dies geboten, zumal die USA schon 1947 auf Reparationen verzichtet hatten.

beginnender deutsch-deutscher Systemvergleich

Trotz aller Mängel und Repressionen, waren für manche die Nachkriegsjahre durchaus auch eine Zeit des Aufbruchs in eine neue Gesellschaftsordnung. Dahinter verbarg sich nach den schrecklichen Erlebnissen des Faschismus die Hoffnung, durch die Schaffung neuer gesellschaftlicher Strukturen, am Aufbau eines alternativen Deutschlands beteiligt zu sein. In dem Maße, wie die eingeleiteten Vergesellschaftungsprozesse in Industrie, Landwirtschaft, Verkehr, Banken, Handel und sozialen Dienstleistungen nicht zu den in Aussicht gestellten ökonomischen Effekten führten, schwand aber die Zustimmung breiter Bevölkerungsschichten. Dies ließ sich auch nicht hinreichend durch die Privilegierung von bisher als benachteiligt angesehen Bevölkerungsschichten, insbesondere der Kinder von Arbeitern und Bauern[33], kompensieren. Dennoch eröffneten sich für jene bisher ungeahnte soziale Aufstiegschancen. Mit dem Bau der Mauer am 13.8.1961 zerbrach jedoch für viele die Illusion von einer gerechteren Gesellschaftsordnung. Die Grenzen waren fest geschlossen und erlaubten den Bürgern kein Entrinnen aus diesem politischen System mehr. Die Mehrheit begann sich – wohl oder übel – in diesem Land einzurichten. Die Alternative, im Falle des Widerstands, bedeutete hinter Gefängnismauern zu landen. Die Ironie bestand darin, dass in den ersten Jahren nach dem Mauerbau zunächst eine ökonomische und innen-, wie außenpolitische[34] Stabilisierung der DDR einsetzte, die erst in den 1980er-Jahren überdeutlich erodierte.

Privilegierung von Arbeiter- und Bauernkindern

Desillusionierung durch den Bau der Mauer

---

schaft erholte sich in den Folgejahren langsam durch die vielen Klein- und „Neu"bauern (sog. Umsiedlerbauernhöfe). Die spätere schrittweise Bildung von Landwirtschaftlichen Produktionsgenossenschaften (LPG) führte jedoch erneut zu Einbußen landwirtschaftlicher Produkte, bevor die beabsichtigten Synergieeffekte eintraten.

33 Dazu wurden u. a. sog. Arbeiter- und Bauernfakultäten (ABF) an den Universitäten (quasi: Vorstudienanstalten) gegründet und bis Anfang der 1960er-Jahre aufrechterhalten. Damit wurde jungen Menschen aus Arbeiter- und Bauernfamilien, jenseits traditioneller Bildungswege, bevorzugt der Zugang zum Universitätsstudium ermöglicht und somit das bürgerliche Bildungsprivileg gebrochen.

34 Besonders Anfang der 1970er-Jahre kam es zur völkerrechtlichen Anerkennung der DDR durch viele Staaten.

Neue Periode
in den
1970er-Jahren

Der neue Staats- und Parteichef Erich Honecker (1971) propagierte die „Einheit von Wirtschafts- und Sozialpolitik".35
Von einer tatsächlichen Einheit, also Ausgewogenheit beider
Pole konnte in den Folgejahren – besonders den 1980er-Jah-
ren – keine Rede mehr sein. Vielmehr „kam es ... zu einer bemerkenswerten Umpolung der Prioritäten: Nachdem zuvor von
der Produktionsseite her geplant wurde, was verbraucht werden
konnte ‚Wie wir heute arbeiten, werden wir Morgen leben'), sollten nunmehr die sozialen Bedürfnisse, vor allem der Arbeiterschaft, zum Maßstab der wirtschaftlichen Entwicklung werden"
(Hübner 2005: 121).

zuvörderst:
Unterstützung
Erwerbsorien-
tierter

Die Sozialpolitik war überwiegend „produktionsorientiert",
d. h. auf die Bedürfnisse der Erwerbsbevölkerung und die Jugend gerichtet. In deren Folge Nicht-Erwerbstätige (-„Berufs-
tätige"), Alte und nichtarbeitsfähige Behinderte benachteiligt
wurden. Diese Prioritätensetzung zielte also auf die Mehrheit
der Bevölkerung. Der beabsichtigte identitäts- und konsens-
stiftende Effekt trat durchaus ein und stabilisierte anfangs den
SED-Staat, verleitet ihn jedoch, immer neue Versprechen über
zu erwartenden sukzessiv steigenden sozialen Wohlstand zu
formulieren. Trotz unzureichender wirtschaftlicher Leistungsfähigkeit wurde dennoch das sozialpolitische Leistungsspek-
trum weiter ausgebaut. Die SED-Führung hatte sich mit ihrer
Sozialpolitik in eine Legitimationsfalle begeben, denn es entfaltete sich eine Forderungsdynamik aus den verschiedensten
gesellschaftlichen Gruppen. Gezielt eingesetzte sozialpolitische
Vergünstigungen (z. B. für junge Familien) schufen wiederum
Erwartungshaltungen in anderen Bevölkerungsgruppen, die
sich dadurch benachteiligt fühlten. Entgegen ökonomischen Re-
alismus wurden diese dann häufig auch sozialpolitisch bedient.

Resümee zur
Sozialpolitik
der DDR

Resümierend bleibt festzustellen, dass die Sozialpolitik
der DDR mehr anstrebte, als die Absicherung vor den Unwäg-
barkeiten des Lebens. Mit den Rechtsansprüchen auf Arbeit,
Wohnung, Bildung, medizinische Versorgung und Betreuung im
Alter zielte sie auf eine umfassende soziale Sicherung und damit
letztlich auf eine Alternative zu kapitalistischen Gesellschaften

Sozialpoli-
tik jenseits
ökonomischer
Realitäten

ab. Auch an diesem Anspruch ist die DDR-Gesellschaft gescheitert, weil sich die Sozialpolitik als Kernstück der Gesellschafts-
strategie von den ökonomischen Realitäten abkoppelte, so dass

---

35 Dies ist auch als eine politische Reaktion auf die sozialen Unruhen in den
   sozialistischen Nachbarländer („Prager Frühling" 1968, Polen 1970) zu
   interpretieren. Es ging darum, soziale Unruhen und Kritik im eigenen
   Machtbereich zu verhindern.

erforderliche Wirtschaftsinvestitionen unterblieben (vgl. Hockerts 1998: 22).

4.3.2   Gesundheits- und Sozialwesen

Diese Kapitel beschreibt, welche bis dato üblichen Grundverständnisse eine Änderung erfuhren und welche organisatorischen Umstellungen in deren Folge vorgenommen wurden. Das betrifft die durch die Verstaatlichung, Zentralisierung und Säkularsierung erfolgten Veränderungen im Gesundheits- und Sozialwesen, einschließlich der Alten- und Behindertenarbeit.

Die von der sowjetischen Militärverwaltung in den unmittelbaren Nachkriegsjahren verfügte Verstaatlichung des Gesundheits- und Sozialwesen (und Sozialversicherung) blieb in der DDR bestehen.[36] Das entsprach sozialistischen Forderungen, die schon in den 1920er-Jahren in Deutschland erhoben wurden. Gesundheitsschutz wurde in der DDR als gesamtgesellschaftliche Aufgabe verstanden, die dementsprechend auch öffentlich wahrgenommen werden sollte. Die Organisation und Aufsicht der medizinischen und sozialen Betreuung der Bevölkerung, einschließlich der alten und pflegebedürftigen Menschen, in ambulanten und stationären Angeboten, verantworteten die Fachabteilungen „Gesundheits- und Sozialwesen" der Kreisverwaltungen (Räte der Kreise/Städte). Die Ärzte und weiteres Personal befanden sich fast ausnahmslos im Angestelltenverhältnis innerhalb des prinzipiell – bis auf einige konfessionelle Einrichtungen (1989 Anteil von 6,8 %) – staatlichen Gesundheits- und Sozialwesens. Insgesamt erhöhte sich die Zahl der im Gesundheits- und Sozialwesen Berufstätigen von gut 292.000 (1960) auf nahezu 568.000 (1989), von denen mehr als 95 % in staatlichen und lediglich 3,9 % (absolut: 22.700) in konfessionellen Einrichtungen beschäftigt waren. Die Statistik weist nur für das Sozialwesen 153.000 Beschäftige (1989) aus, von denen ca. 65 % in Kinderkrippen und Dauerheimen und 35 %

(Marginalie:) Verstaatlichung des Gesundheits- und Sozialwesens

(Marginalie:) Beschäftigtenzahlen im Gesundheits- und Sozialwesen

---

36 Befehl Nr. 17 vom 27.7.1945 zur Verwaltung der Gesundheitsfürsorge; Befehl Nr. 28 vom 28.1.1947 über die Einführung eines einheitlichen (staatlichen) Systems der Sozialversicherung, welches 1949 im Artikel 16 der Verfassung der DDR verankert wurde. Später übertrug der Ministerrat der DDR mit einer VO vom 26.4.1951 Zuständigkeit für die Sozialversicherung an die zentrale (Einheits-)Gewerkschaft (FDGB).

in Heimen und den übrigen Einrichtungen des Sozialwesens angestellt waren (BMAS 2006: 211ff.).

Die ambulante medizinische Versorgung erfolgte in einem relativ dichten Netz der Verflechtung von regionalen Gesundheitsdiensten mit betrieblichen Gesundheitseinrichtungen (in letzteren wurden ca. 2/3 aller Erwerbstätigen medizinisch betreut). Das Kernstück der ambulanten medizinischen Versorgung bildeten kommunale und betriebliche „Polikliniken" (1989: durchschnittlich 21 Ärzte pro Poliklinik). Dort war eine interdisziplinäre medizinische Betreuung unter einem Dach möglich, die durch staatliche und betriebliche Ambulatorien bzw. Arztpraxen ergänzt wurde. In ländlichen Regionen existierten Landambulatorien, mit zumeist mehreren Fachärzten und Gemeindeschwesternstationen (1989: für 800 bis 1.500 Einwohner eine Gemeindeschwester, in Städten für ca. 2.500 Einwohner). Das ambulante medizinische Versorgungsnetz ermöglichte abgestufte kostengünstige Konsultations- und Mitbehandlungsmöglichkeiten, auch durch die kooperative Nutzung der Medizintechnik, Laborkapazitäten und Physiotherapieplätze.

Medizinstatistische Indikatoren, etwa die äußerst geringe Müttersterblichkeit – bis 1980 unterhalb der der BRD – höherer Durchimpfungsgrad bei Kindern, niedrigere Raten an Infektionskrankheiten usw. sind positiv zu bewerten (vgl. Offe 1992: 67). Dazu mag das seit Mitte der 1970er-Jahre aufgebaute „Dispensairesystem" beigetragen haben, bei dem eine weitestgehende Verknüpfung von medizinischer und sozialer Betreuung in Einheit von Prophylaxe, Diagnostik, Therapie und Rehabilitation hergestellt wurde. Der „Dispensaire"-Betreuungsgrad lag 1989 bei 34 pro 1.000 Frauen, 18 pro 1.000 Männer). Zu den obligaten Dispensaires gehörten Schwangerenberatung, Mütterberatung, Jugendgesundheitsschutz, Diabetikerberatung, Geschwulst-, Lungenkranken- und Tuberkulosebetreuung. Hierbei kam der Gesundheitsfürsorge, die den mit Abstand größten Tätigkeitsbereich der Fürsorge bildete, eine gewichtige Bedeutung zu. Die bedeutendsten Anstellungsträger waren die Ambulatorien, Polikliniken sowie die flächendeckend vorhandenen o.g. Schwangeren- und Mütterberatungsstellen. Fürsorge vollzog sich hier unter medizinischer Aufsicht (Müller 2006: 35f. u. 42ff.).

In den späteren 1970er-Jahren etablierte sich vor dem Hintergrund des sozialpolitischen Programms der SED wieder eine (allgemeine) Sozialfürsorge jenseits der Gesundheits- und Jugendfürsorge. Bei den Bezirk- und Kreisstellen angesiedelt, soll-

Novum: kommunale und betriebliche „Polikliniken"

„Dispensaire"-Betreuungssystem

Gesundheitsfürsorge

Sozialfürsorge

te die Sozialfürsorge Versorgungslücken ausfüllen, indem sie Menschen mit ihren Hilfebedarfen erfasste, die nicht betrieblich eingebunden oder durch die Gesundheits- oder Jugendfürsorge erreicht wurden. Der Zugang war territorial, also über die Wohnquartiere, womit insbesondere Frauen im Mutterschutz, ältere oder behinderte Menschen erreicht wurden (Müller 2006: 46f. u. 53f.).

Die medizinischen und sozialen Leistungen waren auf der Grundlage des einheitlichen staatlichen Versorgungssystems grundsätzlich ohne individuelle Kostenbeteiligung. Ihre Finanzierung erfolgte durch die Sozialpflichtversicherung, deren Beitragssatz auf 10 % des Bruttoeinkommens mit einem Höchstsatz von 60 Mark begrenzt und durch erhebliche staatliche Zuschüsse (1986: etwa: 46,9 %) subventioniert war.

minimaler eigener Sozialversicherungssatz

Die finanziellen Leistungen der Sozialfürsorge spielten dagegen eine immer geringere Rolle. Lag die Zahl der Sozialfürsorgeunterstützten 1950 noch bei 3,4 % und 1959 bei 1,1 % der Bevölkerung, so sank dieser Wert in der Folgezeit bis zur statistischen Bedeutungslosigkeit, denn durch die hohe Erwerbsquote und Preissubventionierungen konnte die Bevölkerung die Grundbedürfnisse weitgehend befriedigen (vgl. Rudloff 1998: 193). Unterdessen waren die repressiven Elemente des Fürsorgerechts beseitigt worden.[37] Bedeutender fielen dagegen die Dienstleistungen des Fürsorge- bzw. Sozialwesens in Einrichtungen aus. Hierzu gehörten Kinderkrippen und Dauerheime für Kinder bis zum dritten Lebensjahr, Alten- und Pflegeheime und Heime für „nichtbildungsfähige" Kinder und Erwachsene mit unterschiedlichen Behinderungen sowie behindertengerechte „geschützte Werkstätten". Dieses Angebot wurde durch das staatliche „Gemeindeschwesternsystem" ergänzt. D. h. in fast jedem größerem Dorf bzw. Dorfverbund (heute: Marktgemeinde) war zumindest eine medizinisch ausgebildete Fachkraft tätig.

Sozialfürsorge erübrigte sich

Einrichtungen des Sozialwesens für vornehmlich pflegerisch-soziale Betreuung

Betreuungsdefizite bestanden insbesondere im psychiatrischen Bereich. Neben nicht selten letztlich auf Verwahrung hinauslaufender stationärer Unterbringung fanden zeitgemäße betreuungsintensive, so z. B. gemeindepsychiatrische Ansätze o. ä., kaum Anwendung.

---

37 Die im Weimarer Fürsorgerecht vorgesehene Möglichkeit der Verpflichtung zur gemeinnützigen Arbeit wurde 1948 aufgehoben, die Arbeitshauseinweisung zunächst an ein gerichtliches Urteil gebunden und dann mit der neuen Sozialfürsorgeordnung der DDR von 1956 ganz aufgehoben (Rudloff 1999: 42).

Behinderten-
arbeit

In der Behindertenarbeit (in der DDR-Terminologie zumeist Begriff der „Schädigung" und „Rehabilitation") lassen sich sachliche Unterscheidungen in medizinisch, pädagogisch, beruflich und sozial orientierte Rehabilitation vornehmen. Quer zu o. g. inhaltlichen Zugängen gestaltete sich die ressortmäßige Zuständigkeit. So fand bezogen auf Kinder und Jugendliche eine fachlich bedenkliche administrative Trennung in „Schulbildungsunfähige" und „Schulbildungsfähige" statt. Für die Ersteren waren die genannten Einrichtungen des Gesundheits- und Sozialwesens zuständig und für die Anderen, die der Volksbildung. Ein ausdifferenziertes Netz des Sonderschulwesens bestand für ca. 120.000 physisch-psychisch geschädigte Kinder und Jugendliche (Schädigungsquote: 5 %). Die unter Förderungsabsichten frühzeitige Erfassung und Früherziehung nach Schädigungs- und Bildungskategorien von physisch-psychisch geschädigten Kindern in einem nahezu perfekt anmutenden System des Zusammenwirkens von Medizinern, (Sonder-)Pädagogen, Psychologen und Fürsorgern stand dennoch den eigenen Absichten nach Integration Behinderter im Wege. Das betraf die verfrühte Selektion, unflexible Handhabungsmöglichkeiten, keine Alternativen, mangelnde Variantenvielfalt der inhaltlichen, strukturellen und didaktisch-methodischen Arbeit (vgl. Kraus 1994: 35).

Segregation
Behinderter

Altenhilfe

Als eine Reaktion auf laut gewordene massive Kritik insbesondere an der stationären Altenhilfe entwickelten Fachkräfte unter Federführung des zuständigen Ministeriums für Gesundheitswesen seit Mitte der 1970er-Jahre in der Altenhilfe die sog. „komplexe Betreuung" älterer Menschen, bei der die verschiedenen Ressorts auf allen Ebenen zusammen wirkten. Auch nicht-staatliche Organisationen waren hier – wie auch in der Behindertenhilfe – eingebunden. Die ambulante pflegerische Versorgung gewährleisteten im Jahr 1989 ca. 6.500 staatliche Gemeindeschwestern, 3.154 Gemeindepflegestationen des Diakonischen Werkes und 100 Alten- und Krankenpflegestationen der Caritas. Daneben betreuten rund 38.600 Hauswirtschaftpflegerinnen der Volkssolidarität 87.000 Rentner (3,2 %) und sicherten zudem für 215.000 (8 %) alte Menschen die Mahlzeitenversorgung. Betriebe und Massenorganisationen (wie etwa der Demokratische Frauenbund Deutschlands (DFD)) unterstützten und ergänzten die Aktivitäten der Volkssolidarität. Die Volkssolidarität organisierte mit ihren Alten- bzw. Veteranenclubs sowie mit ihrem flächendeckenden Netz von Ortsgruppen mit mehr als 112.000 ehrenamtlichen Mitarbeitern, nicht selten ebenfalls älteren Menschen, jährlich viele politisch-kulturelle Veranstaltungen für ältere Mitbürger (1967: 61.122 mit 6,6 Mio. Besuchern). Damit existierte ein sehr umfangreiches Angebot der offenen Altenarbeit jenseits pflegerischer und haushaltbezogener Hilfe- und Unterstützungsleistungen. Das Angebot an Tageseinrichtungen sollte ab Mitte der 1980er-Jahre ausgebaut werden, blieb aber bis zur Wiedervereinigung unentwickelt (800 Tagespflegeplätze). Die stationäre Versorgung war dagegen rein quantitativ betrachtet in Ostdeutschland etwas besser als in Westdeutschland, aber gleichwohl noch unzureichend. 1989 bestanden 1.348 staatliche Feierabend- und Pflegeheime mit ca. 140.000 Plätzen sowie 349 Heime von Diakonie und Caritas mit 17.715 Plätzen. Ein Teil dieser Plätze belegten mangels alternativer Unterbringungsmöglichkeiten aber jüngere Pflegebedürftige und Behinderte, während umgekehrt Ältere behelfsweise in Akutkrankenhäusern leben mussten. Die Feierabend- und Pflegeheime wiesen vielfach erhebliche bauliche und räumliche Mängel auf und die persönliche und pflegerische Betreuung ist als unzureichend einzustufen. Dennoch bildeten die Feierabendheime für nicht-pflegebedürftige Ältere eine attraktive Wohnform – hier spielte der Vergleich zur sonstigen, kaum altersgerechten Wohnraumversorgung eine Rolle – zumal die Eigenbeiträge für die Heimbewohner gering ausfielen (Feierabendheime: 105 Mark, Pflegeheime 120 Mark) (Hammerschmidt 2010c: 26f.).

offene Angebote in der Altenarbeit

geringer Eigenanteil in Altenheimen

Abschließend sind noch einige Hinweise zu den eben angeführten nicht-staatlichen Trägern sozialer Arbeit und Dienste geboten. Die schon unter 4.1.4 benannte neu gegründete soziale Organisation „Volkssolidarität" organisierte schon seit Herbst 1945 spendenfinanzierte Nothilfe in der SBZ. Sie wurde dort von den antifaschistischen Parteien, den Kirchen und dem neugegründeten „Freien Deutschen Gewerkschaftsbund" (FDGB) unterstützt und im Laufe der Zeit von KPD-Mitgliedern (später SED) maßgeblich beeinflusst. Nach Überwindung der akuten Nachkriegsnot verlagerte sie, den Vorstellungen der SED folgend, ihren Arbeitsschwerpunkt auf den Bereich der Altenhilfe (s. o.). Die Volkssolidarität warb beitragszahlende Mitglieder und rekrutierte Helfer für ehrenamtliches Engagement, was sie mehr als ihr hauptamtliches Angebot charakterisierte. Im Jahr 1957 registrierte sie mehr als 371.000 Mitglieder und 74.000 Helfer. Diese Zahlen lagen in den 1960er-Jahren über 1,3 Mio. bzw. mehr als 110.000 Helfer. Am Vorabend des Mauerfalls wies sie 2,1 Mio. Mitglieder und rund 200.000 Ehrenamtliche

Volkssolidarität

Volkssolidarität als soziale Massenorganisation

127

aus. Zudem finanzierte die Volkssolidarität die soziale und kulturelle Betreuung von Senioren (1960: 10,4 Mio. M., ab Mitte der 1970er-Jahre dreistellige Millionenbeträge) (Angerhausen 2003: 121–143; Müller 2006: 26f.; BMAS 2006: 269ff.). Das

DRK

Ende 1952 neugegründete Deutsche Rote Kreuz der DDR (DRK) spielte als Träger der Fürsorge/Sozialen Arbeit kaum eine Rolle, lediglich mit seiner ambulanten und stationären Altenbetreuung bestanden Überschneidungsbereiche.

Die DDR war ein säkularer Staat und legte deshalb wert auf eine klare Trennung von Kirche und Staat. Entsprechend der in der DDR-Verfassung formulierten Glaubens- und Gewissensfreiheit sowie dem Recht auf „ungestörte" Religionsaus-

Caritas und
Diakonie

übung ließ die SED-Führung auch das sozial-caritative Wirken der beiden christlichen Kirchen zu. Vor dem Hintergrund der anfänglich starken Spannungen zwischen SED und Kirchen handelte es sich zunächst lediglich um ein Hinnehmen dieses Engagements. Nach einem kirchenpolitischen Kurswechsel der SED 1953 entwickelte sich daraus eine zunehmende Akzeptanz und pragmatische Kooperation. Der von der SED-Führung dafür verlangte Kompromiss seitens der konfessionellen Träger bestand darin, dass sich Caritas und Diakonie auf bildungsfernere Angebote beschränken. Solche politisch „weniger bedeutende" Bereiche wurden in der Alten-, Behinderten- und Krankenhilfe gesehen. Mittels dieser beschränkten Aufgabenzuweisung sollte jedoch die staatliche Sozialpolitik in diesem Feld sinnvoll ergänzt werden (vgl. Müller 2006: 75–113; Olk 2004, 2006, 2008; spez. Caritas: Lange/Pruß 1997; spez. Diakonie: Hübner/Kaiser 1999). Infolge dessen schloss der Staat mit der Diakonie 1961, später auch mit der Caritas, eine Vergütungsvereinbarung ab. Fortan standen den konfessionellen Gesundheitseinrichtungen dieselben Vergütungssätze zu, wie staatlichen Einrichtungen (Olk 2006: 680f., 686). Mitte der 1950er-Jahre unterhielten die beiden konfessionellen Träger über 368 Heime für ältere und behinderte Menschen, was einem Drittel des Gesamtbestandes in der DDR entsprach. 1989 waren es 370 (19 %). Die Zahl der Krankenhäuser in konfessioneller Trägerschaft bewegte sich zunächst um 100 (ca. 7 %). Sie reduzierte sich dann 1989 auf 75, was nunmehr aber, auf Grund des Rückgangs der Gesamtkapazitäten, 13,9 % ausmachte. Die Zahl der Kinderkrippen und Kindergärten fiel dagegen mit ca. 440 (ca. 3,3 %) Anfang der 1970er- und weniger als 400 (ca. 2,8 %) in den späten 1980er-Jahren gering aus (BMAS 2006: 266ff.). Ende der

1980er-Jahre beschäftigte die Caritas 10.200, die Diakonie ca.
15.000 hauptamtliche Kräfte (Olk 2008: 670, 672).

4.3.3 Betreuungs- und Versorgungsfunktion von Betrieben

Betriebe u. a. Arbeitsstätten wurden in der DDR als ein wichtiger Vergesellschaftungskern betrachtet. Hier wurden ebenfalls sozialpolitisch Leistungen erbracht. Die Betriebe übernahmen Versorgungs-, Betreuungs- und Dienstleistungsaufgaben für ihre Mitarbeiter und deren Familien. Auch daraus wird im Nachfolgenden die Verwobenheit zwischen Arbeitswelt, Familiärem und Privatem abgeleitet.

Die DDR war im Vergleich zu anderen Industriegesellschaften eine „Arbeitsgesellschaft" besonderer Ausprägung. Arbeit wurde nicht nur als Quelle von materiellem Überleben betrachtet, sondern sie wurde – ideologisch überhöht – vor allem als identitätsstiftend gesehen. Deshalb sollten die Betriebe nicht nur Produktionsstätten sein, sondern auch soziale Bindekraft entfalten. Ihnen waren – in Abhängigkeit von ihrer Größe und volkswirtschaftlichen Bedeutung – zahlreiche Einrichtungen zugeordnet. Angefangen bei Kinderkrippen, Kindergärten, medizinischen Einrichtungen („Betriebspolikliniken"), aber auch Erholungs- („Betriebsferienheime"), Sport- u. a. Freizeiteinrichtungen („Kulturhäuser") wurden durch Betriebe und andere Arbeitsstätten vorgehalten. Wohnungen standen genauso auf der Vergabeliste, wie Ferien- und Kurplätze. Ebenso konnten die Betriebe Nachwuchskräfte zum Studium „delegieren", wodurch deren Studienplätze und späteren Arbeitsplätze gesichert waren.

identitätsstiftende Rolle der Arbeit

umfassende Versorgungsleistungen durch die Betriebe

Die Arbeitskollektive entfalteten, auch wegen gemeinsamer Freizeitaktivitäten, soziale Bindekraft. Frauen, die sich im Babyjahr befanden, fühlten sich deshalb ohne Erwerbstätigkeit eher isoliert. Die aus Altersgründen aus dem aktiven Arbeitsprozess ausgeschiedenen langjährigen Betriebsangehörigen hatten zumeist gleichermaßen ein hohes Maß an sozialer Verbundenheit und auch Erwartungshaltungen an ihre vormalige Arbeitsstätte. Hieraus erklärt sich die Rolle der sog. „Veteranenarbeit", die durch Betriebsgewerkschaftsorganisationen (FDGB) zu organisieren war, um der sozialen Isolation ehemaliger Betriebsangehöriger entgegen zu wirken. Insofern ging es dabei nicht nur

Soziale Bindekraft

soziale Betreuung der Rentner

darum, die zumeist ohnehin geringen Altersrenten abzufedern, indem weiterhin das kostengünstige Werkessen angeboten wurde, betriebliche (Rest-)Ferienplätze zur Verfügung gestellt wurden und die Leistungen des Betriebsgesundheitswesens in Anspruch genommen werden konnten. Die „Veteranen der Arbeit" sollten überhaupt weiterhin am kulturell-sozialen und betrieblichen Leben teilhaben. Diese den Betrieben und Einrichtungen zugedachten umfassenden Aufgaben wurden in der Realität jedoch oft unterlaufen.

Die Verlagerung von immer mehr sozialen Leistungen und die Regulierung gesamtgesellschaftlicher Aufgaben auf die Ebene der Betriebe (im Verbund mit der Region) waren nur in diesem verstaatlichten Produktionssystem möglich, überbelasteten es jedoch erheblich auf Kosten seiner Effizienz. So trugen die Betriebe einen hohen Anteil der sozialpolitischen Leistungen, entweder durch die o. g. direkte Erbringung an die Berechtigten oder durch die Einspeisung in den „gesellschaftlichen Konsumtionsfond" des Staatshaushaltes. Diese Strategie konnte dem „Kardinalproblem" entwickelter Industriestaaten nicht

Ineffizienz durch Überfrachtung mit produktionsfernen Aufgaben

entrinnen, wenn sie ökonomische Effizienz und Sozialstaatlichkeit gleichermaßen anstreben: *„Das Prinzip der sozialen Sicherheit schränkt die freie Verfügbarkeit von Produktionsfaktoren auf Kosten des Rentabilitätsprinzips ein; umgekehrt wirken sich die Nachteile einer schwachen Ausschöpfung der Leistungsfähigkeit und eines verzögerten ökonomischen Strukturwandels negativ auch auf die erreichbaren Standards sozialer Sicherheit aus"* (Hockerts 1994: 536).

Eine nahezu flächendeckende Wirkung konnte die betriebliche Sozialpolitik und Sozialarbeit wegen der hohen Erwerbstätigenquote erreichen. Ende der 1980er-Jahre waren 90 %

Hohe Erwerbstätigenquote von Mann und Frau

der Männer (Kohli 1994: 41) und 84,1 % der Frauen (Schwartz 2005: 49) im Alter von 15–64 Jahren erwerbstätig.[38]

Hinter der hohen Erwerbstätigenquote der Frau verbargen sich nicht nur individuelle emanzipatorische Motivationen.[39] Gleichsam war dies auch arbeitsmarktpolitisch geboten,

---

38 Vgl. BRD 1986: 50,3 % der Frauen waren erwerbstätig und rangierten damit weit hinten unter den westlichen Industriestaaten (Schweden 78,3 %, USA 64,9 %) (vgl. Merkel 1994: 379).

39 Die Verfassung der DDR hob 1949 *alle* der Gleichberechtigung der Frauen zuwiderlaufenden Gesetze und Bestimmungen auf, soweit dies nicht schon in der SBZ geschehen war. Dort wurde das Leitbild der erwerbstätigen Mutter verankert. Seine konkrete Ausgestaltung fand dies im am 27.9. 1950 verabschiedeten „Gesetz über den Mutter- und Kinderschutz und über die Rechte der Frau" (Gbl. DDR 1950: 1037). Damit wurde das

um den permanent steigenden Arbeitskräftebedarf decken zu können. Zudem gab es ökonomische Notwendigkeiten, um das Familieneinkommen zu sichern. Förderlichen Einfluss auf die Möglichkeit der Berufstätigkeit von Mann und Frau hatten die insbesondere in den 1970er-Jahren ausgebauten, aus dem Staatshaushalt subventionierten haushaltsnahen Dienstleistungen. Gleiches trifft auf das beitragsfreie, flächen- und bedarfsdeckende Netz von Kindertageseinrichtungen (1989: Kindergärten, Betreuungsquote 93,4 %; Kinderkrippen 56,4 %) (9. Jugendbericht 1994: 491f.) zu, die ganzjährig geöffnet waren. Zudem war ab den 1970er-Jahren die Betreuung der Schulkinder durch das quasi Ganztagschulangebot, einschließlich während der Schulferien, gesichert. Dies und weitere sozialpolitische Maßnahmen – Verlängerung des Schwangerschafts- und Wochenurlaubs, Mütterjahr, Geburtenbeihilfe (1.000 Mark beim ersten Kind und Steigerungen bei den folgenden), Hausarbeitstag, Wohnraumprogramm, Krankengeldzahlung bei Erkrankung des Kindes, Subventionierung von Kinderbedarfsartikeln und Grundnahrungsmitteln – zielten u.a. darauf, die Vereinbarkeit von Beruf und Arbeit zu ermöglichen. So gelang es auch die Geburtenrate, trotz der hohen Frauenerwerbsquote, zu steigern.[40] *„Paradoxerweise hatten die sozialpolitischen Maßnahmen zwei unerwartete und gegenläufige Effekte: Sie bestätigten einerseits die traditionelle Geschlechterrolle[41] und hatten andererseits die historisch bisher ungekannte gesellschaftliche Akzeptanz alleinerziehender Frauen zur Folge"* (Merkel 1994: 374).

Bedarfsdeckung in der Kinderbetreuung

auf Geburtensteigerung orientierte Politik

4.3.4 Jugendfürsorge und Jugendförderung

Die traditionelle Jugendhilfe erfuhr in der DDR durch veränderte Zuständigkeiten einen ideologisch begründeten Funktionsverlust. Sie wurde im Wesentlichen auf eines ihrer traditi-

im traditionellen Eherecht des BGB damals noch verankerte Alleinbestimmungsrecht des Mannes aufgehoben, indem festgelegt wurde, dass der Frau durch die Eheschließung *„keine Einschränkung oder Schmälerung ihrer Rechte"* erfahren darf und *„nicht gehindert werden"* dürfe, *„einen Beruf auszuüben"*.

40 Geburtenziffer DDR 1980: 1,94; 1985: 1,73; Vgl. BRD 1980: 1,44; 1985: 1,28 (Statistisches Bundesamt (2012) Fachserie 1, Reihe 1.1).

41 Noch in den 1980er-Jahren trugen verheiratete bzw. in Partnerschaft lebende Frauen über 70 % die Hausarbeit und häusliche Kindererziehung. Ein Ausweg wurde in der arbeitsmarktpolitisch unerwünschten „Teilbeschäftigung" durch die Frauen selbst gesucht (1989: 27 %).

onellen Kernfelder, die kompensierende bzw. ersetzende Sozialerziehung (heute: Erziehungshilfe) zurückgewiesen. Gleichwohl wurden auch in diesem Bereich konzeptionelle Prinzipien vertreten, die mit der Vision einer neuen Gesellschaft korrespondierten.

Gegen die anfänglichen Bestrebungen der sowjetischen Militäradministration (Befehl 156 vom 20.6.1947), Jugendämter zu selbstständigen Verwaltungen neben den Schulämtern auszubauen, die für die Belange aller Kinder und Jugendlichen zuständig sein sollten, setzte in den 1950er-Jahren eine entgegengesetzte Entwicklung ein. Dies mündete in einem Bruch der bis dahin gewachsenen Jugendhilfestrukturen. Die in der Weimarer Republik von Fachkreisen propagierte Einheit der Jugendwohlfahrt war kein Ziel in der DDR. Die drei Bereiche – Jugendförderung, Kinderbetreuung und Jugendhilfe(-fürsorge) – entwickelten sich mit unterschiedlichen Akteuren, Orientierungen, Zuständigkeiten/Adressaten und Logiken gesondert weiter.

fundamentaler Einschnitt durch die Aufhebung der Einheit von Jugendförderung und Jugendfürsorge

Tabelle 6: Jugendhilfe im Ost-West-Vergleich

	Westdeutschland	Ostdeutschland
Rechtsgrundlagen	RJWG, Reformen 1953 und 1961 seitdem: JWG	1. Jugendgesetz der DDR 1950 VO über die Jugendämter 1952 JHVO 1965
Bezeichnungen	Oberbegriffe: Jugendhilfe (bzw. Jugendwohlfahrt) Jugendfürsorge Jugendpflege	Oberbegriff: entfällt Jugendhilfe (an Stelle von Jugendfürsorge) Jugendförderung (an Stelle von Jugendpflege)
Schwerpunkte	Jugendfürsorge (im Gesetz wie in der Praxis)	Jugendförderung und Kinderbetreuung (im Gesetz wie in Praxis)
Zuordnung: Träger und zentralstaatlich Ressortzuständigkeit	kommunale Selbstverwaltung Bundesinnenministerium, ab 1957 BM für Familie und Jugend	Staatsverwaltung Ministerium für Volksbildung (Jugendfürsorge) Ministerium für Gesundheit u. Sozialwesen (Krippen usw.)
Organisationen (mit Kosten- und Gewährleistungsverantwortung)	(kommunale) Jugendämter Landesjugendämter	Jugendämter bis 1950 Ämter für Jugendförderung Referate für „Jugendhilfe (u. Heimerziehung) auf der Kreis-, Bezirks- und zentralstaatlichen Ebene"
Leistungserbringer	Kommunen und freie Träger	Jugendhilfe (-fürsorge): Staat Jugendförderung: FDJ/Staat

Quelle: Eigene Darstellung

Ehemalige Jugendhilfeaufgaben wurden anderen Fachverwaltungen zugeschlagen (§ 6 der VO über die Jugendämter 1952). Die Kindergärten und Horte waren der Schulverwaltung, die Säuglingsfürsorge, Heime für Kleinstkinder sowie die Ehe- und Familienberatung der Gesundheitsverwaltung zugeordnet. Die mit dem 1. Jugendgesetz der DDR vom 8.2.1950 neu geschaffenen Ämter für Jugendfragen (auf allen Verwaltungsebenen) waren ressortübergreifend mit anleitenden, koordinierenden und kontrollierenden Funktionen der Jugendförderung betraut. Die Ämter arbeiteten eng, meist in Personalunion, mit dem einzigen Jugendverband, der „Freien Deutschen Jugend" (FDJ), zusammen. Dem Amt für Jugendfragen wurde ein Mitspracherecht bei der staatlichen Jugendpolitik zugestanden. Die Jugendförderung zielte auf die zentrale politische Aufgabe einer sozialistischen Erziehung der Jugend. Zugleich sollte der Grundsatz der „Jugendförderung als bester Jugendschutz" verwirklicht werden. Die allgemeine Jugendförderung vollzog sich mittels sog. „Jugendförderungspläne" in einem komplexen System verschiedener staatlicher, kommunaler und betrieblicher Verantwortlichkeiten. Die Trägerschaft hatte zumeist die staatliche Kinderorganisation (Junge Pioniere), die Jugendorganisation (FDJ), der Sportbund (DTSB) und die (wehrsportlichen) Gesellschaft für Sport und Technik (GST). Diese hielten ein dichtes infrastrukturelles Einrichtungsnetz vor (Pionierhäuser, touristische Stationen, Jugendklubs, Jugendherbergen, Kulturhäuser, Sporteinrichtungen, Musikschulen usw.). Die staatliche Kinder- und Jugendarbeit, namentlich die Pionier- und FDJ-Organisation, begleitete und beeinflusste ideologisch geprägt, wie selbstverständlich durch ihre ständige Präsenz – und ihre durchaus auch kind- und jugendgemäßen Angebote – wesentlich die Biographien der gesamten Kindheit und Jugend in der DDR. Konfessionelle Kinder- und Jugendarbeit sowie alternative Szenen gewannen erst in den 1980er-Jahren zunehmend an Bedeutung, auch als Ausdruck des Ausbruches aus verregelter Kindheit und Jugend.

Die Jugendfürsorge (genannt: Jugendhilfe) war auf rudimentäre Aufgaben der Erziehungsfürsorge, der Familien- und Jugendgerichtshilfe sowie des Vormundschafts-, Adoptions-, Pflegschafts- und Urkundswesen (Vaterschaftsanerkennungen, Unterhaltsregelungen usw.) beschränkt. Die den neuen „Referaten" für Jugendhilfe zugeordneten Jugendhilfeausschüsse (JHA) waren vor allem mit der Zuweisung von Aufgaben in der Einzelfallentscheidung betraut. Ihre traditionelle jugend- und

veränderte Zuständigkeiten

Kinder- und Jugendbetreuungsangebote

vernetztes System von grundsätzlich kostenlosen Angeboten der Kinder- und Jugendarbeit

mentale Abwanderung der Jugend

Aufgaben der Jugendfürsorge(-hilfe)

sozialpolitische Funktion konnten sie in der Praxis nicht mehr erfüllen.

Abbildung 11: Organigramm der Jugendhilfe(-fürsorge) der DDR

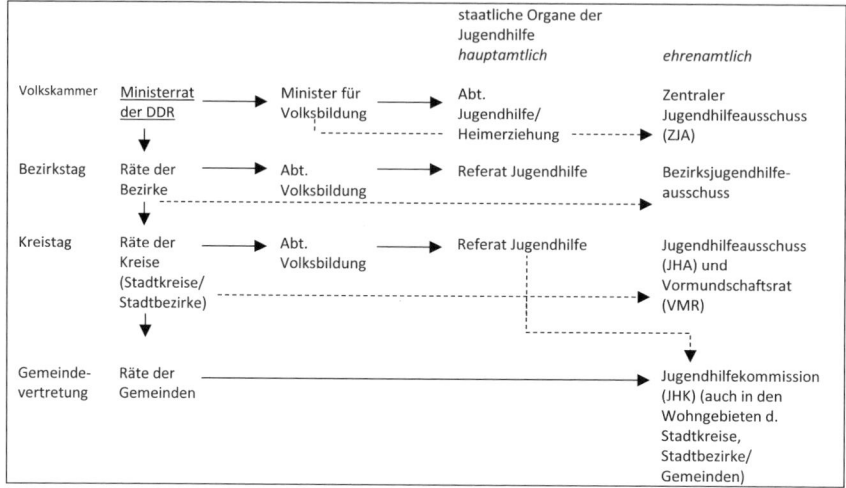

Quelle: Seidenstücker/Münder 1990: 58 (überarb.)

general-präventiver Ansatz

Das jugendhilfepolitische Konzept war in erster Linie auf Generalprävention angelegt. Neben den weiter oben beschriebenen Maßnahmen zur Jugendförderung, schloss dies insbesondere auch die Verantwortung der Schulen bzw. Ausbildungsstätten ein.

In jenen Fällen, in denen es Anzeichen für Kindeswohlgefährdung gab, sollte vermittels sog. „spezifischer sozialpädagogischer Aktivitäten" gesellschaftlich-erzieherische Potentiale mobilisiert und gebündelt werden. Diejenigen, die durch ihre tägliche Betreuungsarbeit bzw. Zusammenarbeit die Kinder oder Jugendlichen und ihre Eltern in ihren Lebensumständen am ehesten kannten (LehrerInnen, AusbilderInnen, TrainerInnen usw.) wurden in den Hilfeprozess einbezogen werden.

Mobilisierung von erzieherischen Potentialen analog des lebensweltorientierten Ansatzes

Zu den Aufgaben der Ehrenamtlichen in dem flächendeckenden Netz von Jugendhilfekommissionen (JHK) in den Städten und Gemeinden (1989: 4179 mit 26.582 Mitgliedern) gehörten die lebenspraktische und erzieherische Beratung von Eltern, konkrete Unterstützungsangebote zur Verbesserung der Lebens- und Erziehungsbedingungen (z. B. von der Einflussnahme auf Arbeitszeitregelungen, über die Sicherung materieller Lebensbedingungen bis zur Verbesserung der Wohnverhältnisse) sowie die Kontrolle über deren Einhaltung. Dazu wurden sog. „individuelle Erziehungsprogramme" in gemeinsamer Beratung mit den Betroffenen entwickelt und Realisierungswege unter gezielter Einbeziehung anderer gesellschaftlicher „Erziehungsträger" (besonders der Schulen/Ausbildungsstätten), staatlichen Institutionen/Verwaltungen (z. B. Gesundheits- und Sozialwesen, Wohnungswesen) und auch von Arbeitsstellen der Eltern gesucht. Überdies wurden Mitglieder von Jugendhilfekommissionen in die Erarbeitung von Stellungnahmen bei Vormundschaften, Pflegschaften und Adoptionen sowie für Gerichte (z. B. bei Jugendstrafverfahren, zur Übertragung des Erziehungsrechts im Zusammenhang mit Ehescheidungen usw.) einbezogen, auch selbständig damit betraut.

Hilfeplanung über „Erziehungs-programme"

Wenn jugendhilferechtliche Entscheidungen getroffen werden mussten, wurden gleichfalls Ehrenamtliche einbezogen. Zuständig waren dafür die Jugendhilfeausschüsse (z. B. bei Heimunterbringungen) bzw. Vormundschaftsräte (z. B. bei Adoptionen). 1989 gab es 490 Jugendhilfeausschüsse mit 2.667 Mitgliedern und 216 Vormundschaftsräte mit 1.233 Mitgliedern unter dem Vorsitz einer jeweils hauptamtlichen (leitenden) Jugendhilfefachkraft. Die insgesamt lediglich 1.284 (1989) hauptamtlichen JugendfürsorgerInnen in den „Referaten Jugendhilfe" waren auf örtlicher Ebene für die fachliche Anleitung/Begleitung der verschiedenen ehrenamtlichen Gremien zuständig (s. Abb. 11). Nicht eingerechnet sind hierbei die 7.613 MitarbeiterInnen (1989) in den Heimen der Jugendhilfe.

Verhältnis 1 Hauptamtlicher zu 23 Ehrenamtlichen

Die mangelnde politisch-gesellschaftliche Akzeptanz der Jugendfürsorge(-hilfe) und die immer geringere Wirksamkeit der Bildungs- und Erziehungsinstitutionen (Stichwort: mentale Abwanderung) höhlte diese Erziehungshilfekonzeption zunehmend aus. Zudem geriet das Konzept, die Basisarbeit der Jugendhilfe überwiegend von Ehrenamtlichen erledigen zu lassen, vor allem in filigranen Sphären der Beratungs- und Betreuungsarbeit, an die Grenzen notwendiger Fachlichkeit. Zudem bestand die Gefahr der Verletzung der Privatsphäre („gläserne" Familie) durch eine quasi „sozialpädagogische Umzingelung" vermittels staatlich organisierter Ehrenamtlichkeit (Seidenstücker 2005: 779; Müller 2006: 39).

zunehmend ausgehöhltes Erziehungshilfekonzept

Gleichwohl zeigte der gemeinwesenorientierte und kollektiv- (gruppen-)pädagogische favorisierte Ansatz, durchaus Erfolge. Dies gelang immer dann, wenn die gezielte Nutzung der sportorientierten, kulturellen und sonstigen freizeitpädagogischen Infrastruktur sowie der Institutionen öffentlicher

Arbeitsweise
im Erziehungs-
hilfebereich

Bildung und Erziehung wieder dazu beitragen konnte, die entwicklungsgefährdeten Kinder bzw. Jugendlichen in ihre lebensweltlichen Sozialisationszusammenhänge besser zu integrieren. Besonders dem engagierten Einsatz nicht weniger humanistisch gesonnener haupt- und ehrenamtlicher Mitarbeiter war dies zu verdanken. In ca. 1/3 aller der Jugendhilfe im Erziehungshilfebereich bekannt gewordenen Fälle (insg. ca. 1 % aller Nichtvolljährigen) gelang es, die Gefährdungssituation bei Verbleib des Kindes bzw. Jugendlichen im sozialen Herkunftsmilieu zu überwinden. Bei den übrigen erfolgte eine Heimunterbringung. Ende der 1980er-Jahre bestanden in der DDR 602 Heime mit 34.610 Plätzen in denen 27.847 Kinder und Jugendliche untergebracht waren; davon 4.448 Kinder unter

kein ausgebau-
tes Pflege-
kinderwesen

drei Jahren in Heimen des Gesundheitswesen (Seidenstücker/ Münder 1990: 55). Die traditionelle Alternative der Fremdunterbringung in einer Pflegefamilie wurde nach den Nachkriegswirren zunehmend weniger genutzt.[42]

Heimerziehung

Heimerziehung wurde nach Gremienberatung im Jugendhilfeausschuss (JHA) unter Einbeziehung der Betroffenen und o. g. Personen aus dem lebensweltlichen Bezug (§ 36 Abs. 2 und 3 JHVO) dann *„angeordnet"*, wenn *„...die Erziehung und Entwicklung oder die Gesundheit Minderjähriger gefährdet und auch bei gesellschaftlicher und staatlicher Unterstützung der Erziehungsberechtigten nicht gesichert werden ..."* konnte (§ 23 Abs. 1 Buchst. f JHVO). Angestrebtes Ziel war es, den Verbleib des Kindes bzw. Jugendlichen im bisherigen sozialen Umfeld zu ermöglichen. Darin wurden nachhaltigere Effekte erblickt. Zudem sollte die Unterbringungsquote niedrig gehalten werden. Die Ursachen für Heimunterbringungen wurden vornehmlich auf der individuellen Ebene in den Familien angesiedelt und sollten mit den geschilderten generalpräventiven Angeboten kompensiert werden. Strukturell-gesellschaftliche Verursachungen wurden weitestgehend ausgeblendet, wären sie doch dem politisch tabuisierten Eingeständnis gleich gekommen,

Heimunter-
bringung als
Makel

dass Kindeswohlgefährdungen unter den realen gesellschaftlichen Rahmenbedingungen einerseits nicht verhindert werden kann und andererseits bestimmte Gefährdungssituationen

---

42 1989 befanden sich nur 9 % aller Fremduntergebrachten in Pflegestellen. Dabei handelte es sich meist um Verwandtenpflege. Neben einer geringen Bereitschaft zur Aufnahme von Pflegekindern in der Bevölkerung (hohe Erwerbsquote von Mann und Frau, zumeist kleine Wohnungen u. a.) gab es aber auch fachliche Bedenken bezüglich der emotionalen und sozialen Doppelbindung an die Herkunfts- und Pflegefamilie.

auch nicht innerhalb das sozialistischen Schul- und Bildungssystem überwunden werden können.

Die Heimstruktur (s. Tab. 7) war weniger sozialpädagogisch, als schulpolitisch orientiert. Entsprechend waren familienanaloge Strukturen wenig vorzufinden und große Heime der Regelfall. Personell waren Heime permanent unterbesetzt und die ErzieherInnen häufig fachlich überfordert. Die sächliche und finanzielle Ausstattung der Heime war mindestens bis in die 1970er-Jahre hinein spartanisch.[43] Differenziert wurde zwischen Normalheimen und Spezialheimen (nach angenommenem Maß von Erziehungsschwierigkeiten), nach dem Alter (z. B. Vorschulheime) und dem Grad intellektueller Potentiale (Heime für lernbehinderte Kinder/Jugendliche: „Hilfsschulheime"). Über lange Jahre waren damit häufige Verlegungen schon konzeptionell angelegt. Die damit einhergehenden Beziehungsabbrüche konnten durch die vermeintlich förderliche spezifische Erziehungs- und Betreuungsarbeit nicht wettgemacht werden.

zu geringe sozialpädagogische Orientierung

Überforderung von HeimerzieherInnen

Tabelle 7: System der Jugendhilfeheime

Heimart	Population
Normalheime für „elternlose" und „entwicklungsgefährdete Kinder und Jugendliche	
Vorschulheim	elternlose und entwicklungsgefährdete Vorschulkinder
Kinderheim	elternlose und entwicklungsgefährdete Schüler der Klassen 1 bis 10 (z. T. auch für Vorschulkinder und „Lehrlinge")
„Hilfsschulheim"	elternlose und entwicklungsgefährdete lernbehinderter Schüler
Jugendwohnheim für Abgänger „Hilfsschule"	elternlose und entwicklungsgefährdete schulbildungsfähige Jugendliche
Spezialheime für "schwererziehbare" Kinder und Jugendliche	
Spezialkinderheim	„schwererziehbare" Schüler der Klassen 1 bis 8
Spezialkinderheim für „Hilfsschüler"	„schwererziehbare" lernbehinderte Kinder
Jugendwerkhof für Abgänger der Oberschule	„schwererziehbare" Jugendliche
Jugendwerkhof für Abgänger der „Hilfsschule"	„schwererziehbare" lernbehinderte Jugendliche
Pädagogisch-medizinisches Zentrum Berlin („Sonderheimkombinat")	stark verhaltensgestörte Kinder
Jugendwerkhof Torgau	Geschlossene Unterbringung für Jugendliche

Quelle: Seidenstücker/Münder 1990: 58 (überarb.)

---

43 Das und daneben autoritäre Erziehungsformen kritisierten Arbeiter- und Bauern-Inspektoren 1974 an der Heimerziehung, woraufhin Verbesserungsbemühungen einsetzten, die jedoch nicht zu grundlegenden Veränderungen im Heimalltag führten (Müller 2006: 40).

kollektivpä-
dagogisches
Konzept

Vor allem in den berufsvorbereitenden bzw. -ausbildenden Jugendwerkhöfen, in denen als besonders erziehungsschwierig eingestufte Jugendliche vom 14. bis zum 18. Lebensjahr untergebracht waren, wurde das Prinzip der Kollektiverziehung in Anlehnung an den Sowjetpädagogen A. S. Makarenko favorisiert und ließ in der pädagogischen Praxis zu wenig Raum für individuelle Problemlagen. Bei auftretenden erzieherischen Problemen dominierte allzu häufig ein autoritärer Erziehungsstil; auch Gruppenzwang spielte im Alltag eine Rolle. In dem Bericht, der im Auftrag des „Runden Tisches Heimerziehung in der DDR" erstellt wurde, wird konstatiert: *„Insbesondere in den Spezialheimen der Jugendhilfe war der Alltag von Freiheitsbeschränkung, Menschenrechtsverletzungen, Fremdbestimmung, entwürdigenden Strafen, Verweigerung von Bildungs- und Entwicklungschancen sowie erzwungener Arbeit geprägt"* (AGJ 2012: 4). Die Möglichkeit einer geschlossene Unterbringung von Jugendlichen (Jugendwerkhof Torgau) innerhalb des Jugendfürsorgesystems war nicht nur eine pädagogischen Bankrotterklärung, sondern erinnert mit den dort angewandten inhumanen Methoden an die schlimmste Formen der „schwarzen Pädagogik" aus der Geschichte der Erziehung in den „Korrigindenanstalten". Resümierend kommen die o. g. Berichterstatter zu dem Schluss, dass die Erfahrungen der ehemaligen DDR-Heimkinder aber sehr unterschiedlich gewesen seien: *„Nicht jedes Kind bzw. jede und jeder Jugendliche hat die geschilderten schlimmen Erfahrungen machen müssen"* (ebd.).

geschlossene
Unterbringung

4.3.5 Ausbildung in sozialen Berufen

Gemäß dem Gesellschaftskonzept wurde davon ausgegangen, dass es perspektivisch keiner sozialen Profession außerhalb des Gesundheitswesens mehr bedürfe. Als sich herausstellte, dass diese Konzeption so nicht tragfähig war, wurden eng begrenzten Maße Ausbildungskapazitäten für verschiedene Handlungsfelder installiert.

Fiktion vom
„neuen Men-
schen"

Zum Weltbild der SED-Führung gehörte die Annahme, dass sich mit der Vergesellschaftung der Produktionsmittel und der damit verbundenen Überwindung der Klassenantagonismen bei den Menschen schrittweise Bewusstseinsveränderungen vollziehen würden. Anstatt des Konkurrenzprinzips würde ein menschliches Miteinander treten, so dass gegenseitige (ehrenamtliche)

Hilfe vielfach professionelle Interventionen erübrige. Im Zu-
sammenspiel mit generalpräventiven Maßnahmen ließe diese
Entwicklung auch Sozialarbeit verzichtbar werden. Gleichwohl
ließ sich in den Folgejahren die Notwendigkeit institutioneller
Sozialer Arbeit nicht mehr verdrängen. Die politischen Verant-
wortungsträger gewöhnten sich an die, zunächst nur für eine
Übergangsphase tolerierten, Dienste im Jugendfürsorge(-hilfe)
bereich und anderen fürsorgerischen Bereichen. Sie waren ein
„ständiges Provisorium", für das nur zögerlich eine fachliche
Ausbildung als erforderlich angesehen wurde. So wurde im Jahr
1953 mit der Ausbildung von GesundheitsfürsorgerInnen, 1959
mit der Ausbildung von JugendfürsorgerInnen und ab 1978 mit
der Ausbildung von SozialfürsorgerInnen an Fachschulen begonnen. Zuvor existierten für die Jugendfürsorge zunächst nur
Kurzlehrgänge (1953–1955) und dreimonatige Grundkurse
(1955–1959), die organisatorisch an die Lehrerausbildung angebunden waren (Reinicke 1990: 2f.; Müller 2006: 70–75). Der
historisch überkommene „Fürsorge"-begriff wurde sowohl für
die Tätigkeit, als auch für die Berufsbezeichnung beibehalten.

Die Zulassung zur Ausbildung für „fürsorgerische" Tätigkeiten setzte im Regelfall eine einschlägige berufliche Vor-
ausbildung und mehrjährige Berufspraxis voraus und wurde
überwiegend als Aufbau- bzw. Zusatzstudium (auch als berufs-
begleitendes Fernstudium) angeboten. Zulassungsvorausset-
zung für FürsorgerInnen des Gesundheits- und Sozialwesens
war eine medizinische Ausbildung als Krankenschwester o. ä.
Berufe und für die JugendfürsorgerInnen eine pädagogische
Ausbildung als ErzieherIn oder LehrerIn. Für die rehabili-
tationspädagogische (sonderpädagogische) Ausbildung auf
Universitätsniveau und für das (zahlenmäßig auf jährlich ca.
30 Studienplätze begrenzte) Aufbaustudium in dem einzigen
universitären sozialpädagogischen (Aufbau-)Studiengang an
der Humboldt-Universität zu Berlin waren zumindest ein pä-
dagogisches Fachschulstudium und mehrjährige einschlägige
Berufserfahrungen Zulassungsvoraussetzungen.

Zahlenmäßig eng begrenzt unterhielten die evangelische
und katholische Kirche Ausbildungsstätten für den Bereich
kirchlicher Fürsorgetätigkeit/Sozialdiakonie. Deren Absolven-
tInnen fanden zumeist Beschäftigung bei Caritas und Diakonie
in den Bereichen Alkohol- und Suchtvorbeugung, sozial-psychi-
atrischer Dienst, Behindertenarbeit, sozialdiakonische Jugendarbeit und Arbeit mit älteren Bürgern (Wergin 1996, 305ff.).
Auch insgesamt blieben die FürsorgerInnen eine kleine Berufs-

(Marginalien)
generalprä-
ventiver Ansatz
statt Spezial-
profession

überkommener
Fürsorgebegriff
wurde beibe-
haltenen

Gesundheits-
und Sozialfür-
sorgerInnen

Jugendfürsor-
gerInnen

Dipl.-Päd.

kirchliche
FürsorgerInnen

gruppe, die im Jahre 1989 ca. 6.000 Personen umfasste, von denen ca. 2.800 Gesundheitsfürsorgerinnen, 1.300 JugendfürsorgerInnen und die übrigen SozialfürsorgerInnen waren (Müller 2006: 23f.).

Die Forschungskapazität auf dem engeren Gebiet der Sozialpädagogik bzw. Sozialen Arbeit wurde äußerst gering gehalten,[44] was sich sowohl in den einseitigen Handlungskonzepten, wie in der eingeschränkten Methodenwahl nachteilig auf die Praxis auswirkte. Relevante Forschungsergebnisse gab es fast ausschließlich im Bereich der Krippen- und Kindergartenpädagogik sowie im rehabilitations- bzw. sonderpädagogischen Bereich. Forschungen auf dem Gebiet der Jugendhilfe und Heimerziehung trugen vornehmlich empirischen Charakter und reflektieren deskriptiv verschiedene Handlungsfelder (vgl. Bernhardt/Kuhn 1998: 83ff.).

Auswirkungen mangelnder Verwissenschaftlichung

Zum Weiterlesen

Müller, Monika (2006): Von der Fürsorge in die Soziale Arbeit. Opladen: Barbara Budrich.

Rudloff, Wilfried (1998): Öffentliche Fürsorge. In: Hockerts, Hans Günter (Hg.): Drei Wege deutscher Sozialstaatlichkeit: NS-Diktatur, Bundesrepublik und DDR. München: Oldenbourg, S. 191–229.

Seidenstücker, Bernd; Münder, Johannes: (1990) Jugendhilfe in der DDR. Perspektiven einer Jugendhilfe in Deutschland. (Reihe Soziale Praxis, Heft 8) Münster: Votum.

Willing, Matthias (2008): „Sozialistische Wohlfahrt". Tübingen: Mohr Siebeck.

---

44 Auf dem Gebiet der Jugendfürsorge und Heimerziehung waren in der DDR lediglich zehn WissenschaftlerInnen in Forschung und Lehre tätig.

5. Soziale Arbeit in der Zeit von der Wiedervereinigung bis zur Jahrhundertwende

In diesem Kapitel erfahren Sie, wie sich die Soziale Arbeit nach dem Beitritt der DDR zum Bundesgebiet entwickelte. Neben den Anpassungsproblemen der Akteure steht dabei die in den 1990er-Jahren vollzogene umfassende Einführung von Marktelementen in die jeweiligen Wohlfahrtsarrangements im Vordergrund, die die Ökonomisierung der Sozialen Arbeit vorantrieb.

5.1 Sozioökonomische, gesellschaftliche und politische Entwicklungslinien

Mit Massenprotesten, die sich zu einer wirkungsmächtigen sozialen Bewegung organisierten, kündigte die ostdeutsche Bevölkerung 1989 dem SED-Staat die Loyalität auf, was zu massiven politischen Umwälzungen bis hin zum sog. Mauerfall am 9. Nov. 1989 führte. Schon wenig später, im Mai 1990, unterzeichneten der Finanzminister der DDR, Walter Romberg, und für die BRD Finanzminister Theo Waigel den Staatsvertrag zur Schaffung einer Währungs-, Wirtschafts- und Sozialunion. Mit der Währungsunion führte die DDR die D-Mark als Zahlungsmittel ein, mit der Wirtschaftsunion begann die marktwirtschaftliche Transformation der planwirtschaftlichen Ordnung und mit der Sozialunion wurde schrittweise die bundesdeutsche Arbeitsordnung, Sozialversicherung und Sozialhilfe in der DDR eingeführt. Mit dem „Vertrag über die Herstellung der Einheit Deutschlands" (Einigungsvertrag) trat die (vormalige) DDR dem Geltungsbereich des Grundgesetzes bei, womit die DDR aufhörte zu existieren. Als „Wiedervereinigung" ging dieser Vorgang in die Annalen ein; formal und rechtlich betrachtet handelte es sich dabei aber um den *Anschluss* der DDR an die BRD, weshalb auch „nur" eine Übertragung der westdeutschen Institutionen auf die sog. Neuen Länder erfolgte. Dieser

von den Umwälzungen in der DDR

… zur Wiedervereinigung

Übertragung der westdeutschen Institutionen auf Ostdeutschland

in der Fachliteratur „Institutionentransfer" genannte Prozess betraf auch das soziale Sicherungssystem einschließlich der kommunalen Wohlfahrtsarrangements und damit die Soziale Arbeit. War der bundesdeutsche Sozialstaat seit Mitte der 1970er-Jahre zunehmend in die Kritik geraten und allmählich zurückgebaut worden (Kap. 4.2.3), so erfuhr er ab 1990 eine enorme Ausweitung. Denn mit der Einführung der DM und dem Umbau der ehedem volkseigenen Betriebe und Organisationen unter der Ägide der „Treuhandanstalt" geriet die ostdeutsche Wirtschaft unter einen Anpassungsschock, unter dem ganze Industriezweige, die vormals einer anderen Handlungslogik folgten, kollabierten. Expansive Sozialpolitik schien aus staats- und gesellschaftspolitischen Gründen unverzichtbar, um die Anpassungsprozesse sozial abzufedern. Die Finanzierung dessen erfolgte aus den Sozialkassen, durch Abgabenerhöhungen (insbesondere mit der Einführung des Solidaritätszuschlags) und nicht zuletzt durch Staatsverschuldung.

Expansive Sozialpolitik federt Anpassungsprozesse ab

Die Kostenexpansion wird mit einem „Umbau des Sozialstaates" gegengesteuert

In der zweiten Hälfte der 1990er-Jahre versuchte die Kohl-Regierung, diese Ausgabendynamik umzukehren, die Rede war vom „schlanken Staat". Austeritätspolitik, ein „Staatsabbau" und eine „Liberalisierung" im Sinne der Beseitigung von Reglementierungen für Unternehmen und weiterer Maßnahmen zur Verbesserung der Unternehmensrentabilität erschienen als Gebote der Stunde. „Weniger Staat, mehr Markt" stand auf der Agenda, zumal der auch ökonomisch bedingte Kollaps der DDR und der übrigen sog. Ostblockstaaten, die Überlegenheit liberaler Wirtschafts- und Gesellschaftssysteme zu belegen schien. Die 1998 gewählte erste rot-grüne Bundesregierung unter Kanzler Gerhard Schröder (SPD) setzte diesen Kurs nicht nur fort, sondern forcierte ihn nach der Jahrhundertwende. Unter dem nunmehrigen Leitbild des aktivierenden (Sozial-) Staats sollte der Übergang der Sozialpolitik von einer (vormals angeblichen) politics against markets zu einer neu ausgerichteten politics for markets vollzogen werden. Ergänzt und weitergetrieben wurde dies durch eine politics with markets, d. h. bei der Erbringung personenbezogener sozialer Dienstleistungen – einschließlich der Sozialen Arbeit – verankerte der Gesetzgeber zwecks Rationalisierung (Kostensenkung) Markt- und Wettbewerbselemente. Der damit umrissene Pfadwechsel (bundes-) deutscher Sozialpolitik wurde durch gleichgerichtete Ziele und Maßnahmen auf der europäischen Ebene stabilisiert und verstärkt. So hielt das 1993 verabschiedete Projekt einer gemeinsamen Wirtschafts- und Währungsunion Höchstgrenzen von

politics with markets

Haushaltsdefiziten und Staatsverschuldung (Maastricht-Kriterien) als Selbstverpflichtung fest und die 2000 beschlossene „Lissabon-Strategie" zielte auf eine umfassende Wirtschafsliberalisierung, um die EG bzw. EU zum konkurrenzfähigsten Wirtschaftsraum der Welt werden zu lassen.

5.2 Sozialhilfe

Die mit Gebietsreformen in den Neuen Ländern geschaffenen kommunalen Selbstverwaltungen hatten mit ihrer Zuständigkeit für Sozialhilfeleistungen einen erheblichen Teil – neben der Arbeitslosenversicherung – der sozialen Kosten des Transformationsprozesses zu tragen, was nur mittels erheblicher Finanztransfers aus dem Westen möglich war. Aber auch die westdeutschen Städte und Gemeinden gerieten infolge der Umleitung innerstaatlicher Finanzströme ab Beginn der 1990er-Jahre zunehmend unter Kostendruck; auch hier öffnete sich die Schere zwischen Einnahmenausfällen und Ausgabensteigerungen (vgl. Abb. 12).

Kostendruck für die Kommunen in Ost und West

Abbildung 12: Sozialleistungsanteile und Deckungslücken der Gemeindehaushalte im Ost-West-Vergleich

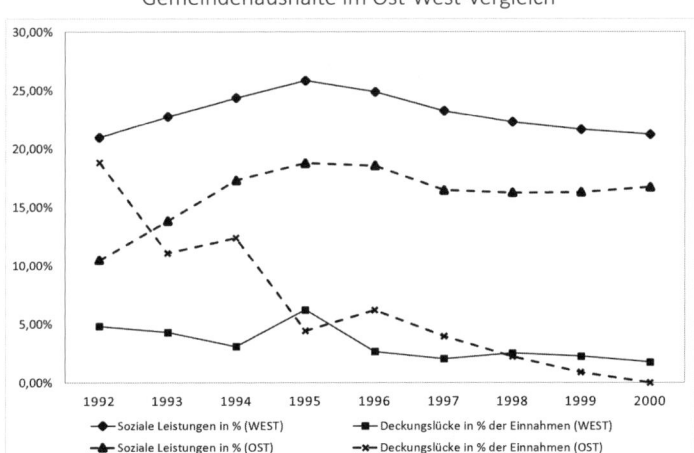

Quelle: Deutscher Städtetag 2009

Eine Entlastung der Sozialhilfe erreichte der Bundesgesetzgeber mit dem am 1. Nov. 1993 in Kraft getretenen Asylbewerberleistungsgesetz. Damit schuf er ein zweites Fürsorgegesetz neben dem BSHG. Die Leistungen für Asylsuchende und ausreisepflichtige Ausländer waren unterhalb des Niveaus der „Hilfe zum Lebensunterhalt" festgelegt. Hinzu kam u.a. die Einführung von Sachleistungen als ordnungsrechtlich motivierte „abschreckende" Maßnahme (Grunow/Olk 2007: 1009). Dieses neue Fürsorgegesetz war neben Änderungen des Asylrechts Teil des sog. „Asylkompromiss", zwischen der christlich-liberale Regierungskoalition und der SPD, mit dem diese Parteien auf den erheblichen Zuzug von Flüchtlingen – und auf ein wieder erstarkendes des rechtsradikalen Milieus, das auch nicht mehr vor Terrorakten zurückschreckte, wie etwa die Anschläge von Mölln und Rostock-Lichtenhagen – reagierten.

Eine Reduzierung der Sozialhilfeaufwendungen sollte auch mittels einer wettbewerbliche Organisation und Finanzierung der sozialen personenbezogenen Dienstleistungen erreicht werden. Die rechtlichen Voraussetzungen dafür hatte der Bundesgesetzgeber in den Jahren 1993 bis 1999 mit der Einführung der §§ 93ff. BSHG (ab 2004 § 75ff. SGB XII) auf den Weg gebracht, nachdem kurz zuvor analoge Regelungen für den Bereich der gesetzlichen Krankenversicherung Rechtskraft erlangt hatten. Seither sind die Sozialleistungsträger (für den stationären und teilstationären Bereich zwingend) aufgefordert, mit den Leistungserbringern Leistungs-, Vergütungs-, und Prüfungsvereinbarungen ohne nachträglichen Gewinn- oder Verlustausgleich zu treffen (Entgeltfinanzierung); dies bedeutete die Abkehr vom Selbstkostendeckungsprinzip[45] als Finanzierungsgrundsatz für Soziale Dienste. Die freigemeinnützigen Einrichtungen sollten mit den nunmehr gleichberechtigten privatgewerblichen Trägern in eine Qualitäts- und Preiskonkurrenz gesetzt werden (Weber 2014).

5.3 Jugendhilfe

Weitgehende Veränderungen und einen abermals erheblichen Ausbau erlebte die Jugendhilfe in den 1990er-Jahren. Nach jahrzehntelangen Fachdiskussionen (vgl. Kap. 4.2.3.3) trat am 1. Jan. 1991 das „Kinder- und Jugendhilfegesetz" (KJHG) als VIII Buch

---

45 Hierbei hatte der Kostenträger die bei sparsamer Haushaltsführung notwendigen Kosten vollständig zu tragen, Defizite am Ende einer Abrechnungsperiode waren auszugleichen, Überschüsse wieder an den Kostenträger zurückzuerstatten.

Marginalien (linke Spalte):

Asylkompromiss

Wettbewerb in der Sozialhilfe

das neue Kinder- und Jugendhilfegesetz

des Sozialgesetzbuches (SGB VIII) in Kraft; in Ostdeutschland schon am 3. Okt. 1990. Das neue Jugendhilferecht brach mit der überkommenen Systematik des JWG (vgl. Kap. 3.2.1) und der Gesetzgeber stellte stattdessen die präventive Grundausrichtung und den Dienstleistungscharakter der Angebote der Kinder- und Jugendhilfe in den Vordergrund, die dementsprechend auch mit vielen Rechtsansprüchen für die Erziehungsberechtigten versehen waren. Das Zweite Kapitel bildet unter der Überschrift „Leistungen der Jugendhilfe" den sozialpädagogischen Kern des SGB VIII. Hier wurden in den Paragraphen 11 bis 41 die Angebote aufgefächert, die vordem im JWG nur in wenigen Punkten angesprochen, teilweise aber schon in der Praxis entwickelt worden waren. Auf den überkommen Begriff der Verwahrlosung verzichtete der Gesetzgeber ebenso wie auf die zuvor für diesen Fall vorgesehene Fürsorgeerziehung. Stattdessen war von „erzieherischen Bedarfen" und den entsprechenden „Hilfen zur Erziehung" (§§ 27ff.) die Rede, die auf Antrag der Erziehungsberechtigten und mit deren Beteiligung (Hilfeplanverfahren gemäß § 36) gewährt werden konnten. Die nach wie vor bestehenden Eingriffsrechte und -pflichten der Jugendämter im Falle von Kindeswohlgefährdungen platzierte der Gesetzgeber unter der Überschrift „Andere Aufgaben der Jugendhilfe" zusammen mit justizbezogenen Tätigkeiten und den Kontroll- und Aufsichtsfunktionen etwa gegenüber Pflegepersonen und Einrichtungen im Dritten Kapitel des Gesetzes. In Ostdeutschland richteten sich die nun ohnehin neu zu schaffenden Jugendhilfestrukturen nach dem Leistungskatalog des KJHG aus, im Westen erfolgte eine allmählich Anpassung in dieselbe Richtung (Münder u. a. 1993: 86–94; Wiesner u. a. 1995: 3–14).

Im Zusammenhang mit den politischen und rechtlichen Kontroversen über die Neufassung des Abtreibungsrechts (§ 218 StGB) verankerte der Gesetzgeber in § 24 SGB VIII das, was zuvor an den Kostenbedenken der Bundesländer gescheitert war, nämlich einen Rechtsanspruch auf einen Kindergartenplatz für Kinder, die das 3. Lebensjahr vollendet hatten bis zum Schuleintritt. Dieser Rechtsanspruch löste in den alten Bundesländern eine bis dahin nie dagewesene Neugründungswelle an Kindergärten aus, während in Ostdeutschland die vormalige Vollversorgung mit Kindergarten und -krippenplätzen weiter zurückgefahren wurde (Münder 1993: 87f.; Grunow/Olk 2007: 1023f.).

Ausbau der Kinderbetreuung

Mit einer weiteren Novelle des SGB VIII verankerte der Gesetzgeber 1998 (wie zuvor schon im BSHG) die vereinbarungsrechtliche Finanzierung für Jugendhilfeleistungen (allerdings mit Ausnahmen etwa für die Hilfe zur Erziehung in Vollzeitpflege) in den §§ 78a bis g SGB VIII. Die Kommunen reagierten in den Jugendämtern darauf u.a. mit der Einführung des „Neuen Steuerungsmodells", der deutschen Variante des New Public Management, das von der Kommunalen Gemeinschaftsstelle für Verwaltungsvereinfachung (seit 2005: Verwaltungsmanagement, KGSt) entwickelt wurde und seit Mitte der 1990er-Jahre breit diskutiert und in der gesamten Kommunalverwaltung erprobt wurde. Hatten die kommunalen Jugendämter schon seit Mitte der 1990er-Jahre ihre Binnenstrukturen nach dem Muster des Neuen Steuerungsmodells transformiert, um die expansive Kostenentwicklung infolge jugendhilferechtlicher Neuregelung in den Griff zu bekommen, so übertrugen sie nach der Novelle die wettbewerbliche Handlungslogik durch die neuen Finanzierungsinstrumente auf die freien Träger, die ihrerseits zu Kosteneinsparungen und weiteren Anpassungsreaktionen gezwungen waren (vgl. Kap. 5.5). Kosteneinsparungen wollten die freien Träger mittels betriebswirtschaftlicher Methoden realisieren, die im Rahmen des sich verbreitenden „Sozialmanagements" eingeführt wurden.

Neue Steuerung in der Kinder- und Jugendhilfe

5.4   Gesundheitshilfe

Seit den 1970er-Jahren erforderten die Ausgaben für Pflege und behinderte Menschen einen wachsenden Anteil an den kommunalen Sozialetats. Gleichzeitig galt die Versorgungsstruktur als unzureichend. Nach über 20-jähriger politischer Diskussion richtete der Gesetzgeber schließlich 1995 die soziale Pflegeversicherung als fünften Zweig der Sozialversicherung ein, die hier Abhilfe schaffen sollte. Die Pflegeversicherung war – anders als in den übrigen Regelungsbereichen personenbezogener sozialer Dienstleistungen – nicht auf Bedarfsdeckung hin konzipiert. Für die kommunalen Sozialämter brachte die Pflegeversicherung eine deutliche Kostenentlastung, auch wenn sie weiterhin als Restfinanzierer in Anspruch genommen wurden. So reduzierte sich die Zahl der Empfänger von Hilfen zur Pflege von 454.000 Personen 1994 auf 247.000 im Jahr 1999 und damit die Ausgaben von rd. 6,6 Mrd. auf 2,3 Mrd. DM in denselben Jahren (Statistisches Bundesamt 2003: 38 u. 53, vgl. Tab. 8).

Einführung der Pflegeversicherung

Den Sicherstellungsauftrag übertrug das Gesetz den Pflegekassen, die an die bereits vorhandenen Krankenkassen angliedert wurden. Die Einführung der sozialen Pflegeversicherung löste im Bereich ambulanter, teil- und vollstationärer Leistungsangebote einen Gründungsboom sowohl gemeinnütziger wie auch – nunmehr auch hier gleichberechtigter – privater Leistungsanbieter aus, den in Ostdeutschland ein spezielles Bundesförderprogramm unterstützte (Grunow/Olk 2007: 989ff.). Schon bald etablierte sich die Pflege als eigenständiger Sektor, der sich zunehmend von seinen Wurzeln in der kommunalen Sozialpolitik löste.

Tabelle 8: Entwicklung der Aufwendungen für Eingliederungshilfe und Pflege an den Bruttoaufwendungen der Sozialhilfe 1970–2000 (in Mrd. EU u. %)

	1970	1975	1980	1985	1990	1995	2000
Sozialhilfe (100%)	1.705	4.297	6.788	10.658	16.249	26.669	23.319
Eingliederungshilfe	193	675	1.363	2.112	3.357	6.745	9.113
Anteil an SH in %	(11%)	(16%)	(20%)	(20%)	(21%)	(25%)	(39%)
Hilfe zur Pflege	566	1.511	2.558	3.657	5.192	8.934	2.876
Anteil an SH in %	(33%)	(35%)	(38%)	(34%)	(32%)	(33%)	(12%)

Quelle: BAStat 2012: 28; 2013: 28

5.5 Private Träger Sozialer Arbeit

War der Transfer westdeutscher Institutionen nach Ostdeutschland schon ein anspruchsvolles Unterfangen, so war die im Einigungsvertrag festgelegte Übertragung der Wohlfahrtsstrukturen mit ihren freigemeinnützigen Einrichtungen und Verbänden überaus ambitioniert, weil die erforderlichen Strukturen und Milieus in den Neuen Ländern nicht flächendeckend existierten.

In der vergleichsweise günstigsten Ausgangsposition dafür befand ich das Diakonische Werk, weil es zu DDR-Zeiten der größte (der kleinen) nichtstaatlichen Träger war. Grundsätzlich verfügte auch die Volkssolidarität mit ihren zahlreichen Angeboten sowie Haupt- und vielen ehrenamtlichen MitarbeiterInnen über eine gute Startvoraussetzung; doch ihr wurde eine Anerkennung als (eigenständiger) Wohlfahrtsverband verwehrt. Ihr blieb nur die Möglichkeit, sich einem etablierten Wohlfahrtsverband als Fachverband anzuschließen. Die AWO lehnte dieses

Etablierung der Wohlfahrtsverbände in Ostdeutschland

147

Ansinnen ab, womit schließlich der Paritätische zum Zug kam, was ihm in Ostdeutschland eine starke Stellung verschaffte. Die AWO und die Caritas, letztere wegen der religiösen Diasporasituation im traditionell protestantischen Ostdeutschland, taten sich dagegen schwer, Fuß zu fassen (Grunow/Olk 2007: 995ff.).

Tabelle 9: Entwicklung von Einrichtungen und Beschäftigten der freien Wohlfahrtspflege von 1990–2000

		1990	2000	Veränderung in %
Gesamt	Einrichtungen	68.466	93.566	37%
	Plätze	2.624.923	3.270.536	25%
	Beschäftigte	751.126	1.164.329	55%
davon:				
Jugendhilfe	Einrichtungen	24.701	33.974	+38%
	Plätze	1.347.159	1.835.231	+36%
	Beschäftigte	148.203	256.732	+73%
Altenhilfe	Einrichtungen	9.584	15.212	+59%
	Plätze	418.252	481.495	+15%
	Beschäftigte	138.734	237.577	+71%
Behindertenhilfe	Einrichtungen	8.122	12.449	+53%
	Plätze	248.562	344.819	+39%
	Beschäftigte	96.659	157.711	+63%

Quelle: BAGFW 2009 und eigene Berechnungen

Erosion des Wohlfahrtskorporatismus

Die Expansion der Verbändewohlfahrt setzte sich in den 1990er-Jahren fort (vgl. Tab. 9), aber die Entwicklung in den Neuen Ländern forcierte zugleich die Auflösung des bundesrepublikanischen *Wohlfahrtskorporatismus*. Hierunter verstand man das etablierte Interaktionsmuster zwischen der öffentlichen (kommunalen) und freien Wohlfahrtspflege, das die Einbeziehung der freien Wohlfahrtspflege in die (kommunalpolitische) Problemdefinition und -bearbeitung umfasste, inklusive der stimmberechtigten Mitwirkung in Entscheidungsgremien. Ab den 1970er-Jahren erfolgte die Beschreibung und Analyse dieses Arrangements in Anlehnung an die Verbändeforschung zunehmend mit Wohlfahrtskorporatismus bzw. Neo-Korporatismus. Der Wohlfahrtskorporatismus erodierte seit sich mit dem Vereinbarungsrecht in den 1990er-Jahren das Verhältnis zwischen öffentlicher und freier Wohlfahrtspflege in Richtung eines Auftraggeber-Auftragnehmer-Verhältnisses gewandelt hatte (Hammerschmidt/Uhlendorff 2003: 7; Hammerschmidt 2005a; 2005b; Weber 2014). Das für das deutsche Sozialmodell konstitutive Subsidiaritätsprinzip (ebd.) verlor damit seine sozialpolitische Ordnungsfunktion. Die Verbändewohlfahrt verlor auf der kommunalen Ebene an Einfluss auf die zunehmend fiskalisch ausgerichtete kommunale Sozialpolitik. Die Wohlfahrtsverbände ihrerseits reagierten auf diese Entwicklung, indem sie sich zunehmend von weltanschaulichen Lobbyorganisationen zu Dienstleistungsverbänden wandelten.

5.6 Ausbildung und Berufsentwicklung

Ab 1990 wurden in den Neuen Ländern nach westdeutschem Muster Fachhochschulstudiengänge für Soziale Arbeit sowie an den Universitäten Diplomstudiengänge für Erziehungswissenschaften mit der Vertiefungsrichtung Sozialpädagogik eingerichtet. Die ehemaligen DDR-Ausbildungsinstitutionen wurden damit verdrängt bzw. geschlossen. Die Einführung der westlichen Qualifikationsanforderungen führte zu einem immensen Nachholbedarf, für den sich zunächst ein bunter Markt an Weiterbildungseinrichtungen bildete. Für die angeworbenen Mitarbeiter aus dem Westen bedeutete der Institutionentransfer einen unerwarteten Karriereschub, während die Mitarbeiter der ehemaligen DDR-Ausbildungsinstitutionen mit Berufs- und Statusverlust sowie hoher Beschäftigungsunsicherheit umgehen mussten (Kruse 2004: 155–160).

Ausbildung für Soziale Arbeit in Ostdeutschland

Grundlegende Veränderungen brachte dann erst der ab 1999 eingeleitete sog. Bologna-Prozess, was aber über den hier gesetzten Betrachtungszeitraum hinausgeht. Unterdessen setzte sich die Expansion der sozialen Berufe im Allgemeinen und der Sozialen Arbeit im Besonderen ungemindert fort. Wiesen die Statistiken für das Jahr 1980 lediglich 280.000 Beschäftigte in den Sozialen Berufen aus, so stieg dieser Wert auf 866.000 (1993) und bis auf 1,17 Mio. (2000) zur Jahrhundertschwelle. Befriedigende Längsschnittdaten speziell für die Soziale Arbeite existieren infolge unzureichender Erfassung und Umstellungen in der Erhebung nicht. Trotz lange zurückliegender Konvergenz von Sozialarbeit und Sozialpädagogik zur Sozialen Arbeit, wird die Soziale Arbeit in den einschlägigen Statistiken erst seit einigen Jahren gesondert unter der Berufskennziffer 861 (wenn auch unter der Doppelbezeichnung: Sozialpäd-

die sozialen Berufe wachsen weiter

agogik/Sozialarbeit) zusammengefasst.[46] Hiernach erhöhte sich die Zahl der Beschäftigten in der Sozialen Arbeit von 154.000 (1993) auf rund 225.000 zum Ende unseres Betrachtungszeitraumes (vgl. Tab. 10). Das damit noch nicht das Ende der Entwicklung erreicht wurde wird in den übrigen Bänden dieser Schriftenreihe noch deutlich werden.

Tabelle 10: Entwicklung der Sozialen Berufe und der Sozialen Arbeit

	Soziale Berufe insgesamt BKZ 86	Sozialpädago-gInnen/Sozial-arbeiterInnen BKZ 861	Heilpäd-agogen/innen BKZ 862	Erzieher/innen BKZ 863	Altenpfle-ger/innen BKZ 864	Heiler-zieher/innen BKZ 866	Kinder-pfleger/innen BKZ 867
1993	866 000	154 000	12 000	408 000	194 000	14 000	22 000
1995	950 000	180 000	16 000	410 000	213 000	17 000	30 000
2000	1 176 000	225 000	23 000	419 000	318 000	35 000	54 000

Quelle: Stat. Bundesamt, Fachserie 1, Reihe 4.1.2 (verschiedene Jg.), Züchner/Cloos 2010: 833–954.

Zum Weiterlesen

Dahme, Heinz-Jürgen/Otto, Hans-Uwe/Wohlfahrt, Norbert (Hg.) (2008): Soziale Arbeit für den aktivierenden Staat. Opladen: Leske + Budrich.

Dahme, Heinz-Jürgen/Kühnlein, Gertrud/Wohlfahrt, Norbert/Burmester, Monika (2008): Zwischen Wettbewerb und Subsidiarität. Wohlfahrts-verbände unterwegs in die Sozialwirtschaft. 2. Aufl. Berlin: Ed. Sigma.

Olk, Thomas/Otto, Hans-Uwe (Hg.) (2003): Soziale Arbeit als Dienstleis-tung. München: Luchterhand.

Rauschenbach, Thomas/Sachße, Christoph/Olk, Thomas (Hg.) (1995): Von der Wertgemeinschaft zum Dienstleistungsunternehmen. Jugend- und Wohlfahrtsverbände im Umbruch. Frankfurt a. M.: Suhrkamp.

---

46 Zuvor wies die Berufsstatistik die SozialarbeiterInnen gemeinsam mit den SozialpflegerInnen unter der BKZ 861 und die SozialpädagogInnen gemeinsam mit den HeimleiterInnen unter der BKZ 862 aus.

6.   Fazit und Schlussbetrachtung

Die jeweiligen epochenspezifischen ökonomischen, sozialstrukturellen und politischen Rahmenbedingungen prägten jeweils
die Ausgestaltung Sozialer Arbeit und sozialer Hilfen. Prägen
aber nicht im Sinne von determinieren, sondern vielmehr in
einer Weise, bei der die Interpretationen der Gegebenheiten
Bezugspunkte und Korridore für Entscheidungen und Hand-
lungen bildeten. Was dabei von den jeweiligen Akteuren als
Problem definiert wurde und, eng damit zusammenhängend,
wie eine adäquate Problemlösung auszusehen hatte, blieb dabei kontingent. Deutlich zeigt sich dies bei der Rekonstruktion
von (Fach-)Diskursen der Sozialen Arbeit bzw. von Diskursen
über Gegebenheiten, die mittels Sozialer Arbeit beeinflusst
werden sollten. Dabei wurde regelmäßig nicht nur um Problemlösungen gerungen, sondern auch darüber gestritten, ob ein
Sachverhalt überhaupt ein gesellschaftlich zu bearbeitendes
Problem darstellt. Eine umfassende Geschichtsschreibung Sozialer Arbeit hat demnach nicht nur im realhistorischen Prozess
verwirklichte Problemlösungen, sondern auch die „verschütte-
ten Alternativen" freizulegen. Anders formuliert: sie hat auch
die Diskursgeschichte umfassend zu rekonstruieren.[47] Das ist
selbstredend in einer knappen Überblickdarstellung wie der
vorliegenden nicht zu leisten.

Was sich gleichwohl summarisch festhalten lässt: Die
sozialarbeiterischen/sozialpädagogischen Problemkonstruktionen bezogen sich regelmäßig darauf, dass die AdressatInnen
in der einen oder anderen Weise nicht den – vom jeweiligen
Akteur definierten – Normalitätserwartungen entsprachen
(Normabweichungen), was durch entsprechende Aktivitäten
der Sozialen Arbeit korrigiert werden sollte. So gesehen lässt
sich Soziale Arbeit – zugegebenermaßen recht abstrakt – als
„Normalisierungsarbeit" (Olk 1986: 13) bezeichnen. Die Problemkonstruktionen erfolgten (und erfolgen bis zur Gegenwart)

---

47 Siehe hierzu pars pro toto die Arbeiten von Niemeyer (u. a. 1998, 2013)
   sowie Böhnisch/Schröer 1997; Böhnisch 2015; Dollinger 2006; Kessl
   2005; Kunstreich 2000; Wendt 2008.

dabei typischerweise nach dem challenge-response-Schema: Als krisenhaft bewertete Gesellschaftssituationen, die sich negativ auf Einzelne und Gruppen auswirkten, werden als objektiv gegebene „Herausforderung" charakterisiert, auf die es notwendigerweise (zumindest: sinnvollerweise) zu reagieren gelte. Der Akteur dieser Konstruktionen tritt dabei (mit seinen Eigeninteressen) in den Hintergrund und sein Agieren wird als Re-Agieren quasi passiviert (vgl. dazu Peters 1968, 1975; Dollinger 2006: 18; Weber 1973: 212).

Die (Einzel-)Probleme und damit AdressatInnen, auf die sich die Problemkonstruktionen bezogen, erfuhren im Verlauf der Geschichte eine enorme Ausweitung. Zeichnete Soziale Arbeit, seinerzeit noch als Armenpflege, zunächst nur für die „würdigen Armen" zuständig, die über keine anderen Möglichkeiten einer minimalen Existenzsicherung verfügten, so erweiterte die kommunale Armenfürsorge ab der zweiten Hälfte des 19. Jahrhunderts den Adressatenkreis auf freiwilliger Grundlage auf vulnerable Gruppen (Säuglinge, Kleinkinder, Mütter usw.) und Betroffene der sog. Volkskrankheiten. Parallel differenzierten sich aus der (dann allgemeinen) Fürsorge zunehmend große Arbeitsbereiche wie die Gesundheit- und die Jugendfürsorge, später zudem die Erwerbslosen-, Wohnungs- und Behindertenfürsorge aus. Arbeitsbereiche, die im Laufe der Zeit die heute vorfindliche Binnenkomplexität mit einer großen Fülle von Praxisfeldern entfalteten. Spätestens in den 1970er-Jahren erreichte die Soziale Arbeit das, was Gertrud Bäumer 1929 vorausgesagt hatte: Die Soziale Arbeit hatte sich von einer „Nothilfe" zu einem Regelangebot vergleichbar der Schule institutionalisiert.[48]

Mit der Ausweitung, Ausdifferenzierung und letztlich Institutionalisierung der Sozialen Arbeit ging eine Bürokratisierung, Verrechtlichung und Verfachlichung einher. Wird Letztes in Fachkreisen regelmäßig begrüßt, allenfalls erhebt sich die Klage über Professionalisierungsmängel, so stoßen die beiden erstgenannten Aspekte nicht selten auf Kritik. Sie fesselten und hemmten die Soziale Arbeit. Übersehen wird dabei, das zeigt

---

48 Hans Thiersch spricht davon, dass die Soziale Arbeit mit ihrem erweiterten Profil „in die Mitte der Gesellschaft" gerückt sei (2002: 35f.). Das ist gleichmaßen deskriptiv wie normativ gemeint. Barabas u. a. (1975: 435, 408f. u. pass.) analysieren denselben Sachverhalt in gesellschaftskritischer Perspektive und sprechen dabei von Sozialer Arbeit als „vergesellschafteter Sozialisationsarbeit", die nunmehr (ab den 1970er-Jahren) auf die „Normalarbeitskraft" zugreife, was eine „umfassende Pädagogisierung der Gesellschaft" bedeute.

die historische Perspektive, dass beides notwendige Voraussetzungen für die Professionalisierung, Institutionalisierung und Expansion Sozialer Arbeit waren und sind (vgl. Sachße 2013). Nicht selten geht die Kritik an der Bürokratisierung und Verrechtlichung mit der Rede von einer „Instrumentalisierung" der Sozialen Arbeit durch Sozialpolitik einher, welche die Soziale Arbeit an der Erfüllung ihrer „eigentlichen Aufgabe" hindere. Das Wort „Instrumentalisierung" verweist auf eine Äußerlichkeit zwischen zwei (vordem getrennten) Dingen, bei dem dann späterhin eines der Dinge das andere benutzt (zweckentfremdet), um eigene Zwecke zu erreichen, die nicht die Zwecke des anderen sind (waren). Der hier vorgelegte Blick in die Geschichte Sozialer Arbeit zeigt indes, dass dies nicht auf das Verhältnis von Sozialer Arbeit und Sozialpolitik zutrifft. Die Soziale Arbeit entstand in der bürgerlichen Lohnarbeitsgesellschaft als Keimzelle von Sozialstaatlichkeit und Sozialpolitik. Die auf der kommunalen Ebene angesiedelte Armenfürsorge kombinierte materielle Mindestsicherung und persönliche Beeinflussung und richtete sie an den Systemimperativen der neuen, modernen, bürgerlich-kapitalistischen Gesellschaft aus, nämlich am Primat der Lohnarbeit. Erweiterungen erhielt Sozialstaatlichkeit in Deutschland im Deutschen Kaiserreich während der Bismarck-Ära mit der Sozialversicherung und ab dem Ersten Weltkrieg mit Sozialversorgungsleistungen. Beide gewährten (Geld-)Leistungen, die ohne „persönliche Hilfe", also pädagogische Beeinflussung, in Anspruch genommen werden konnten. Von einer (nachträglichen) Indienstnahme der Sozialen Arbeit kann also historisch nicht gesprochen werden. Ob die Erfüllung der „eigentlichen Aufgaben" Sozialer Arbeit – welche auch immer das sein mögen – in anderen staatlichen Bereichen, etwa dem Bildungssektor, oder gar in außerstaatlichen Bereichen besser aufgehoben wäre, mag dahingestellt bleiben; denn das ist allenfalls eine Zukunfts- und keine Frage der Geschichte.

Literaturverzeichnis

Achinger, Hans (1965): Wilhelm Merton in seiner Zeit. Frankfurt a. M.: Waldemar Kramer.

Althaus, Hermann (1933): Die Stellung der NSV zu den gegenwärtigen Aufgaben der Wohlfahrtspflege. In: Nationalsozialistischer Volksdienst 1, S. 15–27.

Aner, Kirsten/Hammerschmidt, Peter (2008): Modellprogramme zur Förderung zivilgesellschaftlich „produktiven Alterns" in Deutschland. In: Erlinghagen, Marcel/Hank, Karsten (Hg.): Produktives Altern und informelle Arbeit in modernen Gesellschaften. Theoretische Perspektiven und empirische Befunde. Wiesbaden: VS Verlag für Sozialwissenschaften, S. 259–276.

Aner, Kirsten/Hammerschmidt, Peter (2010): Zivilgesellschaftliches Engagement des Bürgertums vom Anfang des 19. Jahrhundert bis zur Weimarer Republik. In: Olk, Thomas/Klein, Ansgar/Hartnuß, Birger (Hg.): Engagementpolitik. Die Entwicklung der Zivilgesellschaft als politische Aufgabe. Wiesbaden: VS Verlag für Sozialwissenschaften, S. 63–96.

Angerhausen, Susanne (2003): Radikaler Organisationswandel. Wie die „Volkssolidarität" die deutsche Vereinigung überlebte. Opladen: Leske + Budrich.

Angerhausen, Susanne/Backhaus-Maul, Holger/Offe, Claus/Olk, Thomas/Siebel, Martina (1998): Überholen ohne einzuholen. Freie Wohlfahrtspflege in Ostdeutschland. Opladen, Wiesbaden: Westdeutscher Verlag.

Arbeitsgemeinschaft für Kinder- und Jugendhilfe – AGJ (Hg.) (2012): Aufarbeitung der Heimerziehung der DDR – Bericht. Berlin: AGJ-Eigenverlag

Arnoldt, Friedrich (1872): Die Freizügigkeit und der Unterstützungswohnsitz. Eine vom wissenschaftlichen und praktischen Standpunkte unternommene Bearbeitung des Reichsgesetzes über die Freizügigkeit vom 1. November 1867 des Reichsgesetzes über den Unterstützungswohnsitz dazu ergangene Landesgesetze nebst Materialien und Ausführungsbestimmungen. Berlin: von Decker.

Ayaß, Wolfgang (1995): „Asoziale" im Nationalsozialismus. Stuttgart: Klett-Cotta.

Barabas, Friedrich/Blanke, Thomas/Sachße, Christoph/Stascheit, Ulrich: (Hg.) (1975): Jahrbuch der Sozialarbeit. Reinbek bei Hamburg: Rowohlt.

Barkai, Avraham (1988): Das Wirtschaftssystem des Nationalsozialismus. Ideologie, Theorie, Politik, 1933–1945. Erw. Neuausg. Frankfurt a. M.: Fischer Taschenbuch.

Baum, Marie (1927): Familienfürsorge. Karlsruhe: Verlag G. Braun.

Bäumer, Gertrud (1929): Die historischen und sozialen Voraussetzungen der Sozialpädagogik und die Entwicklung ihrer Theorie. In: Nohl, Herman/Pallat, Ludwig (Hg.): Handbuch der Pädagogik, Bd. V: Sozialpädagogik. Langensalza: Beltz, S. 3–26.

Berg, Christa (Hg.) (1991): Handbuch der deutschen Bildungsgeschichte. Bd. IV: 1870–1918. Von der Reichsgründung bis zum Ende des Ersten Weltkriegs. München: Beck.

Bernhardt, Christoph/Kuhn, Gerd (1998): Keiner darf zurück gelassen werden. Aspekte der Jugendhilfepraxis in der DDR 1959–1989. Münster: Votum

Blotevogel, Hans Heinrich (Hg.) (1990): Kommunale Leistungsverwaltung und Stadtentwicklung vom Vormärz bis zur Weimarer Republik. Köln, Wien: Böhlau.

Boettcher, Erik (1957): Sozialpolitik und Sozialreform. Ein einführendes Lehr- und Handbuch der Sozialpolitik. Tübingen: Mohr.

Bogumil, Jörg/Holtkamp, Lars (2006): Kommunalpolitik und Kommunalverwaltung. Eine policyorientierte Einführung. Wiesbaden: VS Verlag für Sozialwissenschaften | GWV Fachverlage GmbH Wiesbaden.

Böhmert, Victor (1886): Das Armenwesen in 77 deutschen Städten und einigen Landarmenverbänden. Dresden: Eigenverlag des Deutschen Vereins.

Böhnisch, Lothar/Lösch, Hans (1998[1973]): Das Handlungsverständnis des Sozialarbeiters und seine institutionelle Determination. In: Thole, Werner/Gängler, Hans/Galuske, Michael (Hg.): KlassikerInnen der sozialen Arbeit. Sozialpädagogische Texte aus zwei Jahrhunderten – ein Lesebuch. Neuwied [etc.]: Luchterhand, S. 367–383.

Böhnisch, Lothar/Schröer, Wolfgang (1997): Sozialpädagogik unter dem Einfluß der Jugendbewegung. In: Niemeyer, Christian/Schröer, Wolfgang/Böhnisch, Lothar (Hg.) (1997): Grundlinien historischer Sozialpädagogik. Traditionsbezüge, Reflexionen und übergangene Sozialdiskurse. Weinheim: Juventa, S. 59–70.

Böhnisch, Lothar (2015): Bleibende Entwürfe. Impulse aus der Geschichte des sozialpädagogischen Denkens. Weinheim, Basel: Beltz Juventa.

Borgmann, Karl (Hg.) (1958): Lorenz Werthmann. Reden und Schriften. Freiburg: Lambertus-Verlag.

Bösl, Elsbeth (2009): Politiken der Normalisierung. Zur Geschichte der Behindertenpolitik in der Bundesrepublik Deutschland. Bielefeld: Transcript.

Bruch, Rüdiger vom (1985a): Einführung. In: Bruch, Rüdiger vom (Hg.): Weder Kommunismus noch Kapitalismus. Bürgerliche Sozialreform in Deutschland vom Vormärz bis zur Ära Adenauer. München: C. H. Beck, S. 7–19.

Bruch, Rüdiger vom (1985b): Bürgerliche Sozialreform im Kaiserreich. In: Bruch, Rüdiger vom (Hg.): Weder Kommunismus noch Kapitalismus. Bürgerliche Sozialreform in Deutschland vom Vormärz bis zur Ära Adenauer. München: C. H. Beck, S. 61–179.

Bruch, Rüdiger vom (Hg.) (1985): Weder Kommunismus noch Kapitalismus. Bürgerliche Sozialreform in Deutschland vom Vormärz bis zur Ära Adenauer. München: C. H. Beck.

Buck, Gerhard (1983): Die Entwicklung der Freien Wohlfahrtspflege von den ersten Zusammenschlüssen der freien Verbände im 19. Jahrhundert bis zur

Durchsetzung des Subsidiaritätsprinzips in der Weimarer Fürsorgegesetzgebung. In: Landwehr, Rolf/Baron, Rüdiger (Hg.): Geschichte der Sozialarbeit. Hauptlinien ihrer Entwicklung im 19. und 20. Jahrhundert. Weinheim: Beltz, S. 139–172.

Buestrich, Michael/Burmester, Monika/Dahme, Heinz-Jürgen/Wohlfahrt, Norbert (2008): Die Ökonomisierung sozialer Dienste und sozialer Arbeit. Entwicklung – theoretische Grundlagen – Wirkungen. Baltmannsweiler: Schneider-Verl. Hohengehren.

Bundesarbeitsgemeinschaft der Freien Wohlfahrtspflege (BAGFW) (2009): Gesamtstatistik 2008. Berlin: Eigenverlag

Bundesministerium für Arbeit und Soziales (2006): Statistische Übersichten zur Sozialpolitik seit 1945 (Bd. SBZ/DDR) [verfaßt von André Steinert u.a.]. Bonn

Conrad, Johannes/Lexis, Wilhelm/Elster, Ludwig/Loening, Edgar (Hg.) (1910): Handwörterbuch der Staatswissenschaften. Bd. 5: Gewinnbeteiligung – Kolonien und Kolonialpolitik. Jena: Gustav Fischer.

Cyrus, Hannelore (1997): Historische Akkuratesse und soziologische Phantasie. Eine Methodologie feministischer Forschung. Königstein/Taunus: Helmer.

Dahme, Heinz-Jürgen/Otto, Hans-Uwe/Wohlfahrt, Norbert (Hg.) (2008): Soziale Arbeit für den aktivierenden Staat. Opladen: Leske + Budrich

Dahme, Heinz-Jürgen/Wohlfahrt, Norbert (Hg.) (2011): Handbuch Kommunale Sozialpolitik. Wiesbaden: VS Verlag für Sozialwissenschaften.

Damberg, Wilhelm/Frings, Bernhard/Jähnchen, Traugott/Kaminsky, Uwe (Hg.) (2010): Mutter Kirche – Vater Staat? Geschichte, Praxis und Debatten der konfessionellen Heimerziehung seit 1945. Münster: Aschendorff.

Deutscher Städtetag (2009): Gemeindefinanzbericht. Berlin: Deutscher Städtetag. Online verfügbar unter http://www.staedtetag.de/publikationen/gfb/index.html.

Deutscher Verein für öffentliche und private Fürsorge (Hg.) (2005): Forum für Sozialreform. 125 Jahre Deutscher Verein für öffentliche und private Fürsorge. Berlin: Eigenverlag des Deutschen Vereins.

Dießenbacher, Hartmut (1986): Der Armenbesucher: Missionar im eigenen Land. In: Sachße, Christoph/Tennstedt, Florian (Hg.): Soziale Sicherheit und soziale Disziplinierung: Beiträge zu einer historischen Theorie der Sozialpolitik. Frankfurt a. M.: Suhrkamp, S. 209–244.

Dollinger, Bernd (2006): Die Pädagogik der sozialen Frage. (Sozial-)Pädagogische Theorie vom Beginn des 19. Jahrhunderts bis zum Ende der Weimarer Republik. Wiesbaden: VS Verlag für Sozialwissenschaften.

Dollinger, Bernd (2007): Der soziale Liberalismus und die Entstehung der Sozialpädagogik. In: Dollinger, Bernd/Müller, Carsten/Schröer, Wolfgang (Hg.): Die sozialpädagogische Erziehung des Bürgers. Entwürfe zur Konstitution der modernen Gesellschaft. Wiesbaden: VS Verlag für Sozialwissenschaften, S. 51–67.

Dollinger, Bernd (2008): Reflexive Sozialpädagogik. Struktur und Wandel sozialpädagogischen Wissens. Wiesbaden: VS Verlag für Sozialwissenschaften.

Dollinger, Bernd (Hg.) (2006): Klassiker der Pädagogik. Die Bildung der modernen Gesellschaft. Wiesbaden: VS Verlag für Sozialwissenschaften.

Dollinger, Bernd/Müller, Carsten/Schröer, Wolfgang (Hg.) (2007): Die sozialpädagogische Erziehung des Bürgers. Entwürfe zur Konstitution der modernen Gesellschaft. Wiesbaden: VS Verlag für Sozialwissenschaften.

Dyckerhoff, Kristin (1995): Die Fürsorge in der Nachkriegszeit. In: Landwehr, Rolf/Baron, Rüdiger (Hg.): Geschichte der Sozialarbeit. Hauptlinien ihrer Entwicklung im 19. und 20. Jahrhundert. 3., korrigierte Aufl. Weinheim: Beltz, S. 219–249.

Eckhardt, Dieter (1999): „Soziale Einrichtungen sind Kinder ihrer Zeit". Von der Centrale für private Fürsorge zum Institut für Sozialarbeit 1899–1999. Frankfurt a. M.: Kramer.

Eggemann, Maike/Hering, Sabine (1999): Wegbereiterinnen der modernen Sozialarbeit. Texte und Biographien zur Entwicklung der Wohlfahrtspflege. Weinheim: Juventa.

Eifert, Christiane (1993): Frauenpolitik und Wohlfahrtspflege. Zur Geschichte der sozialdemokratischen „Arbeiterwohlfahrt". Frankfurt a. M. u. a.: Campus-Verl.

Elster, Ludwig/Weber, Adolf/Wieser, Friedrich (Hg.) (1923): Handwörterbuch der Staatswissenschaften. 4. Aufl. Jena: Gustav Fischer.

Engelfried, Constance/Voigt-Kehlenbeck, Corinna (Hg.) (2010): Gendered Profession. Soziale Arbeit vor neuen Herausforderungen in der zweiten Moderne. Wiesbaden: VS Verlag für Sozialwissenschaften/GWV Fachverlage, Wiesbaden.

Erlinghagen, Marcel/Hank, Karsten (Hg.) (2008): Produktives Altern und informelle Arbeit in modernen Gesellschaften. Theoretische Perspektiven und empirische Befunde. Wiesbaden: VS Verlag für Sozialwissenschaften.

Esping-Andersen, Gøsta (1990): The three worlds of welfare capitalism. Princeton, N.J: Princeton University Press.

Euteneuer, Michael/Hammerschmidt, Peter/Uhlendorff, Uwe (2014): Sozialpädagogische Probleme und soziale Innovation – Ein zeitgeschichtlich-rekonstruktiver Forschungsansatz. In: Zeitschrift für Sozialpädagogik 12 (4), S. 377–401.

Ferber, Christian von/Kaufmann, Franz Xaver (Hg.) (1977): Soziologie und Sozialpolitik. Sonderheft 19. Kölner Zeitschrift für Soziologie und Sozialpsychologie. Opladen.

Forsthoff, Ernst (1938): Die Verwaltung als Leistungsträger. Stuttgart, Berlin: Kohlhammer.

Frerich, Johannes/Frey, Martin (1996): Handbuch der Geschichte der Sozialpolitik in Deutschland. Bd. 3. 2. Aufl. München: Oldenbourg.

Galling, Kurt (Hg.) (2000): Die Religion in Geschichte und Gegenwart. Handwörterbuch für Theologie und Religionswissenschaft. – 2. elektronische Ausgabe der 3. Auflage. Berlin: Mohr Siebeck.

Gängler, Hans (2002): Jugendverbände. In: Schröer, Wolfgang/Struck, Norbert/Wolff, Mechthild (Hg.): Handbuch der Kinder- und Jugendhilfe. Weinheim, München: Juventa, S. 581–593.

Gatz, Erwin (1981): Caritas und soziale Dienste. In: Rauscher, Anton (Hg.): Der soziale und politische Katholizismus, Bd. 2. 2 Bände. München, Wien: Olzog, S. 312–351.

Gatz, Erwin (1997): Kirchliche Mitarbeit in der öffentlichen Armenpflege. Die Neuanfänge einer eigenständigen kirchlichen Armenpflege. In: Gatz, Erwin (Hg.): Caritas und soziale Dienste. Freiburg: Herder, S. 57–70.

Gatz, Erwin (Hg.) (1997): Caritas und soziale Dienste. Freiburg: Herder.

Gatz, Erwin/Schaffer, Wolfgang (1997): Sozial-caritativ tätige Orden. In: Gatz, Erwin (Hg.): Caritas und soziale Dienste. Freiburg: Herder, S. 91–110.

Geißler, Rainer (2006): Die Sozialstruktur Deutschlands. Zur gesellschaftlichen Entwicklung mit einer Bilanz zur Vereinigung. 4., überarb. Auflage. Wiesbaden: VS Verlag für Sozialwissenschaften/GWV Fachverlage Wiesbaden.

Gerhard, Ute (1992): Unerhört. Die Geschichte der deutschen Frauenbewegung. 2. Auflage. Reinbek bei Hamburg: Rowohlt.

Gerhardt, Martin (1948): Ein Jahrhundert Innere Mission: Die Geschichte des Central-Ausschusses für die Innere Mission der Deutschen Evangelischen Kirche. 2 Bände. Gütersloh: Bertelsmann.

Gries, Jürgen/Ringler, Dominik (2005): Jugendamt und Jugendhilfe in der Bundesrepublik Deutschland. Geschichte, Analysen und Materialien mit den Ausführungsgesetzen der Bundesländer. 2., überarb. Aufl. Baltmannsweiler: Schneider.

Gröttrup, Hendrik (1976): Die kommunale Leistungsverwaltung. Grundlagen der gemeindlichen Daseinsvorsorge. 2. Aufl. Stuttgart: Kohlhammer.

Grunow, Dieter (2005a): Soziale Infrastruktur und soziale Dienste. In: Manfred G. Schmidt (Hg.): Geschichte der Sozialpolitik in Deutschland seit 1945. Band 7: 1982–1989. Bundesrepublik Deutschland: Finanzielle Konsolidierung und institutionelle Reform, Bd. 7. Baden-Baden: Nomos, S. 653–682.

Grunow, Dieter (2005b): Soziale Infrastruktur und soziale Dienste. In: Günther Schulz (Hg.): Geschichte der Sozialpolitik in Deutschland seit 1945. Band 3. Bundesrepublik Deutschland: Bewältigung der Kriegsfolgen, Rückkehr zur sozialpolitischen Normalität. 1949–1957. 11 Bände. Baden-Baden: Nomos, S. 803–837.

Grunow, Dieter (2006): Soziale Infrastruktur und soziale Dienste. In: Wengst, Udo/Hockerts, Hans Günter (Hg.): Geschichte der Sozialpolitik in Deutschland seit 1945. Band 5. Eine Zeit vielfältigen Aufbruchs. 1966–1974. 11 Bände. Baden-Baden: Nomos, S. 811–856.

Grunow, Dieter (2008): Soziale Infrastruktur und soziale Dienste. In: Martin H. Geyer (Hg.): Geschichte der Sozialpolitik in Deutschland seit 1945. Band 6. 1974–1982 Bundesrepublik Deutschland. Neue Herausforderungen, wachsende Unsicherheiten. Baden-Baden: Nomos, S. 779–822.

Grunow, Dieter/Olk, Thomas (2007): Soziale Infrastruktur und Soziale Dienste. In: Gerhard A. Ritter (Hg.): Geschichte der Sozialpolitik in Deutschland seit 1945. Band 11: Bundesrepublik Deutschland 1989–1994. Sozialpolitik im Zeichen der Vereinigung. Baden-Baden: Nomos, S. 977–1032.

Habermas, Jürgen (2004 [1962]): Strukturwandel der Öffentlichkeit. 9. Aufl. Frankfurt a. M.: Suhrkamp.

Hammerschmidt, Peter (1999): Die Wohlfahrtsverbände im NS-Staat. Die NSV und die konfessionellen Verbände Caritas und Innere Mission im Gefüge der Wohlfahrtspflege des Nationalsozialismus. Opladen: Leske + Budrich.

Hammerschmidt, Peter (2002): Geschichte der Rechtsgrundlagen der Sozialen Arbeit bis zum 20. Jahrhundert. In: Thole, Werner (Hg.): Grundriss Soziale Arbeit. Ein einführendes Handbuch. Opladen: Leske + Budrich, S. 637–646.

Hammerschmidt, Peter (2003): Finanzierung und Management von Wohlfahrtsanstalten, 1920 bis 1936. Stuttgart: Franz Steiner Verlag.

Hammerschmidt, Peter (2005a): Wohlfahrtsverbände in der Nachkriegszeit. Reorganisation und Finanzierung der Spitzenverbände der freien Wohlfahrtspflege 1945 bis 1961. Weinheim: Juventa.

Hammerschmidt, Peter (2005b): Zur Rolle der Caritas bei der Neuformulierung des Subsidiaritätsprinzips im Bundessozialhilfegesetz und im Jugendwohlfahrtsgesetz von 1961. In: Zeitschrift für Sozialpädagogik (2), S. 185–204.

Hammerschmidt, Peter (2006a): Jugendhilfe vor dem Paradigmenwechsel? – Ein historischer Rückblick. In: Zeitschrift für Sozialpädagogik (3), S. 305–321.

Hammerschmidt, Peter (2006b): Zur Herkunft und Bedeutung der Bezeichnung „(staatlich anerkannter) Spitzenverband der Freien Wohlfahrtspflege". In: Zeitschrift für Sozialpädagogik (2), S. 132–150.

Hammerschmidt, Peter (2010a): Die bürgerliche Frauenbewegung und die Entwicklung der sozialen Arbeit zum Beruf. In: Engelfried, Constance/Voigt-Kehlenbeck, Corinna (Hg.): Gendered Profession. Soziale Arbeit vor neuen Herausforderungen in der zweiten Moderne. Wiesbaden: VS Verlag für Sozialwissenschaften/GWV Fachverlage, S. 23–40.

Hammerschmidt, Peter (2010b): Geschichte der Rechtsgrundlagen der Sozialen Arbeit bis zum 20. Jahrhundert. In: Thole, Werner (Hg.): Grundriss Soziale Arbeit. Ein einführendes Handbuch. 3., überarb. und erw. Aufl. Wiesbaden: VS, Verl. für Sozialwiss, S. 855–865.

Hammerschmidt, Peter (2010c): Soziale Altenhilfe als Teil kommunaler Sozial(hilfe)politik. In: Aner, Kirsten/Karl, Ute (Hg.): Handbuch: Soziale Arbeit und Alter". Wiesbaden: VS, Verl. für Sozialwiss, S. 19–31.

Hammerschmidt, Peter (2011): Kommunale Selbstverwaltung und kommunale Sozialpolitik – ein historischer Überblick. In: Dahme, Heinz-Jürgen/Wohlfahrt, Norbert (Hg.): Handbuch Kommunale Sozialpolitik. Wiesbaden: VS Verlag für Sozialwissenschaften, S. 21–40.

Hammerschmidt, Peter (2012a): Die Entstehung und Entfaltung der kommunalen Sozialverwaltung von den Anfängen bis zur Weimarer Republik. In: Hagn, Julia/Hammerschmidt, Peter/Sagebiel, Juliane Beate (Hg.): Modernisierung der kommunalen Sozialverwaltung.. Neu-Ulm: AG SPAK, S. 27–48.

Hammerschmidt, Peter (2012b): Armenfürsorge. In: Horn, Klaus-Peter/Kemnitz, Heidemarie/Marotzki, Winfried/Sandfuchs, Uwe (Hg.): Klinkhardt Lexikon Erziehungswissenschaft KLE. Stuttgart: UTB, S. 66–67.

Hammerschmidt, Peter/Tennstedt, Florian (2002): Der Weg zur Sozialarbeit: Von der Armenpflege bis zur Konstituierung des Wohlfahrtsstaates in der Weimarer Republik. In: Thole, Werner/Bock, Karin/Küster, Ernst-Uwe (Hg.): Grundriss Soziale Arbeit. Ein einführendes Handbuch. Opladen: Leske + Budrich, S. 63–76.

Hammerschmidt, Peter/Uhlendorff, Uwe (Hg.) (2003): Wohlfahrtsverbände zwischen Subsidiaritätsprinzip und EU-Wettbewerbsrecht. Kassel: Kassel Univ. Press.

Hammerschmidt, Peter/Uhlendorff, Uwe (2012): Zur Entstehungsgeschichte des ASD – von den Anfängen bis in die 1970er Jahre. In: Merchel, Joachim/Conen, Marie-Luise (Hg.): Handbuch Allgemeiner Sozialer Dienst (ASD). München, Basel: E. Reinhardt, S. 10–31.

Hammerschmidt, Peter/Sagebiel, Juliane Beate (2011): Einführung: Die Soziale Frage zu Beginn des 21. Jahrhunderts. In: dies. (Hg.): Die Soziale Frage zu Beginn des 21. Jahrhunderts. Neu-Ulm: AG SPAK, S. 9–20.

Hammerschmidt, Peter/Sagebiel, Juliane Beate/Steindorff-Classen, Caroline (Hg.) (2013): Unheimliche Verbündete. Recht und Soziale Arbeit in Geschichte und Gegenwart. Neu-Ulm: AG SPAK.

Hansen, Eckhard (1991): Wohlfahrtspolitik im NS-Staat. Motivationen, Konflikte und Machtstrukturen im „Sozialismus der Tat" des Dritten Reiches. Augsburg: Maro Verlag.

Hartmann, Helmut (1981): Sozialhilfebedürftigkeit und „Dunkelziffer der Armut". Bericht über das Forschungsprojekt zur Lage potentiell Sozialhilfeberechtigter. Stuttgart: Kohlhammer.

Hattenhauer, Hans (1970): „Allgemeines Landrecht für die Preußischen Staaten" von 1794. Frankfurt a. M., Berlin.

Hegel, Georg Wilhelm Friedrich (2006 [1821]): Grundlinien der Philosophie des Rechts oder Naturrecht und Staatswissenschaft im Grundrisse. 9. Auflage. Frankfurt a. M.: Suhrkamp.

Hellinger, Hanna (1929): Innen- und Außendienst im städtischen Jugendamt. In: Polligkeit, Wilhelm/Scherpner, Hans/Webler, Heinrich (Hg.): Fürsorge als persönliche Hilfe. Berlin: Carl Heymanns, S. 110–118.

Henkelmann, Andreas/Kaminsky, Uwe/Pierlings, Judith/Swiderek, Thomas/Banach, Sarah (2011): Verspätetet Modernisierung. Öffentliche Erziehung im Rheinland. Essen: Klartext.

Hering, Sabine/Münchmeier, Richard (2014): Geschichte der Sozialen Arbeit. 5. Aufl. Weinheim, Basel: Beltz Juventa.

Hervé, Florence (Hg.) (1983): Geschichte der deutschen Frauenbewegung. 2. Aufl. Köln: Pahl-Rugenstein Verlag.

Heuberger, Georg/Spiegel, Paul (Hg.) (1992): ZEDAKA – Jüdische Sozialarbeit im Wandel der Zeit: 75 Jahre Zentralwohlfahrtsstelle der Juden in Deutschland 1917–1992; Jüdisches Museum der Stadt Frankfurt a. M., Frankfurt a. M.

Hill, Burkhard (2015): Sozialpädagogik und Kulturpädagogik der Gegenwart. In: Braun, Tom/Fuchs, Max/Zacharias, Wolfgang (Hg.): Theorien der Kulturpädagogik. Weinheim: Beltz Juventa, S. 224–243.

Hockerts, Hans-Günter (1994): Grundlinien und soziale Folgen der Sozialpolitik in der DDR. In: Kaeble, Hartmut/Kocka, Jürgen/Zwahr, Hartmut (Hg.) Sozialgeschichte der DDR. Stuttgart: Klett-Cotta, S. 379–404.

Hockerts, Hans-Günter (Hg.) (1998): Drei Wege deutscher Sozialstaatlichkeit. NS-Diktatur, Bundesrepublik und DDR im Vergleich. München: Oldenbourg

Hoffmann, Dierk/Schwartz, Michael (2005): Sozialstaatlichkeit in der DDR. München: Oldenbourg.

Hoffmann, Julius (1995): Jugendämter im Wandel. Zur staatlichen Kinder- und Jugendpolitik in der SBZ/DDR (1945–1950). In: Jahrbuch für zeitgeschichtliche Jugendforschung 1994/95, S. 40–57.

Hofmann, Wolfgang (1984): Aufgaben und Struktur der kommunalen Selbstverwaltung in der Zeit der Hochindustrialisierung. In: Jeserich, Kurt G. A./Pohl, Hans/Unruh, Georg-Christoph von (Hg.): Deutsche Verwaltungsgeschichte. Bd. 3: Das Reich bis zum Ende der Monarchie. Stuttgart: Deutsche Verlags-Anstalt, S. 578–644.

Holbeck, Otto von (1925): Grundzüge der Organisation der freien Wohlfahrtspflege in Deutschland. Berlin: Engelmann.

Horn, Klaus-Peter/Kemnitz, Heidemarie/Marotzki, Winfried/Sandfuchs, Uwe (Hg.) (2012): Klinkhardt Lexikon Erziehungswissenschaft KLE. Stuttgart: UTB.

Hübner, Ingolf/Kaiser, Jochen-Christoph (Hg.) (1999): Diakonie im geteilten Deutschland. Stuttgart, Berlin, Köln: Kohlhammer.

Hübner, Peter (2005): Zentralismus und Partizipation: Soziale Interessen im „vormundschaftlichen Staat" In: Hoffmann, Dierk/Schwartz, Michael: Sozialstaatlichkeit in der DDR. München: Oldenbourg, S. 115–134.

Hüchtker, Dietlind (1999): „Elende Mütter" und „liederliche Weibspersonen". Geschlechterverhältnisse und Armenpolitik in Berlin (1770–1850). Münster: Westfälisches Dampfboot.

Jeserich, Kurt G. A. (1985): Kommunalverwaltung und Kommunalpolitik. In: Jeserich, Kurt G. A./Pohl, Hans/Unruh, Georg-Christoph von (Hg.): Deutsche Verwaltungsgeschichte. Bd. 4: Das Reich als Republik und in der Zeit des Nationalsozialismus. Stuttgart: Deutsche Verlags-Anstalt, S. 487–524.

Jeserich, Kurt G. A./Pohl, Hans/Unruh, Georg-Christoph von (Hg.) (1984): Deutsche Verwaltungsgeschichte. Bd. 3: Das Reich bis zum Ende der Monarchie. Stuttgart: Deutsche Verlags-Anstalt.

Jeserich, Kurt G. A./Pohl, Hans/Unruh, Georg-Christoph von (Hg.) (1985): Deutsche Verwaltungsgeschichte. Bd. 4: Das Reich als Republik und in der Zeit des Nationalsozialismus. Stuttgart: Deutsche Verlags-Anstalt.

Jessen, Ralph/Reichardt, Sven/Klein, Ansgar (Hg.) (2004): Zivilgesellschaft als Geschichte. Studien zum 19. und 20. Jahrhundert. Wiesbaden: VS Verlag für Sozialwissenschaften.

Joosten, Theo (1976): Das sozial-caritative Wirken der Kirche im Spiegel der Katholikentage 1848–1900. In: Weber, Wilhelm (Hg.): Jahrbuch für christliche Sozialwissenschaften, Bd. 17. Münster, S. 163–182.

Jordan, Erwin/Sengling, Dieter (1992): Jugendhilfe. 2. Aufl. Weinheim, München: Juventa.

Jordan, Erwin/Maykus, Stephan/Stuckstätte, Eva C. (2015): Kinder- und Jugendhilfe. Einführung in Geschichte und Handlungsfelder, Organisationsformen und gesellschaftliche Problemlagen. 4., überarb. Aufl. Weinheim, Basel: Beltz Juventa.

Jugendbericht, Achter, hg. v. Bundesministerium für Jugend, Familie Frauen und Gesundheit (Hg.) (1990): Bericht über Bestrebungen und Leistungen der Jugendhilfe. Bonn: BT-Drs. 11/6576.

Jugendbericht, Fünfter, hg. v. Bundesministerium für Jugend, Familie und Gesundheit (1980): Bericht über Bestrebungen und Leistungen der Jugendhilfe. Bonn: BT-Drs. 8/3685.

Jugendbericht, Neunter hg. v. Bundesministerium für Familie Jugend, Frauen Familie und Jugend (1994): Neunter Jugendbericht. Bericht zur Situation der Kinder und Jugendlichen und die Entwicklung der Jugendhilfe in den neuen Bundesländern. Bonn: BT-Drs. 13/70.

Jütte, Robert (1997): Die Entwicklung des ärztlichen Vereinswesens und des organisierten Ärztestandes bis 1871. In: Jütte, Robert (Hg.): Geschichte der deutschen Ärzteschaft. Organisierte Berufs- und Gesundheitspolitik im 19. und 20. Jahrhundert. Köln: Deutscher Ärzte-Verlag, S. 15–42.

Jütte, Robert (Hg.) (1997): Geschichte der deutschen Ärzteschaft. Organisierte Berufs- und Gesundheitspolitik im 19. und 20. Jahrhundert. Köln: Deutscher Ärzte-Verlag.

Jütte, Robert (2000): Arme, Bettler, Beutelschneider. Eine Sozialgeschichte der Armut. Weimar: Hermann Böhlaus Nachf.

Kessl, Fabian (2005): Der Gebrauch der eigenen Kräfte. Eine Gouvernementalität Sozialer Arbeit. Weinheim, München: Juventa.

Klee, Ernst (1989): „Euthanasie" im NS-Staat. 2. Aufl. Frankfurt a. M.: Fischer Taschenbuch.

Kleßmann, Christoph (1991): Die doppelte Staatsgründung. Deutsche Geschichte 1945–1955. 5., überarbeitete und erw. Aufl. Göttingen: Vandenhoeck & Ruprecht.

Klumker, Christian Jasper (1923): Kinderfürsorge. In: Elster, Ludwig/Weber, Adolf/Wieser, Friedrich (Hg.): Handwörterbuch der Staatswissenschaften, Bd. 1. 4. Aufl. Jena: Gustav Fischer, S. 654–677.

Koblank, Eva (1961): Die Situation der sozialen Berufe in der sozialen Reform. Köln: Heymann.

Kocka, Jürgen (Hg.) (2002): Bürgerschaftliches Engagement und Zivilgesellschaft. Opladen: Leske + Budrich.

Kohli, Martin (1994): Die DDR als Arbeitsgesellschaft? Arbeit, Lebenslauf und soziale Differenzierung. In: Kaeble, Hartmut/Kocka, Jürgen/Zwahr, Hartmut (Hg.): Sozialgeschichte der DDR. Stuttgart: Klett-Cotta, S. 31–61.

Koselleck, Reinhart (1989 [1967]): Preußen zwischen Reform und Revolution. Allgemeines Landrecht, Verwaltung und soziale Bewegung von 1791 bis 1848. München: DTV.

Kraul, Margret (1991): Höhere Mädchenschulen. In: Berg, Christa (Hg.): Handbuch der deutschen Bildungsgeschichte. Bd. IV: 1870–1918. Von der Reichsgründung bis zum Ende des Ersten Weltkriegs. München: Beck, S. 279–303.

Kraus, Rudolf (1994): Strukturen und Einrichtungen der Rehabilitation in der DDR und in den neuen Bundesländern. In: Aus Politik und Zeitgeschichte. Beilage zur Wochenzeitung „Das Parlament", B3/94 21. 1.1994, S. 26–37.

Krebsbach, August (1970): Die Preußische Städteordnung von 1808. Textausgabe. 2. Aufl. Köln: Kohlhammer.

Kreft, Dieter/Mielenz, Ingrid (Hg.) (2005): Wörterbuch Soziale Arbeit. Aufgaben, Praxisfelder, Begriffe und Methoden der Sozialarbeit und Sozialpädagogik. 5., vollst. überarb. und erg. Aufl. Weinheim, München: Juventa.

Kruse, Elke (2004): Stufen zur Akademisierung. Wege der Ausbildung für soziale Arbeit von der Wohlfahrtsschule zum Bachelor-/Mastermodell. Wiesbaden: VS.

Kühn, Dietrich (1994): Jugendamt, Sozialamt, Gesundheitsamt. Entwicklungslinien der Sozialverwaltung im 20. Jahrhundert. Neuwied: Luchterhand.

Kunstreich, Timm (2000): Grundkurs Soziale Arbeit. 2 Bde., Bielefeld: Kleiner Verlag.

Kupisch, Karl (2000): Kulturkampf. In: Galling, Kurt (Hg.): Die Religion in Geschichte und Gegenwart. Handwörterbuch für Theologie und Religionswissenschaft. 2. elektronische Ausgabe der 3. Auflage. Berlin: Mohr Siebeck, S. 109–114.

Labisch, Alfons/Tennstedt, Florian (1985): Der Weg zum „Gesetz über die Vereinheitlichung des Gesundheitswesens" vom 3. Juli 1934. Entwicklungslinien und -momente des staatlichen und kommunalen Gesundheitswesens in Deutschland. Düsseldorf: Akademie für Öffentliches Gesundheitswesen.

Laehr, Hans (1923): Irrenwesen. In: Handwörterbuch der Staatswissenschaften. In: Elster, Ludwig/Weber, Adolf/Wieser, Friedrich (Hg.): Handwörterbuch der Staatswissenschaften, Bd. 5. 4. Aufl. Jena: Gustav Fischer, S. 508–515.

Lammers, Hans Heinrich/Pfundtner, Hans/Heß, Rudolf (Hg.) (1937): Grundlagen, Aufbau und Wirtschaftsordnung des Nationalsozialistischen Staates. 3 Bände. Berlin: Industrieverlag Spaeth & Linde.

Landwehr, Rolf/Baron, Rüdeger (Hg.) (1983): Geschichte der Sozialarbeit. Hauptlinien ihrer Entwicklung im 19. und 20. Jahrhundert. Weinheim: Beltz.

Lange, Gerhard/Pruß, Ursula (1997): Caritas in der DDR. In: Gatz, Erwin (Hg.): Caritas und soziale Dienste. Freiburg, Basel, Wien: Herder, S. 343–377.

Lenhardt, Gero/Offe, Claus (1977): Staatstheorie und Sozialpolitik. Politisch-soziologische Erklärungsansätze für Funktionen und Innovationsansätze der Sozialpolitik. In: Ferber, Christian von/Kaufmann, Franz Xaver (Hg.): Soziologie und Sozialpolitik. Sonderheft 19. Kölner Zeitschrift für Soziologie und Sozialpsychologie. Opladen, S. 98–127.

Liese, Wilhelm (1922): Geschichte der Caritas. 2 Bände. Freiburg: Caritasverlag.

Loerbroks, Katharina/Wendelin, Holger (Red.) (2010): Abschlußbericht des Rundes Tisches „Heimerziehung in den 50er und 60er Jahren". Berlin: Eigenverlag Arbeitsgemeinschaft Jugendhilfe.

Ludwig, Andreas/Schilde, Kurt (Hg.) (2010): Jüdische Wohlfahrtsstiftungen. Initiativen jüdischer Stifterinnen und Stifter zwischen Wohltätigkeit und sozialer Reform. Frankfurt a. M.: Fachhochschulverlag.

Mäding, Erhard (1985): Entwicklung der öffentlichen Aufgaben. In: Jeserich, Kurt G. A./Pohl, Hans/Unruh, Georg-Christoph von (Hg.): Deutsche Verwaltungsgeschichte. Bd. 4: Das Reich als Republik und in der Zeit des Nationalsozialismus. Stuttgart: Deutsche Verlags-Anstalt, S. 92–110.

Maydell, Bernd/Ruland, Franz (Hg.) (2003): Sozialrechtshandbuch. Marburg: Nomos Verlag.

Meinhold, Peter (Hg.) (1962): Sämtliche Werke von Johann Hinrich Wichern. Bd. 1. Berlin Hamburg: Lutherisches Verlagshaus.

Merchel, Joachim (1989): Der Deutsche Paritätische Wohlfahrtsverband. Seine Funktion im korporatistisch gefügten System sozialer Arbeit. Weinheim: Deutscher Studienverlag.

Merchel, Joachim (Hg.) (2012): Handbuch Allgemeiner Sozialer Dienst (ASD). Mit 7 Tabellen. München, Basel: E. Reinhardt.

Merkel, Ina (1994): Leitbilder und Lebensweisen von Frauen in der DDR. In: Kaeble, Hartmut/Kocka, Jürgen/Zwahr, Hartmut (Hg.): Sozialgeschichte der DDR. Stuttgart: Klett-Cotta, S. 359–382.

Mollenhauer, Klaus (1959): Die Ursprünge der Sozialpädagogik in der industriellen Gesellschaft. Eine Untersuchung zur Struktur sozialpädagogischen Denkens und Handelns. Weinheim, Berlin: Beltz.

Morsey, Rudolf (1981): Der Kulturkampf. In: Rauscher, Anton (Hg.): Der soziale und politische Katholizismus, Bd. 1. 2 Bände. München, Wien: Olzog, S. 72–109.

Morsey, Rudolf (1990): Die Bundesrepublik Deutschland. Entstehung und Entwicklung bis 1969. 2. Aufl. München: Oldenbourg Verlag.

Müller, Carsten (2005): Sozialpädagogik als Erziehung zur Demokratie. Ein problemgeschichtlicher Theorieentwurf. Bad Heilbrunn: Klinkhardt.

Müller, Carsten (2007): Keine Demokratie ohne Bürger? In: Dollinger, Bernd/Müller, Carsten/Schröer, Wolfgang (Hg.): Die sozialpädagogische Erziehung des Bürgers. Entwürfe zur Konstitution der modernen Gesellschaft. Wiesbaden: VS Verlag für Sozialwissenschaften, S. 13–28.

Müller, Monika (2006): Von der Fürsorge in die Soziale Arbeit. Opladen: Barbara Budrich

Müller, Wolfgang C. (1994): JugendAmt. Geschichte und Aufgaben einer reformpädagogischen Einrichtung. Weinheim: Beltz.

Müller, Wolfgang C. (1997): Wie Helfen zum Beruf wurde. Bd. 2, 3. Aufl. Weinheim, Basel: Beltz.

Münder, Johannes/Greese, Dieter/Jordan, Erwin/Kreft, Dieter/Lakies, Thomas/Proksch, Roland/Schäfer, Klaus (Hg.) (1993): Frankfurter Lehr- und Praxiskommentar zum KJHG. 3. Aufl. Weinheim/Basel: Votum.

Münsterberg, Emil (1903): Das Elberfelder System. Festbericht aus Anlaß des fünfzigjährigen Bestehens der Elberfelder Armenordnung. Leipzig: Duncker & Humblot.

Münsterberg, Emil (1910): Kinderfürsorge. In: Conrad, Johannes/Lexis, Wilhelm/ Elster, Ludwig/Loening, Edgar (Hg.): Handwörterbuch der Staatswissenschaften. Bd. 5: Jena: Gustav Fischer, S. 824–847.

Naudascher, Brigitte (1990): Freizeit in öffentlicher Hand. Behördliche Jugendpflege in Deutschland von 1900–1980. Düsseldorf: Bröchler.

Niemeyer, Christian (1998): Klassiker der Sozialpädagogik. Weinheim, München: Juventa.

Niemeyer, Christian (2013): 100 Jahre Meißnerformel – ein Grund zur Freude? Oder: Wie und warum sich die deutsche Jugendbewegung wider besseres Wissen einen Mythos schuf. In: Zeitschrift für Pädagogik 59 (2013), S. 219–237.

Nitsch, Meinolf (1999): Private Wohltätigkeitsvereine im Kaiserreich. Die praktische Umsetzung der bürgerlichen Sozialreform in Berlin. Berlin, New York: W. de Gruyter.

Nohl, Herman/Pallat, Ludwig (Hg.) (1929): Handbuch der Pädagogik, Bd. V: Sozialpädagogik. Langensalza: Beltz.

Nootbaar, Hans (1995): Sozialarbeit und Sozialpädagogik in der Bundesrepublik 1949–1962. In: Landwehr, Rolf/Baron, Rüdiger (Hg.): Geschichte der Sozialarbeit. Hauptlinien ihrer Entwicklung im 19. und 20. Jahrhundert. 3., korrigierte Aufl. Weinheim: Beltz, S. 251–300.

Offe, Claus (1992): Die politischen Kosten der Vereinheitlichung des Gesundheitssystems. In: Schmähl, Winfried (Hg.): Sozialpolitik im Prozess der deutschen Vereinigung. Frankfurt a. M./New York, S. 59–90.

Olk, Thomas (1986): Abschied vom Experten. Sozialarbeit auf dem Weg zu einer alternativen Professionalität. Weinheim, München: Juventa.

Olk, Thomas/Klein, Ansgar/Hartnuß, Birger (Hg.) (2010): Engagementpolitik. Die Entwicklung der Zivilgesellschaft als politische Aufgabe. Wiesbaden: VS Verlag für Sozialwissenschaften.

Olk, Thomas/Otto, Hans-Uwe (Hg.) (2003): Soziale Arbeit als Dienstleistung. München: Luchterhand.

Orthbandt, Eberhard (1980): Der Deutsche Verein in der Geschichte der deutschen Fürsorge. Zum hundertjährigen Bestehen des Deutschen Vereins [1880–1980]. Frankfurt a. M., Stuttgart, Berlin, Köln, Mainz: Dt. Verein für Öffentliche und Private Fürsorge, Kohlhammer.

Otto, Hans-Uwe/Schneider, Siegfried (Hg.) (1975): Gesellschaftliche Perspektiven der Sozialarbeit. Bd. 2. 3. Aufl. Neuwied, Berlin.

Peters, Helge (1968): Moderne Fürsorge und ihre Legitimation. Eine soziologische Analyse der Sozialarbeit. Köln, Opladen: Westdeutscher Verlag.

Peters, Helge (1975): Die politische Funktionslosigkeit der Sozialarbeit und die „pathologische Definition ihrer Adressaten". In: Otto, Hans-Uwe/Schneider, Siegfried (Hg.): Gesellschaftliche Perspektiven der Sozialarbeit. Bd. 2. 3. Aufl. Neuwied, Berlin, S. 151–164.

Peukert, Detlev (1986): Grenzen der Sozialdisziplinierung. Aufstieg und Krise der deutschen Jugendfürsorge von 1878 bis 1932. Köln: Bund-Verlag.

Polligkeit, Wilhelm (Hg.) (1927): Familie und Fürsorge. (Vortragsfolge). Langensalza: Hermann Beyer & Söhne.

Polligkeit, Wilhelm/Scherpner, Hans/Webler, Heinrich (Hg.) (1929): Fürsorge als persönliche Hilfe. Berlin: Carl Heymanns.

Psychiatrie-Enquete. Bericht über die Lage der Psychiatrie in der Bundesrepublik Deutschland. Zur psychiatrischen und psychotherapeutisch/psychosomatischen Versorgung der Bevölkerung vom 25.11.1975 [hg. v. Bundesministerium für Jugend, Familie und Gesundheit].

Rahden, Toll van (2004): Juden und die Ambivalenzen der bürgerlichen Gesellschaft in Deutschland 1800 bis 1933. In: Jessen, Ralph/Reichardt, Sven/Klein, Ansgar (Hg.): Zivilgesellschaft als Geschichte. Studien zum 19. und 20. Jahrhundert. Wiesbaden: VS Verlag für Sozialwissenschaften, S. 345–369.

Rappenecker, Franz X. (1927): Lehrtafeln zu den Reichsgrundsätzen über Voraussetzung, Art und Maß der öffentlichen Fürsorge. Freiburg: Caritasverlag.

Rauschenbach, Thomas/Sachße, Christoph/Olk, Thomas (Hg.) (1995): Von der Wertgemeinschaft zum Dienstleistungsunternehmen. Jugend- und Wohlfahrtsverbände im Umbruch. Frankfurt a. M.: Suhrkamp.

Rauscher, Anton (Hg.) (1981): Der soziale und politische Katholizismus. 2 Bände. München, Wien: Olzog.

Redder, Ute (1993): Die Entwicklung von der Armenhilfe zur Fürsorge in dem Zeitraum von 1871 bis 1933. Eine Analyse unter Aufgaben-, Ausgaben-, und Finanzierungsaspekten am Beispiel der Länder Preußen und Bayern. Bochum: N. Brockmeyer.

Reinicke, Peter (1990): Ausbildung von Fürsorger/innen (Sozialarbeitern) in der DDR. In: Sozialdienst im Krankenhaus, Mitteilungsblatt und Zeitschriftenübersicht, Heft 1–2, S. 1–21.

Reulecke, Jürgen (1983): Sozialer Frieden durch soziale Reform. Der Centralverein für das Wohl der arbeitenden Klassen in der Frühindustrialisierung. Zugl.: Bochum, Univ., Habil. Schr., 1979. Wuppertal: Hammer.

Reulecke, Jürgen (1985): Die Anfänge der organisierten Sozialreform in Deutschland. In: Bruch, Rüdiger vom (Hg.): Weder Kommunismus noch Kapitalismus. Bürgerliche Sozialreform in Deutschland vom Vormärz bis zur Ära Adenauer. München: C. H. Beck, S. 21–59.

Reuter-Boysen, Christiane (2010): Artikulation von Fraueninteressen – Die Rentendiskussion in der frühen DDR im Spiegel der Eingaben. In: Becker, Ulrich/Hockerts, Hans Günter/Tenfelde, Klaus (Hg.): Sozialstaat Deutschland. Geschichte und Gegenwart. Bonn: Dietz, S. 81–102.

Reyer, Jürgen (2001): Der Theorieverlust der Sozialpädagogik: Verfallsgeschichte oder Diversifizierung? In: Zeitschrift für Pädagogik 47, 5, S. 641–660.

Ritter, Gerhard A. (1998): Soziale Frage und Sozialpolitik in Deutschland seit Beginn des 19. Jahrhunderts. Opladen: Leske und Budrich.

Roth, Günter (1999): Die Institution der kommunalen Sozialverwaltung. Die Entwicklung von Aufgaben, Organisation, Leitgedanken und Mythen von der Weimarer Republik bis Mitte der neunziger Jahre. Univ., Diss. Konstanz, 1996. Berlin: Duncker und Humblot.

Rudloff, Wilfried (1998): Öffentliche Fürsorge. In: Hockerts, Hans Günter (Hg.): Drei Wege deutscher Sozialstaatlichkeit: NS-Diktatur, Bundesrepublik und DDR. München : Oldenbourg, S. 191–229.

Rudloff, Wilfried/Schliehe, Ferdinand (2008): Rehabilitation und Hilfen für Behinderte. In: Martin H. Geyer (Hg.): Geschichte der Sozialpolitik in Deutschland seit 1945. Band 6. 1974–1982 Bundesrepublik Deutschland. Neue Herausforderungen, wachsende Unsicherheiten. Baden-Baden: Nomos, S. 583–604.

Rumpelt, Anselm/Luppe, Hermann (1923): Arbeitshaus. In: Elster, Ludwig/Weber, Adolf/Wieser, Friedrich (Hg.): Handwörterbuch der Staatswissenschaften. 4. Aufl. Jena: Gustav Fischer, S. 742–746.

Sachße, Christoph (1986): Mütterlichkeit als Beruf. Sozialarbeit Sozialreform und Frauenbewegung 1871–1929. Frankfurt a. M.: Suhrkamp.

Sachße, Christoph (2000): Freiwilligenarbeit und private Wohlfahrtskultur in historischer Perspektive. In: Zimmer, Annette/Nährlich, Stefan (Hg.): Engagierte Bürgerschaft. Traditionen und Perspektiven: VS Verlag für Sozialwissenschaften, S. 75–103.

Sachße, Christoph (2002): Traditionslinien bürgerschaftlichen Engagements. In: Kocka, Jürgen (Hg.): Bürgerschaftliches Engagement und Zivilgesellschaft. Opladen: Leske + Budrich, S. 23–28.

Sachße, Christoph (2003): Subsidiarität – Leitidee des Sozialen. In: Hammerschmidt, Peter/Uhlendorff, Uwe (Hg.): Wohlfahrtsverbände zwischen Subsidiaritätsprinzip und EU-Wettbewerbsrecht. Kassel: Kassel Univ. Press, S. 15–37.

Sachße, Christoph (2013): Das Weimarer Fürsorgerecht und seine Bedeutung für die Soziale Arbeit. In: Hammerschmidt, Peter/Sagebiel, Juliane Beate/Steindorff-Classen, Caroline (Hg.): Unheimliche Verbündete. Recht und Soziale Arbeit in Geschichte und Gegenwart. Neu-Ulm: AG SPAK, S. 29–47.

Sachße, Christoph/Tennstedt, Florian (1992): Der Wohlfahrtsstaat im Nationalsozialismus. Stuttgart, Berlin, Köln: Kohlhammer.

Sachße, Christoph/Tennstedt, Florian (1988): Geschichte der Armenfürsorge in Deutschland. Bd. 2: Fürsorge und Wohlfahrtspflege 1871 bis 1929. Stuttgart, Berlin, Köln: Kohlhammer.

Sachße, Christoph/Tennstedt, Florian (1992): Geschichte der Armenfürsorge in Deutschland. Bd. 3: Der Wohlfahrtsstaat im Nationalsozialismus. Stuttgart, Berlin, Köln: Kohlhammer.

Sachße, Christoph/Tennstedt, Florian (1998a): Geschichte der Armenfürsorge in Deutschland. Bd. 1: Vom Spätmittelalter bis zum 1. Weltkrieg. 2. Aufl. Stuttgart, Berlin, Köln: Kohlhammer.

Sachße, Christoph/Tennstedt, Florian (2005): Der Deutsche Verein von seiner Gründung bis 1945. In: Deutscher Verein für öffentliche und private Fürsorge (Hg.): Forum für Sozialreformen. 125 Jahre Deutscher Verein für Öffentliche und Private Fürsorge. Berlin, S. 17–116.

Sachße, Christoph/Tennstedt, Florian (2005a): Sozialpolitik. In: Kreft, Dieter/Mielenz, Ingrid (Hg.): Wörterbuch Soziale Arbeit. Aufgaben, Praxisfelder, Begriffe und Methoden der Sozialarbeit und Sozialpädagogik. 5., vollst. überarb. und erg. Aufl. Weinheim, München: Juventa, S. 855–861.

Sachße, Christoph/Tennstedt, Florian (2005b): Der Deutsche Verein von seiner Gründung bis 1945. In: Deutscher Verein für öffentliche und private Fürsorge (Hg.): Forum für Sozialreform. 125 Jahre Deutscher Verein für öffentliche und private Fürsorge. Berlin: Eigenverlag des Deutschen Vereins, S. 17–115.

Sachße, Christoph/Tennstedt, Florian (2012): Fürsorge und Wohlfahrtspflege in der Nachkriegszeit 1945–1953. Stuttgart: Kohlhammer.

Sachße, Christoph/Tennstedt, Florian (2012): Geschichte der Armenfürsorge in Deutschland. Bd. 4: Fürsorge und Wohlfahrtspflege in der Nachkriegszeit 1945 bis 1953. Stuttgart, Berlin, Köln: Kohlhammer.

Sachße, Christoph/Tennstedt, Florian (Hg.) (1986): Soziale Sicherheit und soziale Disziplinierung: Beiträge zu einer historischen Theorie der Sozialpolitik. Frankfurt a. M.: Suhrkamp.

Sachße, Christoph/Tennstedt, Florian (Hg.) (1998b): Bettler, Gauner und Proleten. Armut und Armenfürsorge in der deutschen Geschichte. Ein Bild-Lesebuch. Frankfurt: Fachhochschulverlag Frankfurt a. M.

Sachße, Christoph/Tennstedt, Florian/Roeder, Elmar (2000): Armengesetzgebung und Freizügigkeit. Quellensammlung zur Geschichte der deutschen Sozialpolitik 1867–1914. 1. Abteilung. Darmstadt: Wissenschaftliche Buchgesellschaft.

Sachverständigenrat für die konzentrierte Aktion im Gesundheitswesen (1991): Das Gesundheitswesen im vereinten Deutschland. Baden-Baden: Nomos.

Scarpa, Ludovica (1995): Gemeinwohl und lokale Macht. Honoratioren und Armenwesen in der Berliner Luisenstadt im 19. Jahrhundert. München: De Gruyter.

Schildt, Axel/Siegfried, Detlef (2009): Deutsche Kulturgeschichte. Die Bundesrepublik – 1945 bis zur Gegenwart. Bonn: Bpb.

Schinkel, Harald (1963): Armenpflege und Freizügigkeit in der preußischen Gesetzgebung vom Jahre 1842. In: Vierteljahrschrift für Sozial- und Wirtschaftsgeschichte 50 (4), S. 459–479.

Schmidt, Georg (1910): Die Organisation der Jugendfürsorge. In: Schriften des Deutschen Vereins für Armenpflege und Wohltätigkeit (92), S. 3–82.

Schmidt, Jutta (1998): Beruf: Schwester. Mutterhausdiakonie im 19. Jahrhundert. Frankfurt a. M./New York: Campus.

Schröder, Iris (2001): Arbeiten für eine bessere Welt. Frauenbewegung und Sozialreform 1890–1914. Frankfurt a. M./New York: Campus.

Schröer, Wolfgang (1997): Sozialisierung von Bildung. In: Niemeyer, Christian/Schröer, Wolfgang/Böhnisch, Lothar (Hg.) (1997): Grundlinien historischer Sozialpädagogik. Traditionsbezüge, Reflexionen und übergangene Sozialdiskurse. Weinheim: Juventa, S. 111–127.

Schröer, Wolfgang (1999): Sozialpädagogik und die soziale Frage. Weinheim, München: Juventa.

Schröer, Wolfgang/Struck, Wolfgang/Wolff, Mechthild (Hg.) (2002): Handbuch Kinder- und Jugendhilfe. Weinheim, München: Juventa.

Schwandter, Rudolf (1905): Bericht über die Neuordnung der Hausarmenpflege: Armenverwaltung der Stadt Straßburg. Im Auftrag des Armenrates erstattet durch den Beigeordneten Dr. Schwandter. Straßburg: Straßb. Druckerei u. Verlag-Anst.

Schwartz, Michael (2005): Emanzipation zur sozialen Nützlichkeit: Bedingungen und Grenzen der Frauenpolitik der DDR. In: Dierk Hoffman/Michael Schwartz (Hg.), Sozialstaatlichkeit in der DDR. Sozialpolitische Entwicklungen im Spannungsfeld von Diktatur und Gesellschaft 1945/49–1989, München: Oldenbourg, S. 47–87.

Seidenstücker, Bernd (2005): Soziale Arbeit in der DDR. In: Kreft, Dieter/Mielenz, Ingrid (Hg.): Wörterbuch Soziale Arbeit. Weinheim, München: Juventa, S. 773–782.

Seidenstücker, Bernd/Münder, Johannes (1990): Jugendhilfe in der DDR. Perspektiven einer Jugendhilfe in Deutschland. Münster: Votum.

Seitz, Walter A. (1993): Der Bundesjugendplan 1950–1990. In: Breuer, Karl Hugo (Hg.): Jahrbuch für Jugendsozialarbeit. 14. Bd. Köln: Verlag die Heimstatt, S. 49–133.

Simons, Gerda (1927): Die Bedeutung der Familienfürsorge als verbindendes Prinzip der Gesundheits-, Wirtschafts- und Erziehungsfürsorge. In: Polligkeit, Wilhelm (Hg.): Familie und Fürsorge. (Vortragsfolge). Langensalza: Hermann Beyer & Söhne, S. 135–140.

Sommer, Karl-Ludwig (1999): Humanitäre Auslandshilfe als Brücke zu atlantischer Partnerschaft. CARE, CARLOG und die Entwicklung der deutsch-amerikanischen Beziehungen nach Ende des Zweiten Weltkrieges. Bremen: Selbstverlag des Staatsarchivs Bremen.

Spiewok, Karl (1937): Der Aufbau des Wohlfahrtswesens im national-sozialistischen Staat. Bd. 2, Gruppe 1, Beitrag 31. In: Lammers, Hans Heinrich/Pfundtner, Hans/Heß, Rudolf (Hg.): Grundlagen, Aufbau und Wirtschaftsordnung des Nationalsozialistischen Staates. 3 Bände. Berlin: Industrieverlag Spaeth & Linde.

Stascheit, Ulrich/Stecklina, Gerd (Hg.) (2013): Jüdische Wohltätigkeits- und Bildungsvereine. Frankfurt a. M.: Fachhochschulverlag

Statistisches Bundesamt (2012): Fachserie 1, Reihe 1.1

Statistisches Bundesamt (Hg.) (2003): Sozialhilfe in Deutschland. Entwicklung, Umfang, Strukturen. Wiesbaden: Eigenverlag.

Steen, Rainer (2005): Soziale Arbeit im Öffentlichen Gesundheitsdienst. München: Reinhardt/UTB.

Steinacker, Sven (2011): Kritik – Solidarität – Alternativen. Sozialarbeitsbewegung und Jugendhilfe in den sechziger und siebziger Jahren. In: Dollinger, Bernd/Schabdach, Michael (Hg.): Zugänge zur Geschichte der Sozialpädagogik und Sozialarbeit. Siegen: Universitätsverlag Siegen, S. 205–222.

Steiner, André (2005): Leistungen und Kosten: Das Verhältnis von wirtschaftlicher Leistungsfähigkeit und Sozialpolitik in der DDR. In: Hoffmann, Dierk/Schwartz, Michael (Hg.): Sozialstaatlichkeit in der DDR. München: Oldenbourg, S. 31–46.

Tennstedt, Florian (1981): Sozialgeschichte der Sozialpolitik in Deutschland vom 18. Jahrhundert bis zum Ersten Weltkrieg. Göttingen: Vandenhoeck & Ruprecht.

Tennstedt, Florian (2003): Geschichte des Sozialrechts. In: Maydell, Bernd/Ruland, Franz (Hg.): Sozialrechtshandbuch. Marburg: Nomos Verlag, S. 24–80.

Tennstedt, Florian (2004): Pauline Gruß und ihre „Einführung in die soziale Hilfe". In: Soziale Arbeit 53 (12), S. 442–485.

Tenorth, Heinz-Elmar/Lindner, Rolf/Fechner, Frank/Wietschorke, Jens (Hg.) (2007): Friedrich Siegmund-Schultze (1885–1969). Stuttgart: Kohlhammer.

Thamer, Hans-Ulrich (2000): Der Citoyen und die Selbstverwaltung des 19. Jahrhunderts. In: Zimmer, Annette/Nährlich, Stefan (Hg.): Engagierte Bürgerschaft. Traditionen und Perspektiven: VS Verlag für Sozialwissenschaften, S. 289–302.

Thiersch, Hans (2002): Positionsbestimmungen der Sozialen Arbeit. Weinheim, München: Juventa.

Thole, Werner (Hg.) (2002): Grundriss Soziale Arbeit. Ein einführendes Handbuch. Opladen: Leske + Budrich.

Thole, Werner (Hg.) (2010): Grundriss Soziale Arbeit. Ein einführendes Handbuch. 3., überarb. und erw. Aufl. Wiesbaden: VS, Verl. für Sozialwiss.

Thole, Werner/Gängler, Hans/Galuske, Michael (Hg.) (1998): KlassikerInnen der Sozialen Arbeit. Sozialpädagogische Texte aus zwei Jahrhunderten – ein Lesebuch. Neuwied [etc.]: Luchterhand.

Trenk-Hinterberger, Peter (2008): Sozialhilfe. In: Geyer, Martin H. (Hg.): Geschichte der Sozialpolitik in Deutschland seit 1945. Band 6. 1974–1982 Bundesrepublik Deutschland. Neue Herausforderungen, wachsende Unsicherheiten. Baden-Baden: Nomos, S. 605–636.

Uhlendorff, Uwe (2003): Geschichte des Jugendamtes. Entwicklungslinien der öffentlichen Jugendhilfe 1871–1929. Weinheim: Beltz Votum.

Unruh, Georg-Christoph von (1984): Die normative Verfassung der kommunalen Selbstverwaltung. In: Jeserich, Kurt G. A./Pohl, Hans/Unruh, Georg-Christoph von (Hg.): Deutsche Verwaltungsgeschichte. Bd. 3: Das Reich bis zum Ende der Monarchie. Stuttgart: Deutsche Verlags-Anstalt, S. 560–578.

Voelzkow, Helmut (2000): Neokorporatismus. In: Andresen, Uwe/Woyke, Wichard (Hg.): Handwörterbuch des politischen Systems der Bundesrepublik Deutschland. 4. übarb. Aufl. Opladen: Leske + Budrich, S. 404ff.

Vogel, Martin Rudolf (1960): Das Jugendamt im gesellschaftlichen Wirkungszusammenhang. Ein Forschungsbericht. Köln, Berlin: Heymann.

Vogel, Martin Rudolf (1966): Die kommunale Apparatur der öffentlichen Hilfe. Eine Studie über Grundprobleme ihres gegenwärtigen Systems. Stuttgart: Enke.

Weber, Georg (1973): Zeitkritik sozialer Arbeit. Ein wissenssoziologischer Versuch. In: Soziale Welt 24 (2/3), S. 206–218.

Weber, Sascha (2014): Leistungsverträge in der Behindertenhilfe. Wohlfahrtspflege zwischen Tradition und Ökonomisierungserwartung. Marburg: Tectum.

Weber, Wilhelm (Hg.) (1976): Jahrbuch für christliche Sozialwissenschaften. Münster.

Wendt, Wolf Rainer (2008): Die Profession im Wandel ihrer Verhältnisse. Geschichte der Sozialen Arbeit 2. 5., völlig neubearb. Aufl. Stuttgart: Lucius & Lucius.

Wengst, Udo (2001a): Politische und rechtliche Rahmenbedingungen. In: Wengst, Udo (Hg.): Geschichte der Sozialpolitik in Deutschland seit 1945. Bd. 2: 1945 – 1949 Die Zeit der Besatzungszonen. Baden-Baden: Nomos, S. 3–76.

Wengst, Udo (2001b): Sozialpolitische Denk- und Handlungsfelder. Geschichte der Sozialpolitik in Deutschland seit 1945. Bd. 2: 1945–1949 Die Zeit der Besatzungszonen. In: Wengst, Udo (Hg.): Geschichte der Sozialpolitik in Deutschland seit 1945. Bd. 2: 1945–1949 Die Zeit der Besatzungszonen, Bd. 2. Baden-Baden: Nomos, S. 77–149.

Wengst, Udo (Hg.) (2001): Geschichte der Sozialpolitik in Deutschland seit 1945. Bd. 2: 1945–1949 Die Zeit der Besatzungszonen. Baden-Baden: Nomos.

Wergin, Claus (1996): Kirchliche Sozialarbeit in der DDR: In: Gintzel, Ulrich/Schone, Reinhold (Hg.): Jahrbuch Soziale Arbeit. Münster: Votum, S. 305–308.

Werthmann, Lorenz (1958 [1896]): Warum Organisation der Caritas. In: Borgmann, Karl (Hg.): Lorenz Werthmann. Reden und Schriften. Freiburg: Lambertus-Verlag, S. 40–44.

Wex, Else (1929): Die Entwicklung der Sozialen Fürsorge in Deutschland (1914 bis 1927. Berlin: Wienand Verlag.

Wichern, Johann Hinrich (1962[1848a]): Der Kommunismus und die Hilfe gegen ihn. In: Meinhold, Peter (Hg.): Sämtliche Werke von Johann Hinrich Wichern. Bd. 1. Berlin Hamburg: Lutherisches Verlagshaus.

Wichern, Johann Hinrich (1962[1848b]): Die Proletarier und die Kirche. In: Meinhold, Peter (Hg.): Sämtliche Werke von Johann Hinrich Wichern. Bd. 1. Berlin Hamburg: Lutherisches Verlagshaus.

Wiesner, Reinhard/Kaufmann, Ferdinand/Mörsberger, Thomas/Obersloskamp, Helga/Struck, Jutta (Hg.) (1995): SGB VIII, Kinder- und Jugendhilfe, Kommentar. München: C. H. Beck

Wietschorke, Jens (2013): Arbeiterfreunde. Soziale Mission im dunklen Berlin 1911–1933. Frankfurt a. M./New York: Campus.

Willing, Matthias (2005): Fürsorge und Sozialhilfe. In: Deutscher Verein für öffentliche und private Fürsorge (Hg.): Forum für Sozialreformen. 125 Jahre Deutscher Verein für Öffentliche und Private Fürsorge. Berlin: Dt. Verein für Öffentliche und Private Fürsorge, S. 297–422.

Willing, Matthias (2008): „Sozialistische Wohlfahrt". Tübingen: Mohr Siebeck.

Winkler, Ulrike/Schmuhl, Hans-Walter (2011): Heimwelten: Quellen zur Geschichte der Heimerziehung in den Mitgliedseinrichtungen des Diakonischen Werkes der Ev.-Luth. Landeskirche Hannovers e. V. von 1945 bis 1978. Bielefeld: Verlag für Regionalgeschichte.

Wolffersdorff, Christian von (1997): Reformdiskussion über die Zwangserziehung – Heimerziehung und Strafvollzug um die Jahrhundertwende. In: Niemeyer, Christian/Schröer, Wolfgang/Böhnisch, Lothar (Hg.): Grundlinien historischer Sozialpädagogik. Traditionsbezüge, Reflexionen und übergangene Sozialdiskurse. Weinheim: Juventa, S. 95–109.

Wurms, Renate (1983): „Krieg dem Kriege" – „Dienst am Vaterland": Frauenbewegung im Ersten Weltkrieg. In: Hervé, Florence (Hg.): Geschichte der deutschen Frauenbewegung. 2. Auflage. Köln: PRV-Verlag, S. 84–118.

Zeller, Susanne (1987): Volksmütter mit staatlicher Anerkennung. Frauen im Wohlfahrtswesen der zwanziger Jahre. Düsseldorf: Schwann.

Zeller, Susanne (1994): Geschichte der Sozialarbeit als Beruf. Bilder und Dokumente, 1893–1939. Pfaffenweiler: Centaurus.

Zielinski, Heinz (1997): Kommunale Selbstverwaltung im modernen Staat. Bedeutung der lokalen Politikebene im Wohlfahrtsstaat. Wiesbaden: VS Verlag für Sozialwissenschaften.

Zimmer, Annette/Nährlich, Stefan (Hg.) (2000): Engagierte Bürgerschaft. Traditionen und Perspektiven: VS Verlag für Sozialwissenschaften.

Züchner, Ivo/Cloos, Peter: Das Personal der Sozialen Arbeit. In : Thole, Werner (Hg.) (2010) : Grundriss Soziale Arbeit. 3. Aufl. Wiesbaden : VS-Verlag, S. 933–954.

Abkürzungsverzeichnis

ADF	Allgemeiner Deutschen Frauenverein
AFET	Allgemeiner Fürsorgeerziehungstag
AGFW	Arbeitsgemeinschaft der Spitzenverbände der Freien Wohlfahrtspflege
ALR	Allgemeines Landrecht für die Preußischen Staaten
Aufl.	Auflage
AWO	Arbeiterwohlfahrt
BDF	Bund Deutscher Frauenvereine
BFV	Bezirksfürsorgeverband/-verbände
BGB	Bürgerliches Gesetzbuch
BGBl	Bundesgesetzblatt
BRD	Bundesrepublik Deutschland
BSP	Bruttosozialprodukt
CA	Centralausschuß (der IM)
CARE	Cooperative for American Remittance to Europe (ab 1952: Cooperative for American Relief to Everywhere).
CDU	Christlich-Demokratische Union
CRALOG	Council of Relief Agencies Licensed for Operation in Germany
CSU	Christlich-Soziale Union
DCV	Deutscher Caritasverband
DDR	Deutsche Demokratische Republik
DEK	Deutsche Evangelische Kirche
DGT	Deutscher Gemeindetag
DiCV(e)	Diözesancaritasverband (-verbände)

DPWV	Deutscher Paritätischer Wohlfahrtsverband
DRK	Deutsches Rotes Kreuz
DST	Deutscher Städtetag
DV	Deutscher Verein für öffentliche und private Fürsorge
DVO	Durchführungsverordnung
DW	Diakonisches Werk der EKD
EKD	Evangelische Kirche in Deutschland
FDJ	Freie Deutsche Jugend
FE(B)	Fürsorgeerziehung (Behörde)
FEG	(preuß.) Fürsorgeerziehungsgesetz
GA	Gesundheitsamt
GG	Grundgesetz
GS	(preußische) Gesetzsammlung
GVG	Gesetz zur Vereinheitlichung des Gesundheitswesens
HJ	Hitler-Jugend
HW	Hilfswerk der EKD
IM	(Die) Innere Mission (Zeitschrift)
JA	Jugendamt
Jg.	Jahrgang
KPD	Kommunistische Partei Deutschland
LAV	Landarmenverband
LFV	Landesfürsorgeverband/-verbände
ND	Nachrichtendienst des DV
NS	Nationalsozialismus, nationalsozialistisch (e/s)
NSDAP	Nationalsozialistische Deutsche Arbeiterpartei
NSV	Nationalsozialistische Volkswohlfahrt e. V.
OAV	Ortsarmenverband
RAM	Reichsarbeitsministerium

RFV	Reichsfürsorgepflichtverordnung
RGBl. (I)	Reichsgesetzblatt (Allgemeiner Teil)
RGr	Reichsgrundsätze über Voraussetzung, Art und Maß der öffentlichen Fürsorge
RJWG	Reichsjugendwohlfahrtsgesetz
RM	Reichsmark
RStGB	Reichsstrafgesetzbuch
SED	Sozialistische Einheitspartei Deutschland
SMAD	Sowjetische Militäradministration in Deutschland
SPD	Sozialdemokratische Partei Deutschland
SBZ	Sowjetische Besatzungszone
Tb(c)	Tuberkulose
UWG	Unterstützungswohnsitzgesetz
VO	Verordnung
WHW	Winterhilfswerk (des deutschen Volkes)
WRV	Weimarer Reichsverfassung
ZWSt	Zentralwohlfahrtsstelle der deutschen Juden

Abbildungs- und Tabellenverzeichnis

Abbildungen

Tabellen